浙江外国语学院博达丛书

浙江省科学技术厅"领雁"研发攻关计划项目(重大社会公益类)"区域碳达峰关键技术研究及集成示范"(项目编号:2022C03119)

浙江外国语学院博达科研提升专项计划"浙江'重要窗口'建设探索与实践"(项目编号:2021HQZZ4)项目研究成果

打造"重要窗口"研究

张跃西——著

中国财经出版传媒集团

中国财政经济出版社

图书在版编目（CIP）数据

打造"重要窗口"研究 / 张跃西著. -- 北京：中国财政经济出版社，2023.6
ISBN 978-7-5223-2231-5

Ⅰ.①打… Ⅱ.①张… Ⅲ.①区域经济发展-研究-浙江 Ⅳ.①F127.55

中国国家版本馆 CIP 数据核字（2023）第 098067 号

责任编辑：高文欣　　　　　　责任印制：史大鹏
责任校对：张　凡

打造"重要窗口"研究
DAZAO "ZHONGYAO CHUANGKOU" YANJIU
中国财政经济出版社 出版
URL：http://www.cfeph.cn
E-mail：cfeph@cfeph.cn
（版权所有　翻印必究）
社址：北京市海淀区阜成路甲 28 号　邮政编码：100142
营销中心电话：010-88191522
天猫网店：中国财政经济出版社旗舰店
网址：https://zgczjjcbs.tmall.com
北京时捷印刷有限公司印刷　各地新华书店经销
成品尺寸：170mm×240mm　16 开　13 印张　205 000 字
2023 年 8 月第 1 版　2023 年 8 月北京第 1 次印刷
定价：88.00 元
ISBN 978-7-5223-2231-5
（图书出现印装问题，本社负责调换，电话：010-88190548）
本社质量投诉电话：010-88190744
打击盗版举报热线：010-88191661　　QQ：2242791300

前　言

浙江外国语学院贯彻中央和浙江省委精神，对接服务浙江开放强省战略和"重要窗口""共同富裕示范区""社会主义现代化先行区"建设，聚焦"三地四域"战略目标和重点发展领域，积极发挥地方高校服务功能，强化高校新型智库建设，围绕国家、浙江省的现代化和国际化战略需求，注重特色发展，形成推进"智囊高地"行动方案。

"坚持以'八八战略'为统领，干在实处、走在前列、勇立潮头""努力成为新时代全面展示中国特色社会主义制度优越性的重要窗口"——2020年3月29日至4月1日，习近平总书记在浙江考察时提出明确要求。2020年7月8日，浙江外国语学院率先创建"重要窗口"研究所，组建专家团队基于"重要窗口"科学内涵，致力于前沿性、理论性、基础性和应用性创新研究，并举办"重要窗口"杭州论坛、"重要窗口"发明研学论坛。按照"重要窗口"制度优越、国际领先和示范引领的战略要求，结合新时代国际化和"一带一路"倡议的要求，针对不平衡、不充分、不协同等主要矛盾，致力于发挥社会主义先进文化、革命文化和优秀传统文化的关键功能作用，强化系统协同支撑、激活国际合作机制以及提升国际竞争力，注重创造性转化与创新性发展。结合浙江实际提出了从基层治理与生态文明、文化强国与文旅融合、乡村振兴与共同富裕、健康中国与美丽中国、地名文化与国际传播、创新教育等领域进行打造"重要窗口"的研究与探索，提出坚持文化自信自强，实现国际互利共赢，创建世界高端平台、强化重大协同支撑，聚焦国际竞争力、强化创新型人才培养等重要路径和方式。原创性地提出了五治一体、五权协同、造福流域等制度创新思路；提出了创建世界丝绸文化之都、世界茶都公园、国家传统村落公园和国家红色艺术文化公园、弘扬鸿雁文化铸造世界华侨总部功能区等重大项目策划以及创新教育发明研学、深入推进实施长三角一体化等重要资政建议，取得了涵盖面较广、内容较丰富的系列研究成果，这些成果大多已经得到省市领导重视并被相关部门采用。本书对于推进浙江打造"重要窗口"及旅游城市国际合作具有重要的理论指导与实践应用价值。

本书是浙江外国语学院"城市国际化重大专项"课题研究成果，获得学校博达出版基金资助。

笔者
2023 年 1 月

目录

第一章 "重要窗口"及其重大意义 ………………………………… 1

第一节 打造展现中国特色社会主义制度优越性的重要窗口 ……… 1
第二节 中国式现代化照耀世界未来 ……………………………… 9
第三节 忠实践行"八八战略"奋力打造"重要窗口"扎实推动
　　　 高质量发展建设共同富裕示范区 ………………………… 12
　　附件："重要窗口"杭州论坛 …………………………………… 16

第二章 基层治理"重要窗口" ………………………………………… 19

第一节 "后陈经验"引领铸造基层治理现代化"重要窗口" ……… 19
第二节 义乌大陈"三位一体"引领铸造未来乡村新格局 ………… 29
第三节 着力构建"空间均衡"治理体系 …………………………… 32
第四节 乡村数字化助推基层全过程人民民主进程 ……………… 35
第五节 实施"五权协同"助推提升我国文化核心竞争力和综合
　　　 效益 ………………………………………………………… 38

第三章 生态文明"重要窗口" ………………………………………… 42

第一节 着力构建"造福流域"生态经济系统治理体系 …………… 42
第二节 钱塘江流域生态文明治理体系 …………………………… 45
第三节 康美河湖公园概念及其实践探索 ………………………… 48
第四节 溇港工程与湖泊治理 ……………………………………… 51
第五节 创新探索水利风景区高质量发展新路子——以松阳为例
　　　　　……………………………………………………………… 53

第四章　文化强国"重要窗口" ………………………………………… 58

第一节　弘扬千鹤妇女精神，打造巾帼文化新高地 …………… 58
第二节　创建世界丝绸文化之都 ………………………………… 60
第三节　创建琐园世界儿童文学文化总部 ……………………… 64
第四节　创建松阳国家传统村落公园，构建世界生态文明对话
　　　　新高地 ……………………………………………………… 67
第五节　创建金华国家艺术文化公园 …………………………… 71
第六节　创建世界华侨总部功能区 ……………………………… 74
第七节　创建杭州世界茶都公园 ………………………………… 77
第八节　接续"唐诗之路"打造"词魂圣境" ………………… 88

第五章　乡村振兴与共同富裕"重要窗口" …………………………… 92

第一节　擦亮建德"合作化模范邓家乡"金字招牌 …………… 92
第二节　义乌大陈系统创新推进共富共美 ……………………… 96
第三节　"茶画融合"铸造共同富裕新格局 …………………… 99
第四节　着力构建新农人—新农会—新农园"三位一体" …… 107

第六章　文旅融合"重要窗口" ………………………………………… 112

第一节　"六新并举"加快推进新时代红色旅游发展 ………… 112
第二节　创建全域节事活动体系助推打造文化浙江"重要窗口"
　　　　 ……………………………………………………………… 114
第三节　弘扬雁文化打造世界华人华侨精神家园 ……………… 116
第四节　大黄山休闲度假旅游目的地建设的瓶颈问题及对策 … 119

第七章　健康中国"重要窗口" ………………………………………… 123

第一节　加快推进"健康浙江" ………………………………… 123
第二节　打造浙江世界级康养旅游品牌 ………………………… 125
第三节　借鉴国际先进经验，铸造中国养生茶馆品牌 ………… 127
第四节　创办杭州国际康养产业博览会 ………………………… 129

第八章 地名文化"重要窗口" ... 137
第一节 地名文化保护建设与创新发展 ... 137
第二节 地名文化国际传播机制创新及规范化 ... 140
附件：传播地名文化，展现杭州风采 ... 146

第九章 创新教育"重要窗口" ... 149
第一节 小语种复合人才培养与国际贸易 ... 149
第二节 国际研学为世界华人华侨"培根铸魂" ... 152
第三节 让智慧的火花在思政课堂上绽放 ... 157
第四节 创新弘扬篆刻艺术、铸造课程思政新格局 ... 159
第五节 发明研学及其多元协同机制 ... 161
第六节 全面实施中小学基础教育的改革 ... 166
第七节 拓展发明研学，强化创新教育 ... 169
附件："重要窗口"发明研学论坛 ... 171

第十章 推进"一带一路"枢纽建设 ... 173
第一节 联合申报世界战争遗产，撬动国际合作促进世界和平 ... 173
第二节 实施大东海战略推进东亚共享发展 ... 174
第三节 实施"大东海战略"，再创浙江战略新优势 ... 178
第四节 加快宁波"一带一路"综合试验区建设 ... 179
第五节 打造海神妈祖圣山，创建海丝文化总部 ... 181
第六节 创建宁波"国家陆海统筹示范区" ... 184
第七节 依托"孙中山祖居地"纪念"首航台湾"助推祖国统一 ... 188
第八节 贯彻"开放强省"加快推进浙江文旅融合与国际合作研究 ... 190
附件：加强浙江旅游城市国际合作《杭州宣言》 ... 194

参考文献 ... 197

第一章 "重要窗口"及其重大意义

推动中华优秀传统文化走出去,不能停留在舞个狮子、包个饺子、耍套功夫上,不能满足于向国外提供一些表层的文化符号上,关键是要把优秀传统文化的精神标识提炼出来、展示出来,把优秀传统文化中具有当代价值、世界意义的文化精髓提炼出来、展示出来。

——习近平总书记2018年8月21日在全国宣传思想工作会议上的讲话

第一节 打造展现中国特色社会主义制度优越性的重要窗口 *

"经国序民,正其制度。"自新中国成立以来中华民族从站起来到富起来再到强起来的发展奇迹向世界昭示:中国特色社会主义制度是一套行得通、真管用、有效率的制度体系,是当代中国发展进步的根本制度保障。党的十九届四中全会深刻回答中国特色社会主义制度和国家治理"坚持和巩固什么、完善和发展什么"的重大政治问题,向世界宣示了追求美好社会制度的"中国方案"。

浙江作为中国革命红船起航地、改革开放先行地、习近平新时代中国特色社会主义思想重要萌发地,自改革开放以来特别是21世纪以来,坚持以"八八战略"为统领推进省域治理,推动了中国特色社会主义制度在浙江的生动实践。征程未已,不负韶华。省委十四届六次全会强化模范践行中国特色社会主义制度的责任担当,吹响了争当省域治理现代化排头兵的行动号角,开启了

---

* 打造展现中国特色社会主义制度优越性的重要窗口——读懂高水平推进现代化的浙江探索与实践[OL]. 中国报道, http://jjcsj.chinareports.org.cn./zt/20220927/14066.html.

浙江高水平推进省域治理现代化的新征程，之江大地正以治理新作为打造展现中国特色社会主义制度优越性的重要窗口。

九层之台，起于累土
——改革开放以来特别是"八八战略"实施以来，浙江以"干在实处、走在前列"的高标准科学谋划、全面推进省域治理工作，推动了创造性实践，取得了历史性成就。

江河万里必有源。21世纪之初，时任浙江省委书记的习近平同志在科学分析和把握浙江发展历史方位的基础上，统筹谋划浙江经济社会发展，笃定"干在实处、走在前列"的工作目标，创造性实施了"八八战略"及一系列重要部署，绘就了省域治理的蓝图，推动中国特色社会主义在浙江取得丰硕成果，既为推进省域治理现代化积累了丰富经验，也为坚持和完善中国特色社会主义制度提供了鲜活素材。

探索形成"八八战略"这一实践证明其是符合发展规律、符合时代要求、符合浙江实际的省域治理总方略。"放眼全局谋一域，把握形势谋大事"。为破解21世纪初经济社会发展和省域治理面临的种种现实挑战，浙江省委作出实施"八八战略"的重大决策部署。"八八战略"坚持一切从实际出发，在省域层面具体回答了"怎样建设社会主义""怎样建设党""怎样实现发展"等基本理论和实践问题，也从长远和根本上确立了解决浙江治理中遇到的矛盾和问题的大思路大原则大方向，为浙江省推进省域治理现代化立起了"四梁八柱"、提供了"金钥匙"。多年来，浙江坚持以"八八战略"统领推进省域治理，创造了干在实处、走在前列、勇立潮头的显著成就。实践证明，"八八战略"蕴含着中国特色社会主义制度的实践要义和价值追求，体现着治理现代化的基本规律和发展方向，是中央精神和浙江实际相结合的省域治理思想举措的大集成，是实践证明科学、管用、见长效的省域治理总方略。

探索形成以人民为中心的治理价值观。人民是历史的创造者，"治政之要在于安民"。让人民群众过上更好的生活，是浙江在推进省域治理中始终不变的价值追求。自"八八战略"实施以来，浙江在经济发展上，实施"欠发达乡镇奔小康""山海协作""百亿帮扶致富"建设等工程，谋划推动"千村示范、万村整治"工程等；在民生建设上，建立为民办实事长效机制，推进实施"教育强省"战略，实施积极就业政策，建设卫生强省、体育强省，推动实施农民健康工程、公共卫生建设工程等重大项目；在制度机制建设上，推动机构改革、机关效能建设、政务公开和党风廉政建设；在工作作风上，要求全省党员干部"心无百姓莫为官""群众利益无小事"，倡导推动"三个跑遍""变群众上访为领导下访"，人民群众的获得感、幸福感、安全感愈加充实、更可持续，人民安居乐业更有保障。

探索形成固根基、扬优势、补短板、强弱项的治理方法论。"尺有所短，寸有所长"。浙江善用"八八战略"辩证法，注重从制度、文化、资源等方面入手发挥优势、转化劣势。强调固根基，如围绕城乡和区域协调，加快城镇化进程，着力拓展欠发达地区发展空间，并将念好"山海经"、把欠发达地区和海洋经济的发展作为新的经济增长点。强调扬优势，如围绕产业结构优化调整，改造提升传统优势产业，大力发展高新技术产业，积极发展沿海临港重化工业，培育发展装备制造业，全面提升浙江产业发展的层次和水平。强调补短板、强弱项，如围绕加强长三角合作交流，破除"无须接轨""无法接轨""无从接轨"的模糊认识，作出主动接轨上海、参与长三角合作交流的重大部署，推动长三角合作进入实质性阶段，为长三角区域一体化发展国家战略的实施奠定了重要基础。

探索形成一系列重要治理思想和理念。"理论是实践的先导，思想是行动的指南"。注重总结经验、深化改革创新、凝练理论成果，是浙江省域治理始终如一的实践品格。浙江省委立足破解资源要素缺乏、生态环境压力和内外市场约束等瓶颈制约，提出"腾笼换鸟、凤凰涅槃"重要理念，推动经济结构战略性调整和增长方式根本性转变；立足正确处理好政府和市场"两只手"关系，运用宏观调控和资源要素制约形成"倒逼机制"，推动形成市场作用和政府作用有机统一格局；立足浙江发展的历史和时代视野，提出加快建设文化大省的一系列新观点新论断，推动社会主义文化繁荣发展；立足社会主义现代化与环境、资源的辩证关系，践行习近平总书记提出"绿水青山就是金山银山"的理念，推动物质文明和生态文明共同发展，等等。这些重要治理思想和理念，与习近平新时代中国特色社会主义思想价值取向相同、内在逻辑相通、精神内涵互容、实现路径一致，成为浙江省域治理得天独厚的理论优势和实践优势。

探索形成一系列重要治理部署和举措。"举网以纲，千目皆张"。浙江在"八八战略"实施过程中，作出了一系列重大治理部署，提纲挈领带动全局发展。在经济发展上，抓住浙江经济是"老祖宗"经济、"老天爷"经济、"老百姓"经济的特点，提出再创多种所有制经济发展新优势，搞活国有经济，实现民营经济发展新飞跃；在促进社会和谐稳定上，全面部署"平安浙江"建设战略，并将"法治浙江"建设作为推进"平安浙江"建设的支撑和保障，为探索社会治理之道形成了系统性方案；在文化建设上，作出了加快建设文化大省的重大决策部署，概括提炼了红船精神、浙江精神，有力提升了浙江文化软实力；在生态文明建设上，部署实施生态省建设，对生态经济发展、生态环境保护、生态文化建设等进行深入思考和探索，着力打造"绿色浙江"；在党的建设上，提出了"巩固八个基础、增强八种本领"等一系列重大举措，为浙江党的建设奠定了重要基石。这一系列重要治理部署和举措，形成了浙江省域发展的战略支撑体系，为浙江发展持续"走在前列"打下了坚实基础。

撸起袖子接力干　一张蓝图绘到底

——党的十八大以来，浙江深入学习贯彻习近平新时代中国特色社会主义思想，坚定不移以"八八战略"统领省域治理各领域全过程，积厚成势、继往开来，形成了富有时代特征、浙江特色的省域治理新格局。

"天下之势不盛则衰，天下之治不进则退。"自党的十八大以来，以习近平同志为核心的党中央提出关于国家制度和治理的一系列新思想，大力度推进治国理政新实践，多方面开拓了"中国之治"新境界。浙江强化"三个地"的政治自觉，坚定不移沿着"八八战略"指引的路子，围绕"两个高水平""六个浙江""四个强省"建设，以"最多跑一次"改革撬动各方面各领域改革攻坚，展现出"求真务实、诚信和谐、开放图强"的浙江精神，"干在实处、走在前列、勇立潮头"的浙江担当，矢志实现省域治理现代化的浙江信心。

面对全面深化改革新要求，以"最多跑一次"改革为引擎，再创体制机制新优势。"犯其至难而图其至远。"习近平总书记强调,要"坚定不移全面深化改革,逢山开路,遇水架桥,敢于向顽瘴痼疾开刀,勇于突破利益固化藩篱,将改革进行到底"。浙江在改革中勇于向群众最痛点开刀,敢于向改革最难处攻坚。浙江省委在深入总结习近平同志在浙江工作时倡导的机关效能建设实践经验的基础上,巩固提升行政审批制度改革、"四张清单一张网"改革的成效,于2016年底提出"最多跑一次"改革,瞄准与群众切身利益息息相关的事项,着力实现群众和企业到政府办事"跑一次"或"零上门"。几年来,从"部门分工办"到"窗口集中办",再到"一证简化办""无证刷脸办""网上自助办""掌上移动办",办事方式不断升级,涉及主体向党政机关、人大、政协、群团组织、社会组织等全面延伸,工作范围向公共服务、经济管理、社会治理、环境保护、民主法治等各领域纵深发展,全省"最多跑一次"实现率达92.9%,群众满意率达97.1%。"最多跑一次"改革已成为一场对政府职能、服务方式、机关效能的整体性变革,有效推动了治理理念大解放、治理体系大重构、治理能力大提升。

面对经济高质量发展新要求,以"腾笼换鸟、凤凰涅槃"理念为指导,打造内源发展与外向拓展一体化新格局。推动高质量发展是实现经济领域治理现代化的必然要求。习近平总书记强调,实现高质量发展,"要加快推进新旧动能转换","加快腾笼换鸟、凤凰涅槃",没有"破茧成蝶的阵痛"就不会有"涅槃重生的蜕变"。自党的十八大以来,浙江将高质量发展作为经济领域治理能力提升和确定经济发展思路、制定经济政策、实施宏观调控的根本要求,牢牢把握供给侧结构性改革这条主线,抓住质效提升、结构优化、动能转换、绿色发展、协调共享、风险防范等方面,不断改善供给结构,着力提高经济发展质量和效益。同时,以"一带一路"倡议统领新一轮对外开放,谋划实施了一批体现浙江资源禀赋、契合国家战略使命的重大开放举措;确立更大格局抢抓长三角一体化发展机遇,大力推进大湾区大花园大通道大都市区建设,推动数字经济、特色小镇、对外贸易活力迸发,统筹利用国际国内两个市场、两种资源的能力不断增强。

面对人民群众追求更加美好生活的新要求,以"以人民为中心"的发展思想为根本,增强人民群众获得感、幸福感和安全感。"治国有常,而利民为本。"习近平总书记强调,"人民群众什么方面感觉不幸福、不快乐、不满意,我们就在哪方面下功夫"。浙江深入贯彻落实"以人民为中心"的发展思想，深化为民办实事长效机制，每年确定就业再就业、社会保障、医疗卫生、基础设施、城乡住房、生态环境、科教文化、权益保障、社会稳定等十大民生重点工作统筹推进，完善"三医"联动和"双下沉、两提升"等长效机制建设。作为"绿水青山就是金山银山"重要理念发源地，浙江围绕争创美丽中国示范区，在空间上逐步实现美丽乡村、绿色城镇、生态城市建设的联动。将文化民生作为民生工作亮点，推进基本公共文化服务全覆盖，全省建成农村文化礼堂14300多家，社区文化家园、城市文化公园、企业文化俱乐部等建设加快推进，人民群众的文化获得感显著增强。

面对社会治理共建共治共享新要求，以"法治浙江""平安浙江"为抓手，探索"三治融合"社会治理新模式。"法者，治之端也。"习近平总书记指出，"创新社会治理要更加注重联动融合、开放共治，更加注重民主法治、科技创新"。浙江作为社会大局和谐稳定、人民群众安全感最高的省份之一，坚持把"法治浙江"建设与"平安浙江"建设紧密结合，在新时代"枫桥经验"的引领下，不断探索基层民主实现形式、创新基层群众自治制度。始终坚持经济和平安"两张报表"一起抓，大力推动自治、法治、德治"三治融合""多向互动"，有效形成"大事一起干、好坏大家判、事事有人管"的社会治理新格局。领导干部下访制度、村务监督委员会制度、桐乡"三治融合"经验、实行治安实名制、发布平安指数等一大批制度创新的成果和做法开全国风气之先河。

面对乡村振兴发展新要求，以"千村示范、万村整治"工程为引领，书写浙江乡村治理新篇章。乡村治理是国家现代治理体系中的重要一环。习近平总书记多次强调，"乡村振兴要夯实乡村治理这个根基""促进农业全面升级、农村全面进步、农民全面发展"。浙江省以习近平总书记关于"三农"工作的重要思想为指导，以深化"千村示范、万村整治"工程为重点，处理好乡村振兴各要素间的辩证统一关系。实施万家新型农业主体提升、万个景区村庄创建、万村善治示范等"五万工程"，推进全面推动乡村产业振兴、新时代美丽乡村建设、乡村文化兴盛等"五大行动"，农村产业"强"、乡村环境"美"、乡风文明"淳"、乡村治理"安"、农民增收"富"的新画卷正在浙江广大农村徐徐展现。

面对全面从严治党新要求，以"清廉浙江"为依托，开创党建引领省域治理现代化新局面。万山磅礴，必有主峰。习近平总书记多次强调，"坚持党对一切工作的领导""坚定不移推进全面从严治党"。浙江始终以高标准不折不扣落实全面从严治党要求，以"清廉浙江"为抓手，形成党建引领省域治理的实践样板。把握党的建设与省域治理的重要关系，有效实现了在党领导下的政府治理、社会治理和群众自治系统化互动机制。发挥党建在省域治理中的服务作用，开展党员带头"三个跑遍""四必到、四必访"，不断深化"网格化管理、组团式服务"，全面推进"三服务"工作。提升省域治理中党建的能力和水平，实施农村基层党建"浙江二十条"，推进"两新"组织、互联网企业等新领域新业态党的建设，有效推动了基层党组织全面进步、全面过硬。

勇立潮头显担当　扬帆奋楫争一流

——习近平总书记对浙江工作的新期望，"三个地"的重要政治责任，为浙江高水平推进省域治理现代化确立了标准要求、注入了澎湃动力。浙江要争当省域治理现代化排头兵，努力成为展现中国特色社会主义制度优越性的重要窗口。

"根本固者，华实必茂；源流深者，光澜必章。""三个地"是浙江的政治优势，更是浙江的政治责任。习近平总书记"干在实处永无止境，走在前列要谋新篇，勇立潮头方显担当"的新期望，是浙江各项工作的行动遵循。我们要牢记习近平总书记的嘱托，深入贯彻党的十九届四中全会和省委十四届六次全会精神，通过省域治理现代化"六大体系"建设和"十招二十三式"，将国家治理顶层设计转化为省域工作落实，着力打造中国特色社会主义省域治理的范例，努力为实现"两个高水平"提供有力保证，为推进国家治理体系和治理能力现代化、实现"两个一百年"的奋斗目标作出浙江贡献。

努力成为展示"富强中国"的重要窗口。从富起来到强起来是新时代的鲜明特征。风正劲，帆高悬。党的十九届四中全会为实现"富强中国"提供了重要制度保证。浙江省第十四次党代会提出建设"富强浙江"，省委十四届六次全会提出要以高水平治理推进高质量发展，再创治理和发展新优势。要在"浙"里展现中国经济发展的鲜明特征和独特优势，必须在提升经济质量和效益上更进一步、更快一步，努力建设富强浙江。围绕健全高质量发展制度体系，深入实施优化营商环境"10＋N"行动，努力打造营商环境最优省；加强信用浙江建设，打好法治牌、诚信牌、公平牌，打造最优信用生态；深入实施数字经济"一号工程"，健全关键核心技术攻坚体制机制，构建具有全球竞争力的人才发展体制机制；促进城乡区域协调发展，协同推进长三角一体化发展，高质量参与长江经济带建设。

努力成为展示"法治中国"的重要窗口。法治兴则国兴，法治强则国强。党的十九届四中全会要求，坚持和完善中国特色社会主义法治体系。浙江省委十四届六次全会提出，加强党对省域治理的全面领导，坚定不移走中国特色社会主义法治道路。要在"浙"里展示中国法治的鲜明特征和独特优势，必须在加强党的全面领导、提升法治化水平上更进一步、更快一步，努力建设法治浙江。构建"不忘初心、牢记使命"长效机制，完善党中央重大决策部署和习近平总书记重要指示贯彻落实机制；坚持党委统筹推进治理，完善权力运行制约和监督机制；建立全覆盖、全过程、全天候的"三服务"工作体系，推进"最多跑一次"改革延伸扩面，构建优化协同高效的依法行政体制；运用大数据、人工智能、区块链等技术和手段，深入推进政府数字化转型；构建"大普法"格局，提高运用法治思维和方式深化改革、推动发展、化解矛盾、维护稳定、应对风险的能力。

努力成为展示"文明中国"的重要窗口。文化、文明是国家和民族之魂。党的十九届四中全会要求，更好构筑中国精神、中国价值、中国力量。浙江省委十四届六次全会提出，要完善思想文化引领机制，把社会主义核心价值体系贯穿省域治理实践。要在"浙"里展示中国文明的鲜明特征和独特优势，必须在提升文化软实力上更进一步、更快一步，努力建设文化浙江。坚持马克思主义在意识形态领域的指导地位，提升思想文化凝聚力、引领力；培育和践行社会主义核心价值观，传承发展优秀传统文化，大力弘扬红船精神、浙江精神；深化文化领域供给侧结构性改革，强化新时代文明实践中心、融媒体中心建设，打造对外传播平台和品牌，努力成为在全国具有重要影响的文化高地、文明高地。

努力成为展示"和谐中国"的重要窗口。社会长期和谐稳定是"中国之治"的题中之意。党的十九届四中全会要求，建设人人有责、人人尽责、人人享有的社会治理共同体，确保人民安居乐业、社会安定有序。浙江省委十四届六次全会提出，要加快建设社会治理共同体，打造浙江特色社会治理现代化模式。要在"浙"里展示中国社会长治久安的鲜明特征和独特优势，必须在提升人民群众获得感安全感上更进一步、更快一步，努力建设平安浙江。建立"全省一盘棋、市级抓统筹、县级负主责、基层强执行"的省域社会治理工作机制，打造一站式服务、就地解决矛盾纠纷的县级社会矛盾纠纷调处化解中心，实现矛盾纠纷化解"最多跑一地"。树立重基层抓基础的鲜明导向，坚持和发展新时代"枫桥经验"，全面建设"党建统领、人民主体、三治融合、四防并举、共建共享"的浙江特色基层治理体系。

努力成为展示"美丽中国"的重要窗口。建设美丽中国是人民群众心向往之的奋斗目标，也彰显了生态文明建设的"中国智慧"。党的十九届四中全会要求，必须走生产发展、生活富裕、生态良好的文明发展道路。浙江省委十四届六次全会提出，要构建全域美丽的绿色发展体制机制。要在"浙"里展示"美丽中国"的鲜明特征和独特优势，必须在深入践行"绿水青山就是金山银山"理念上更进一步、更快一步，努力建设美丽浙江。深化生态文明示范创建，健全生态环境保护体系；全面建立和推行美丽乡村、美丽城镇、美丽城市建设标准，深化"千村示范、万村整治"工程，实施"百镇样板、千镇美丽"工程；全面实施河长制、湖长制、湾（滩）长制、林长制，健全治水治气治土治废长效机制；强化美丽经济发展激励，全面拓宽绿水青山向金山银山转化通道，着力绘就尽显生态之美、人文之美、和谐之美的现代版"富春山居图"。

第二节 中国式现代化照耀世界未来

当今世界正在面临两种现代化前途和命运的重大抉择。一种是西方世界代表着衰落的世界、痛苦的世界、绝望的世界；另一种是中国代表着光明的世界、和谐的世界、幸福的世界。中国式现代化坚持以人民为中心这一基本"出发点"和"落脚点"，把共同富裕确定为现代化建设的重要目标，是中国特色社会主义取得巨大成功的根源所在，开辟了科学社会主义新境界。我们要用自信自强的精神力量和话语力量，战胜西方国家的西方现代化"灯塔式"话语围剿，让中国式现代化照耀世界未来。

一、坚定思想铸魂，创造全过程人民民主新范式造福全体人民

中国式现代化坚持中国共产党领导，高举习近平新时代中国特色社会主义思想伟大旗帜，坚持全心全意为人民服务，赓续红色基因，传承红色根脉，培育信仰力量，弘扬革命文化，创造全过程人民民主新范式。从根本上摒弃了以资本为中心的传统现代化模式以及由此造成的贫富两极分化的严重后果，取而代之的是坚持以人民为中心，追求实现全体人民共同富裕。这是确保中国共产党代表最大广大人民群众利益，实现人民当家做主，推进中国式现代化的重要制度保障。中国先后创造了"化解矛盾，和谐社会"的诸暨枫桥经验、"民主监督、阳光政权"的武义后陈经验和"数字化基层全过程人民民主"的义乌红旗经验，基本实现了全领域覆盖，全流程网办；全实时报告，全方位监管；全过程参与，全景式公开；全要素协同，全链条保障。坚持政治、德治、法治、自治、智治"五治一体"，协同推进健康中国、美丽中国和乡村振兴战略，奋力打造"重要窗口"，加快实现共同富裕。

二、创造先进文化，让中华文明永葆青春活力凝聚澎湃力量

中国式现代化追求物质文明和精神文明相协调的现代化，避免了以物质增长为唯一追求的传统现代化模式以及由此带来的物质欲望膨胀的严重后果。要大力创新弘扬以垦荒精神、千鹤妇女精神和神州精神为代表的社会主义先进文化；创新弘扬以红船精神、延安精神和抗美援朝精神为代表的革命文化；创新弘扬以天人合一、唐诗宋词和鸿雁文化为代表的优秀传统文化。要坚定志存高远的理想信念，遵循宇宙规律的世界格局，保持团结奋进的集体意志，崇尚与人为善的仁义博爱，厚植家国情怀的忠勇道德，拥有坚贞不渝的高尚品质。同时兼收并蓄，运用好人类社会一切文明成果，创造性转化，创新性发展，铸牢中华民族共同体意识，铸造社会主义文化新辉煌，让中华文明永葆青春活力凝聚澎湃力量。

三、推进生态文明，着力铸造自然生命共同体造福全人类

中国式现代化追求实现人与自然和谐共生，致力于实现生态化和现代化共融共赢，避免了无视生态文明的传统现代化模式以及由此带来的牺牲资源环境和可持续发展的严重后果。坚持推进生态文明和"绿水青山就是金山银山"理念，着力构建以国家公园为主体的自然保护地体系，实施最严格的自然保护制度，注重生态产品价值实现机制创新，大力发展生态工程，繁荣生态经济和循环经济。大力铸造自然生命共同体和人类命运共同体。努力发挥好都江堰、桑基鱼塘和鱼鳞海塘等中国全球农业遗产和世界灌溉遗产等生态工程国际领先优势，大力创新发展低碳科技和生态补偿制度，铸造自然生命共同体，创建生态文明新高地，打造"重要窗口"引领世界示范天下，促进人与自然和谐发展造福全人类。

四、提升国家形象，让中国成为推进世界现代化进程的重要力量

中国式现代化尊重各国自主发展，追求构建人类命运共同体，避免了对外扩张掠夺的传统现代化模式以及由此带来的以弱肉强食为特征的"霸凌盛行"的严重后果。中国式现代化的本质特征是坚持中国共产党领导，坚持中国特色社会主义，实现高质量发展，发展全过程人民民主，丰富人民精神世界，实现全体人民共同富裕，促进人与自然和谐共生，推动构建人类命运共同体，创造人类文明新形态。中国式现代化致力于探索一条实现国家发展和民族复兴的新路，成功重构了现代化的内涵，为未来世界推进现代化的进程提供了新样本和新图景，充分展现了人类命运共同体现代化新未来，为发展中国家走向现代化提供了一个全新的选择，有效防止了广大发展中国家在现代化过程中被纳入西方资本主义"套路陷阱"所带来的不平等、不公正的严重问题。中国积极倡导加强国际多边合作，互通共融、互利共赢，依托全球华商和世界华人华侨，加快推进深化共建"一带一路"，加快铸造人类命运共同体。让中国成为推进世界文明进步的重要力量，让中国为解放全人类作出更大贡献。

综上所述，中国式现代化为人类实现现代化道路、理论和制度的系统创新

与实践探索，贡献了中国智慧和中国方案，因而具有引领世界未来发展的普遍意义。

第三节　忠实践行"八八战略"奋力打造"重要窗口" 扎实推动高质量发展建设共同富裕示范区 *

中国共产党浙江省第十四届委员会第九次全体会议深入学习贯彻习近平新时代中国特色社会主义思想和习近平总书记关于浙江工作的重要指示批示精神，就全面贯彻落实《中共中央国务院关于支持浙江高质量发展建设共同富裕示范区的意见》作出系统部署，原则通过《浙江高质量发展建设共同富裕示范区实施方案（2021—2025年）》。

全会指出，共同富裕是马克思主义的一个基本目标，也是自古以来我国人民的一个基本理想；是社会主义的本质要求，是我们党的重要使命。共同富裕具有鲜明的时代特征和中国特色，是全体人民通过辛勤劳动和相互帮助，普遍达到生活富裕富足、精神自信自强、环境宜居宜业、社会和谐和睦、公共服务普及普惠，实现人的全面发展和社会全面进步，共享改革发展成果和幸福美好生活。以习近平同志为核心的党中央团结带领全国人民，在历史性解决了绝对贫困问题后，对扎实推动共同富裕作出重大战略部署，把共同富裕作为现代化建设的重要目标，中国特色社会主义必将迎来新的更大发展，必将为人类社会的文明进步、世界社会主义发展作出更大贡献，在党史、新中国史、改革开放史、社会主义发展史和人类文明发展史上都具有重大意义。

全会指出，浙江高质量发展建设共同富裕示范区是习近平总书记亲自谋划、亲自定题、亲自部署、亲自推动的重大战略决策，是我们忠实践行"八八战略"、奋力打造"重要窗口"的核心任务，是扛起"五大历史使命"的总牵引。在进入新发展阶段、开启全面建设社会主义现代化国家新征程、迎来建党100周年的历史性时刻，习近平总书记、党中央赋予浙江高质量发展建设共

---

* 中共浙江省委关于忠实践行"八八战略"奋力打造"重要窗口"扎实推动高质量发展建设共同富裕示范区的决议［J］. 政策瞭望，2021（7）.

同富裕示范区光荣使命,这是浙江的重大政治责任,是前所未有的重大发展机遇。我们要坚定不移沿着习近平新时代中国特色社会主义思想指引的路子奋勇前进,深刻理解习近平总书记关于共同富裕的重要论述精神,进一步增强"四个意识"、坚定"四个自信"、做到"两个维护"。要在感恩习近平总书记、党中央的关心厚爱中凝聚奋进的力量,进一步丰富共同富裕的思想内涵,率先探索破解社会主要矛盾的有效路径,深入推进习近平新时代中国特色社会主义思想在浙江的生动实践,不断开辟干在实处、走在前列、勇立潮头新境界!

全会强调,共同富裕是实现人的全面发展和社会全面进步的一场深刻社会变革,是全面建成小康社会后的一种更高级的社会形态。共同富裕美好社会是中国特色社会主义迈向更高阶段的社会形态,是充满生机活力的阶梯式递进、渐进式发展的过程,是从低层次共同富裕向高层次共同富裕跃升的过程,是从局部共同富裕到整体共同富裕拓展的过程。共同富裕美好社会是高质量发展、现代化建设与共同富裕相互促进、螺旋上升的社会形态,要完整、准确、全面贯彻新发展理念,在高质量发展、竞争力提升、现代化先行的跑道上率先推动共同富裕,形成效率与公平、发展与共享有机统一的富裕图景。共同富裕美好社会是社会结构更优化、体制机制更完善的社会形态,是一场以缩小地区差距、城乡差距、收入差距为标志的社会变革,核心在于通过大力推进科技创新、数字化与绿色低碳的融合聚变,创造前所未有的新机遇新动力,推动生产力和生产关系、经济基础和上层建筑的深刻变革,形成全域一体、全面提升、全民富裕的均衡图景。共同富裕美好社会是文明全面提升的社会形态,要以文化创新推动思想进步、文明提升推动社会进步,形成人民精神生活丰富、人与自然和谐共生、社会团结和睦的文明图景。共同富裕美好社会是人的全生命周期公共服务优质共享的社会形态,要有效扩大高品质公共服务供给,有效破解优质公共服务共享难题,显著提升公共服务质效,形成群众看得见、摸得着、体会得到的幸福图景。

全会指出,建设示范区就是要在浙江大地率先展现共同富裕美好社会的基本图景,为全国推动共同富裕提供省域范例。总体要求是,以习近平新时代中国特色社会主义思想为指导,深入贯彻党的十九大和十九届二中、三中、四中、五中全会精神,全面贯彻落实习近平总书记关于浙江工作的重要指示批示精神,坚持稳中求进工作总基调,坚持以人民为中心的发展思想,立足新发展阶段、贯彻新发展理念、构建新发展格局，紧扣推动共同富裕和促进人的全面发展，紧紧围绕高质量发展高品质生活先行区、城乡区域协调发展引领区、收入分配制度改革试验区、文明和谐美丽家园展示区"四大战略定位"，坚持以满足人民日益增长的美好生活需要为根本目的，以改革创新为根本动力，以解决地区差距、城乡差距、收入差距问题为主攻方向，更加注重向农村、基层、相对欠发达地区倾斜，向困难群众倾斜，忠实践行"八八战略"、奋力打造"重要窗口"，着力在高质量发展中扎实推动共同富裕，着力在完善收入分配制度、统筹城乡区域发展、发展社会主义先进文化、促进人与自然和谐共生、创新社会治理等方面先行示范，着力构建推动共同富裕的体制机制，着力激发人民群众积极性、主动性、创造性，促进社会公平，增进民生福祉，不断增强人民群众的获得感、幸福感、安全感和认同感，为实现共同富裕提供浙江示范。

全会强调，示范区建设必须坚持党的全面领导、以人民为中心、共建共享、改革创新、系统观念"五大工作原则"，坚持国家所需、浙江所能、群众所盼、未来所向，率先推动实现共同富裕理论创新、实践创新、制度创新和文化创新，不断形成阶段性标志性成果，为坚持和发展中国特色社会主义作出创造性贡献。要全面落实《中共中央国务院关于支持浙江高质量发展建设共同富裕示范区的意见》明确的"两阶段发展目标"，按照"每年有新突破、5年有大进展、15年基本建成"的安排压茬推进，滚动制定五年实施方案，迭代深化目标任务，只争朝夕、蹄疾步稳向共同富裕目标迈进。到2025年，推动高质量发展建设共同富裕示范区取得明显实质性进展，率先基本建立推动共同富裕的体制机制和政策框架，率先基本形成更富活力创新力竞争力的高质量发展模式，率先基本形成以中等收入群体为主体的橄榄型社会结构，率先基本实现人的全生命周期公共服务优质共享，人文之美、生态之美、和谐之美更加彰显。到2035年，高质量发展取得更大成就，基本实现共同富裕，率先探索建设共同富裕美好社会。

全会指出，"十四五"时期是示范区建设的"第一程"，是更宽领域更高层次转入创新驱动发展模式，实现高质量发展、竞争力提升、现代化先行的关键期。要完整、准确、全面贯彻新发展理念，坚定不移推动高质量发展，进一步激发活力创新力竞争力，高标准推进碳达峰碳中和、促进全面绿色低碳转型,抢抓发展机遇,推动实现新的更大发展,建设幸福美好家园。要找准示范区建设的重点、难点和关键点,着力抓好重大改革、重大抓手和重大政策,加快形成破竹之势。要着力强化科技创新、打造全球数字变革高地,加快建设"互联网+"、生命健康、新材料三大科创高地和创新策源地,推动发展质量变革、效率变革、动力变革,重塑政府、社会、企业和个人关系。着力加快缩小地区发展差距,进一步完善省域统筹机制,推动山区26县跨越式高质量发展,创新实施山海协作升级版、对口工作升级版,念好新时代"山海经"。着力加快缩小城乡发展差距,深入推进以人为核心的新型城镇化,高质量实施乡村振兴战略,加快推进市民化集成改革和新一轮乡村集成改革,大力实施强村惠民行动,构建城乡新格局。着力加快缩小收入差距,坚持体现效率、促进公平,加快"扩中"、全面"提低",进一步激励财富创造,率先在优化收入分配格局上取得积极进展。着力推动人的全生命周期公共服务优质共享,迭代升级为民办实事长效机制,构建育儿友好型社会、打造"浙有善育"名片,办好人民满意教育、打造"浙里优学"名片,推进劳动者职业技能大提升、打造"浙派工匠"名片,加强全民全生命周期健康服务、打造"浙里健康"名片,构建幸福养老服务体系、打造"浙里长寿"名片,健全住房市场和保障体系、打造"浙里安居"名片,构建弱势群体公共服务普及普惠幸福清单、打造"浙有众扶"名片。着力打造精神文明高地,深入实施新时代文化浙江工程,守好红色根脉,健全高品质精神文化服务体系,打造江南特色的文化创新高地,构建以文化力量推动社会全面进步新格局。着力建设共同富裕现代化基本单元,全省域推进城镇未来社区、乡村新社区建设,推动共同富裕从宏观到微观落地。着力一体推进法治浙江平安浙江建设,整体推进党的领导、权力运行、营商环境、社会治理,坚持和发展新时代"枫桥经验",完善社会风险管控机制,持续打造最安全最公平最具活力的省份。

全会强调,党的全面领导是示范区建设的根本保证。必须坚定维护党中央权威和集中统一领导,充分发挥党总揽全局、协调各方的领导核心作用,不断提高政治判断力、政治领悟力、政治执行力,充分发挥党的政治优势和制度优势,全面加强党的建设。要推动全面从严治党向纵深发展,着力打造干部清正、政府清廉、政治清明、社会清朗的清廉浙江,营造风清气正的政治生态。要进一步解放思想、创新思维,树立"创新致富、勤劳致富、先富帮后富"

理念，弘扬创新创业、艰苦奋斗精神，通过自身努力和相互帮助走上共同富裕之路；树立"政府社会企业个人共创共建"理念，各方携手、共同奋斗，共创幸福生活，共建美好家园；树立"循序渐进、由低到高、由局部到整体"理念，尽力而为、量力而行，一步一个脚印推动实现"五位一体"的全面富裕，以省域先行示范为全国探路。要构建新型工作体系和推进机制，成立社会建设委员会，建立年度工作推进会机制、清单化推进机制、改革探索和试点推广机制、民情通达机制，强化改革创新，强化政策保障，强化争先创优，强化闭环管理，确保党中央决策部署全面落地见效。

全会指出，共同富裕是全体人民的共同期盼、共同事业，必须凝聚起全社会共同奋斗推动共同富裕的磅礴力量。我们党的百年奋斗史，就是带领全体人民共同奋斗共创奇迹的光辉历程。改革开放以来，浙江高水平全面建成小康社会，靠的是全体人民共同奋斗；新征程上，率先建设共同富裕美好社会，更需要全体人民共同奋斗。

全会号召，全省广大党员干部群众更加紧密地团结在以习近平同志为核心的党中央周围，不忘初心、牢记使命、唯实惟先、善作善成，进一步增强先行探路的责任感、使命感和紧迫感，奋力创造无愧于党、无愧于人民、无愧于历史的光辉业绩，为全国大局作出新的更大贡献！

附件："重要窗口"杭州论坛 *

2020年7月8日，茶香怡人的龙坞茶镇嘉宾云集，群贤毕至。"重要窗口"杭州论坛在这里举行。论坛由浙江外国语学院主办，浙外科研处、党委宣传部、党委统战部、民进杭州市委会"开明智库"和杭州自然生态文明建设研究院承办，民进西湖区基层委员会、之江经管集团和华语之声协办。

全国政协委员、杭州市政协副主席、民进浙江省委会副主委、民进杭州市委会主委谢双成，杭州市政协副秘书长、民进杭州市委会专职副主委谢春凤，

---

* 浙江外国语学院举办"重要窗口"杭州论坛[OL]. 光明网，http://www.northnews.cn/p/1878848.html, 2020-7-16.

中共西湖区委常委、统战部部长沈阳红，民进杭州市委会秘书长诸剑超，民进浙江省委会组织部部长林晓燕等出席开幕会。浙江外国语学院副校长张环宙在开幕式上致辞。浙外党委委员，党委组织部、统战部部长，党委宣传部部长徐勇主持开幕式。

国家杰出青年基金获得者、杭州市第二届决策咨询委员会委员、中国生态学学会第八届、第九届副理事长，杭州师范大学教授董鸣；浙江省委政策研究室原副主任（正厅级）、研究员郭占恒；茅盾文学奖得主、浙江农林大学茶文化学院原院长、教授王旭烽；全国生态文明教育科普团队首席专家、浙江大学教授唐建军；中国（丽水）两山学院执行院长、教授刘克勤；民进杭州市委会"开明智库"专家、浙江工商大学副教授倪树高，以及浙江外国语学院国别和区域研究中心主任、北京第二外国语学院原校长、教授周烈，国家"万人计划"哲学社会科学领军人才、浙江外国语学院"西溪学者"杰出人才、环地中海研究院院长、教授马晓霖等校内外专家学者现场参会。

开幕式上，谢双成指出，举办"着力推进生态文明高质量发展'重要窗口'"杭州论坛，以学术的眼光，从生态文明高质量发展的视角，对"重要窗口"进行研究和探讨，主题深刻，内涵丰富，较好地切合了当前省市党委政府的中心工作。希望能借助各位专家的智慧，广开思路，进一步发挥龙坞的优势，在建设人与自然和谐相处、共生共荣的宜居城市方面创造更多经验，做好将龙坞茶镇"绿水青山"转化为"金山银山"这篇大文章。

张环宙在致辞中指出，希望通过举办"重要窗口"论坛，搭建一个学术交流平台，更好地服务浙江和杭州生态文明高质量发展。立足浙江"三地"和浙外"三地"，深入研讨两山转化、生态文明高质量发展，努力探索"重要窗口"重大理论创新、重要目标导向与宏伟实践探究，催生一批重要成果。

沈阳红在致辞中表示，希望发挥高校和民进"开明智库"智囊优势，吸收论坛成果，以龙坞茶镇为主阵地，引领文化与制造、旅游和会展联动发展，推进生产、生活、生态深度融合，推动美好家园和宜居城市建设。

徐勇在主持时表示，本次论坛旨在贯彻落实习近平总书记在浙江考察时重要讲话精神，落实省委第十四届七次全体（扩大）会议决议精神，杭州市委展示"重要窗口""头雁风采"的要求，切实推进浙外"三地"建设。

开幕式上还举行了"重要窗口"研究所成立揭牌仪式。谢双成、张环宙、谢春凤、沈阳红登台，共同为研究所揭牌。

随后举行了专家主旨报告会和专家对话会。围绕着力推进"两山转化"加快建设"重要窗口"主题，来自浙江省各地的80余名专家学者参与了研讨。

主旨报告会上，郭占恒提出，"两山"理念深刻回答了为什么建设生态文明、建设什么样的生态文明、怎样建设生态文明等一系列重大理论和实践问题。"两山"理念体现了人本性、普遍性、辩证性和实践性。王旭烽认为，茶文化具备弘扬中国特色社会主义文化的窗口特性。要提升扩大茶文化教育的学术和人才平台，推进茶文化国际传播。浙外"重要窗口"研究所所长、杭州自然生态文明建设研究院院长、教授张跃西提出，创建龙坞"世界茶都公园"，打造杭州文旅康养新增长极，铸造新时代"重要窗口"新典范。刘克勤表示，丽水是高质量绿色发展和高水平生态文明建设（简称"双高"建设）的模范生，要努力成为全面展示丽水"双高"建设的"最美窗口"。浙外马克思主义学院党总支书记周明宝提出，丽水从浙西南革命精神汲取奋进的力量，从红色革命"挺进师"转化为绿谷建设"挺进师"，打造美丽幸福大花园。主旨报告会由周烈主持。

专家对话会上，董鸣提出"筑牢自然生态根基，放飞生态文明梦想"的观点。强调要强化生态安全和自然保护地体系建设，提升浙江在国际生态文明建设和人类可持续发展方面贡献更多经验和样本。唐建军提出"重视挖掘传统农业精髓，引导全球农业可持续发展"，要充分发挥优秀传统农业的精髓在全球农业可持续发展中的作用，中国浙江确实起到了"重要窗口"的作用。马晓霖认为，杭州完全有条件作为靓丽的中国名片在世界获得更响亮的知名度和更有含金量的品牌价值。倪树高认为，"十四五"时期，杭州文旅"重要窗口"建设，必须把握这一大的趋势，谋划若干重大项目。合力打造展示杭州新经济、新文旅的重要板块。浙外德国研究中心主任、教育学院院长、教授吴卫东提出要关注浙江茶文化德国传播以及可持续发展教育。有效推进龙坞世界茶都公园的世界茶文化集聚与中国茶文化国际传播。专家对话会由张跃西主持。

论坛现场气氛热烈，思想碰撞和智慧交流精彩纷呈。围绕议题，专家们畅所欲言，努力为全面开启浙江"重要窗口"建设工程贡献智慧和力量。

第二章 基层治理"重要窗口"

第一节 "后陈经验"引领铸造基层
治理现代化"重要窗口"

为贯彻中共浙江省委第十五次代表大会精神,勇扛历史使命、勇当探路先锋,必须把忠实践行"八八战略"、奋力打造"重要窗口"作为一以贯之的主题主线,必须把贯彻新发展理念、构建新发展格局、推动高质量发展作为根本要求,必须把运用法治思维、推动良法善治作为基本治理方式,必须把坚持系统观念、推进变革重塑作为重要方法,必须把统筹发展和安全、推进除险保安作为前提和底线,必须把强化党建统领、全面从严治党作为根本保证。高水平推进以自我革命引领社会革命的省域实践,打造新时代党建高地和清廉建设高地;高水平推进平安浙江和法治浙江建设,打造全过程人民民主实践高地。为主动顺应加强"一肩挑"背景下村级权力监督和制约的新任务新要求,探索建立《村级监察工作联络站(村务监督委员会)廉情直报操作细则》等五项制度,促进村级监察工作联络站(村务监督委员会)项目化、清单化、规范化运行,有效发挥一体监督优势,推动监督下沉落地。发挥自治强基作用,防范化解政治安全风险,不断探索与创新实践制度优越、国际领先和示范引领的经典样本。

一、"后陈经验"引领务实创新,开创民主监督新局面

(一)"后陈经验"再实践中不断得到充实和提升

枫桥经验,谋求"小事不出村,大事不出镇",化解群众矛盾,构建和谐

社会。后陈经验,成立"村监督委员会",强化民主监督,追求阳光政权,让权力在阳光下运行。

村书记主任"一肩挑"新形势下,实施有效民主监督,普遍存在一些突出难题:权力更集中,权力运行效率高但监督难度增大。由"一个人说了算"转变为"村民民主决策"。象山"村民说事"自治路径被写入中办、国办《关于加强和改进乡村治理的指导意见》。宁海提出并实施"36条"小微权力清单。"五议决策"流程是:先由村党组织提议,再经村务联席会议商议,之后是村党员大会审议、村民代表大会决议,最后要公告并接受群众评议。在网络数字化时代的背景下,"监督一点通"平台由中央纪委、国家监委部署建设,在浙江等6个省份同时试点。群众可以通过手机在"监督一点通"平台查看村内小微权力运行的所有事项,发现问题一键投诉,也可以反映日常生活中遇到的问题和急难愁盼的事。与数字化改革和未来乡村建设相结合,义乌市大陈镇红旗村"村务清廉钉办"获浙江省数字化改革突破奖。

(二)"后陈经验"引领基层治理法制化、标准化与智慧化

追求"民主监督、阳光政权"基础架构的"后陈经验",先后被纳入《中国共产党基层组织工作条例》《中华人民共和国村民委员会组织法》《关于建立健全村务监督委员会的指导意见》。此后政府又颁布了《村务管理》系列国家标准,包括基础术语与事项分类、事项运行流程编制指南和村务流程化管理实施指南等。"36条小微权力清单"推动基层小微权力运行全过程监督及系统化及时处理。浙江还率先出台《宁波市法治乡村条例》,推动民主监督事项全覆盖、全方位、全巡察(交叉、委托、授权)。义乌首创并推广村务清廉钉办系统,推进村务管理全公开智慧化,为村务全过程民主监督、民主决策和有效考评提供了信息技术保障。

(三)"后陈经验"历久弥新不断结硕果

勇立潮头担使命,风清气正好扬帆。民主监督权力制约,实现"清廉三不"(不敢腐、不能腐、不想腐)只是手段,推进乡村振兴共同富裕,打造具有制度优越、国际领先、示范引领功能的"重要窗口"才是目的。

文化繁荣,乡风文明。坚持传承弘扬与创新发展优秀传统文化、红色文化

和社会主义先进文化，大力实施教授博士专家驻村，积极推进移风易俗。杭州西湖区外桐坞村"茶画融合"和武义百花山村"文化交融"的成功实践表明，要强化文化治理，铸造文化总部，突出文化主题，立足文化和生态两大优势，着力在农业农村农民"三农"问题取得根本性突破。

创新驱动，产业兴旺。聚焦产业振兴，一心一意谋发展。强化创新驱动，大力拓展"四五六"（高端平台、国际连锁、国际标准）。深化农文旅融合和文创体验，奋力拓展节事会展、特色美食和体验经济新型产业。

生态宜居，生态文明。加强生态治理，协同遵循自然社会经济三大规律，注重生态资源资本化，实施生态股份公平分配，打造生态宜居品牌。义乌何斯路村的实践表明，践行绿色发展，拓展循环经济，大有可为。

治理有效，重要窗口。以德治村，政治、德治、法治、自治、智治"五治一体"，实现共同富裕，发挥新时代社会主义制度优越性，既要精神富有，又要生活富裕。象山旭拱岙村创新实践表明，打造"重要窗口"发挥示范引领作用，意义重大。

二、"后陈经验"引领开创"五治一体、系统治理"新格局

（一）直面新挑战新问题，寻求有效破解方案

新形势下，村副书记兼任监委主任，各村不同程度地存在村监委主任权力过大，须防范"越权越位"风险；对于前任村书记轮岗监委会主任的不作为问题，直报反馈机制亟待升级，村民代表退出机制、村级干部退出机制亟待完善等。注意防堵与疏导结合强化奖惩力度激发奋斗激情等。这些问题亟待引起高度重视与切实破解。深化民主监督"后陈经验"，推进"五治一体"，创建浙江基层治理新格局。着力构建高端新平台，大力拓展新经济，积极探索新模式，有效丰富新业态，助推奋力展示生态文明高质量发展"重要窗口"头雁风采。为此，浙江先后创建纪检监察站直报制度、村社廉报、全覆盖巡察制度以及村书记离任审计常态化等，浙江逐步形成一整套行之有效并不断完善的基层治理制度机制系统。

（二）政治坚定

党建引领，思想铸魂。抓党建优服务，让村庄文化主题"红"起来。高举习近平新时代中国特色社会主义思想，深化百年党史教育，开启新征程，担当新使命，建功新时代，开创新格局。有理想勇担当，讲奉献成时尚；有原创敢突破，重成效做示范。牢固树立"不忘初心、不辱使命"坚定信念。立足红色文化底蕴打造系列红色教育基地，让党建资源、红色元素充分发挥作用，激发党员群众参与村庄自治的内生动力，极大提高了村民的幸福感、安全感、获得感。弘德兴村。诚信为本、乡风文明。积极探索德治量化标准，立足家训家风建设社会主义新文化，移风易俗，因地制宜优化《村规民约》。实施清廉指数、诚信指数或功德积分，通过量化考核和积分兑现，不断强化党建引领思想铸魂、德治教化习惯养成，打造"以德治村"品牌。

（三）法治乡村

公平正义、清廉村居。深入贯彻《中国共产党基层组织工作条例》《中华人民共和国村民委员会组织法》等法律法规，乡村基层治理法治保障不断加强。浙江敢为人先，持续引领基层治理现代化。中共浙江省纪委办公厅出台《村级监察工作联络站（村务监督委员会）廉情直报操作细则》《村级党组织领导和支持村级监察工作联络站（村务监督委员会）工作清单》《村级监察工作联络站（村务监督委员会）交叉监督操作细则》《村级监察工作联络站（村务监督委员会）工作例会操作细则》《乡镇（街道）纪（工）委、监察办公室驻村级监察工作联络站（村务监督委员会）指导操作细则》等文件，系统化推进法治乡村建设，体现了浙江勇于担当和自主创新精神，进一步推进"全国法治村""清廉村居"创建，实施示范引领工程，以点带面加快省域治理现代化步伐。

（四）自治民主

民主监督、民主决策。浙江先后创新实施了"村民说事""36条权力清单""村务钉办"等有效办法和技术手段，通过发挥村民代表大会基层自治协商民主方式和技术路径，构建并完善《村规民约》《议事规程》及村级发展战略和产业发展规划等重大事项。宁海下桥村农贸大市场及康养项目、海头村的菊花产业项目、象山茅洋乡众筹玻璃栈道项目等,都是基层自治协商民主决策取得的重大成果。

(五)强化智治

人才支撑、创新驱动。人才振兴是科学发展的根本。贯彻《中华人民共和国乡村振兴促进法》(以下简称《乡村振兴法》)搭建志愿者服务高端平台,强化适用性高质量人才集聚。创建兴村治社工作室和新乡贤理事会,实施导师名师帮带机制。实施退居二线干部驻村特派员、博士教授驻村指导、"百会百村结对"等机制和举措推动人才技术"下沉",不断强化基层治理人才保障。

三、奋力打造基层治理现代化"重要窗口"

基层治理现代化"重要窗口"结构如图2-1所示。

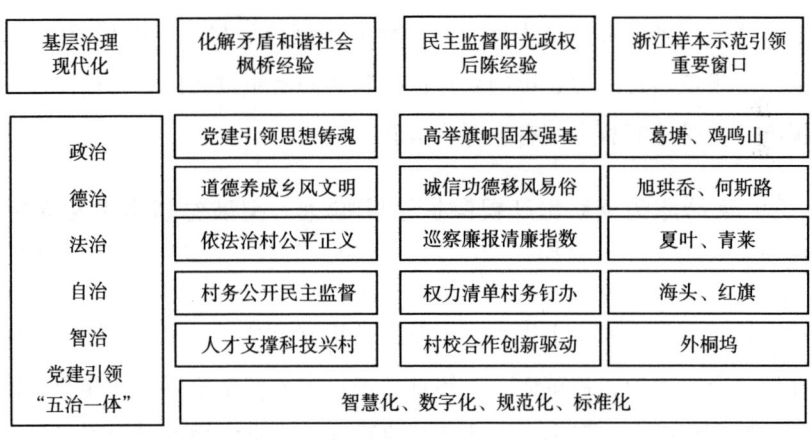

图2-1 基层治理现代化"重要窗口"结构示意

(一)坚持完善基层民主自治制度有创新,监委会履职能力与体系提升有保障

浙江不断健全完善基层自治制度,大力推进夏叶村"村民说事"经验,

细化民主协商流程，着力提升"村民代表履职规范"，积极打造"清廉村居"品牌。着力提升村务监督委员会素质，遵循坚持整体推进、注重实效管用、支持大胆创新三大原则，实施月度学习例会、村务监督论坛、清风微学堂等学习工程，提升村务监督的业务知识水平、系统应用能力、廉情搜集能力和绩效评价能力，健全"两报告一评议"、履职负面清单、村务监督标兵评选、廉政风险干预、教育整改退出五大机制，监委会履职能力与体系提升有保障。

（二）防堵疏导相结合防止权力约束过度，奖励惩处相结合确保勇担当不敢腐

完善"一肩挑"后村干部奖励惩处制度，激发"勇担当不敢腐"。进一步加强干事激励与权力制约相结合，按照报酬水平与岗位职责相匹配的原则确定薪资基数标准、优化报酬结构，强化实干导向。调整后的村干部报酬由基础报酬、绩效报酬、优秀激励年金和养老保险补助金等组成；并采用评选绩效优秀奖、重点工作奖、重大荣誉奖，授予兴社治村工作室导师名师等荣誉等激励措施。同时严格管理加大惩处力度，对于履职不到位、村级小微权力清单36条等各项制度规定执行不力、影响乡村振兴和共同富裕进程的，要依照规定采取扣除报酬并接受停职教育等有效惩戒措施。

（三）实施原创驱动和产权保护双轮推进，突破生态资本和人才瓶颈双重难关

继承弘扬敢为人先勇于担当、干在实处勇立潮头的"浙江精神"，激发基层干部群众奋发勇为，迎难而上，知难而进。大力实施原创驱动和产权保护双轮推进，努力突破生态资本和人才瓶颈双重难关，是实现基层治理现代化的关键所在。浙江坚持"以人民为中心"的执政理念，相信群众依靠群众，充分尊重群众的首创精神，"从群众中来，到群众中去"，注重提炼群众首创的好经验好做法，及时总结提炼推广应用，以点带面促进全面提升。围绕乡村产业创新与拓展的象山投资众筹模式、杭州村校战略合作模式、义乌生态资本入股模式等成功经验，值得高度重视。

（四）强化信念信用和数字技术双重保障，构筑创意体验与共享平台产业体系

义乌红旗村首创的"村务清廉钉办"，实现了村务流程全公开可追溯、有效村民知情权/参与决策权/履行监督权，有效整合了基层党建党务管理、干部管理、项目管理、经费管理以及考勤管理等集成，实现了"掌上办公"，有效地将乡村治理水平提升到一个新高度。结合未来乡村建设，推广普及"村务清廉钉办"应用技术系统，强化信念信用和数字技术双重保障，从根本上解决了基层民主自治的基层保障和路径问题，信访量大幅度下降，效果特别明显。目前"村务清廉钉办"系统已经在全省五个地市全面应用，即将在全国全面推广。

（五）激发干事激情与有效监督良性循环，铸造基层治理和共同富裕"重要窗口"

党建引领、思想铸魂。政治、德治、法治、自治和智治"五位一体"协同治理，激发干事激情与有效监督良性循环，铸造基层治理和共同富裕"重要窗口"。浙江是民营企业发达的省份，激发优秀企业家家国情怀，返乡担当使命，为乡村振兴共同富裕的理想而奋斗。建德葛塘、义乌何斯路、宁海海头及象山旭拱岙等相关经验中，采取有效措施鼓励具有高素质的优秀企业家返乡任职，实现"先富带后富"的基层治理经验，值得深入研究。村务清廉钉办系统获得浙江省数字化改革突破奖金奖，36条小微权力清单已经成为国家标准。

（六）筑巢引凤推进"农文旅融合"，打造文化艺术振兴乡村新模式

深化茶画融合，让生态文明建设"快"起来。2015年以来，外桐坞村以"国际艺术村"为目标，坚持生态立镇、文化兴镇、经营强镇发展战略，致力于项目建设、产业培育、智慧赋能、品牌打造，成功通过省级特色小镇综合验收，挂牌国家4A级景区（全省首个成功命名的历史经典特色小镇）。该村以美丽乡村建设为基础，积极与中国美院等单位合作，成功引入155名艺术家集群入驻。[①] 据《杭州市西湖区农村经济统计年报》可知，2020年实现茶叶收入

[①] 资料来源：外桐坞村委会。

1300万元，2021年实现村民人均年收入48209.8元，村集体经济年收入530万元。探索了党建引领乡村基层治理文化艺术旅游融合发展推进共同富裕的一条新路子。立足"西湖龙井+中国美院"的资源优势，大力发展茶产业和艺术产业。依托中国美院的辐射效应，鼓励村民将旧农庄改造成特色民宿，注重引进的艺术大师进村，形成了国画、雕刻、油画、陶瓷、音乐五大文创区块。整合入驻艺术家资源，组建国画、书法等各类兴趣小组，举办各类文化活动，让村民享受"小有所学、老有所乐"的精神文化生活。带领村民走上致富道路，村民生活品质显著提升，美丽村庄的形象打造效果好。

（七）原始创新生态资本化"乡村混合所有制"，有效拓展"两山转化"乡村振兴共富路

义乌市何斯路村按照"依托生态文明谋发展、围绕特色产业求突破、规划空间布局拓规模、创新发展理念促转型"的发展思路，整合村内外优势资源，"双招双引"大力发展观光休闲农业、康养体验经济；创造条件举办"东盟10+3"乡村振兴论坛。该村实施村级"混合所有制"股份制经济，首创"生态资本化"，对村内生态产品价值进行专项评估，将其折算成股份，每个村民可享受"不花一分钱、免费享有2000股"的权益，以原始股方式入股，有效盘活了存量资产，使全体村民感受到家庭、个人与乡村整体利益关系，从而激发村民齐心协力积极投入乡村振兴，从而为实现乡村振兴共同富裕探索出新路子。

（八）坚持"以德治村"实施"五治一体"，扎实推进乡村振兴和共同富裕

象山旭拱岙村自2012年以来坚持"四个自信"，"以德治村"，积极倡导"想得公心、讲得公平、做得公正"，重构了乡规民约，制定了包括村干部义务劳动在内的八项制度，大力推进三个转变（观念转变、氛围转变、行动转变），抓党建促信任、抓制度促民主、抓文明促和谐、抓建设促形象、抓产业促增收、抓管理促效益。通过村歌大赛、民俗节庆等强化乡风文明建设。首创"诚信指数"，构建村务管理和群众生产生活的考核体系与积分兑现（有奖有惩）。彻底根治了村民赌博恶习，实现了三个突破，制定了五年发展规划和奋斗目标，获评全国法制示范村。与浙江外国语学院"重要窗口"研究所开展"村所"战略合作，积极拓展乡村治理干部培训特色课程和针对中小学生的"以德治村"德育研学课程体系，创建德治乡村"重要窗口"研究基地，创建象山乡村治理学院（旭珙岙教学点），着力打造"全国德治示范村"，努力创建文旅 IP 和"旭公"商标，创意设计"旭公海鸭""旭公凉帽""旭公凉粉"等特色农产品。大力实施教授博士驻村制度，奋力拓展体验经济新模式。

（九）践行"人类命运共同体"理念，积极打造"国际融合"基层治理新模式

义乌江东街道鸡鸣山社区总人口 2.5 万人，其中有来自 29 个少数民族的 2082 人与来自 74 个不同国家和地区的 1388 名境外人员，是个多国籍、多民族、多文化的"国际融合社区"。[①] 义乌江东街道鸡鸣山社区"党建＋基层治理"推进"五化"工作法打造和谐共融"国际融合社区"，致力于以区域化党建为统领，撬动资源大整合；以智慧化管理为手段，助推管理高效能；以信息化流量为媒介，助力经济新增收；以精细化服务为载体，提高居民满意度；以生活化融入为导向，搭起居民"连心桥"。刚毅包容为上千名"老外"打造了一个温馨的国际化家园。让义乌国际商贸城特色与"异国风情"国际融合社区相互交融，推动国际化城市治理体系和治理能力现代化取得显著实效。已经形成"国际融合，以外调外，协同自治；社团服务，志愿回馈，共建共享"国际融合基层治理新模式，作为中外文化交流和展示中国特色社会主义制度优越性的重要窗口，坚持党建引领基层治理打造和谐共融"国际融合社区"典范。义乌何斯路村通过举办"东盟 10＋3 乡村论坛"和乡村治理培训学院等高端平台，着力构筑创意体验与共享平台产业体系。

四、讨论与建议

（一）基层群众自治制度，是中国特色社会主义制度的重要形式

"要尊重人民群众的主体地位"，要尊重和发挥人民群众的首创精神，保

[①] 资料来源：义乌市江东街道委员会。

障人民群众的各项权益，走共同富裕道路，促进人的全面发展，做到发展为了人民、发展依靠人民、发展成果由人民共享。民主监督、民主参与、民主协商、民主决策、民主评议，形成一个闭环系统。浙江"后陈经验"引领铸造基层治理现代化"重要窗口"，已经取得"五治一体"丰硕成果，坚持完善基层民主自治制度有创新，监委会履职能力与体系提升有保障；防堵疏导相结合防止权力约束过度，奖励惩处相结合确保勇担当不敢腐；强化信念信用和数字技术双重保障，构筑创意体验与共享平台产业体系；激发干事激情与有效监督良性循环，铸造基层治理和共同富裕"重要窗口"；践行人类命运共同体，积极打造国际融合基层治理新模式。

（二）健全统筹协同机制，理顺"五大关系"促进共同富裕

强化乡村合作与探索制度创新相统一。按照生产、供销和信用"三位一体"乡村合作制度，进一步壮大集体经济，优化分配制度体系，切实铸造具有"制度优越、国际领先、示范引领"功能的经典样本。坚持物质富裕与精神富有相统一。共同富裕，既要物质富裕，也要精神富有，实现共同"两富"共同发展齐头并进。要坚定不移坚持社会主义政治方向，弘扬社会主义核心价值观。高质量发展建设共同富裕示范区，要坚持"文化先行"，激发广大民众奋进激情和旺盛斗志。坚持效率优先与公平正义相统一。这是共同富裕的根本制度问题。坚持普遍富裕与差别富裕相统一。这是共同富裕的渐进路径问题。共同富裕是一项具有战略性长远性的奋斗目标，不可能"齐步走"，更不能急于求成。要允许一部分人先富起来，先富带后富，最终实现共同富裕。坚持创新创业与共建共享相统一。"幸福都是奋斗出来的"。共同富裕是共同奋斗、共建共享，是全体人民的共同富裕。

（三）健全容错机制，要为鼓励创新提供法治保障

敢为人先、勇立潮头、勇于创新、勇于担当，是浙江精神的集中体现。激励敢为人先勇于创新，具有重要意义。我们也必须注意到，改革探路与创新发展，必然要承担风险和重大成本，失败和失误是难以避免的。因此，需要尽快出台"鼓励创新改革"的容错保护制度。新形势下，建立健全村书记离任审计制度、业主委员会和合作社等小微权力阳光运行规范，值得探索实践。同时，必须

进一步优化"信访接访信息处置流程",确保纪检系统垂直独立办案,有效防止一切黑恶势力和保护伞干扰纪检与司法,加快推进基层治理现代化。

(四)实施示范工程,加快推进基层治理现代化

要大力宣传小微权力清单36条发源地宁海海头村、村务清廉钉办发源地义乌红旗村、生态治理发源地义乌何斯路村、以德治村诚信指数发源地象山旭拱岙村以及"茶画融合"国际艺术的杭州外桐坞村等首创精神和典型经验。贯彻《乡村振兴法》,构筑乡村振兴志愿者平台,强化城乡人才资源共享优势互补,尽快出台乡贤回归激励制度和高层次应用型人才"下沉"制度,厚植家国情怀。让有影响力的高层次人才奉献家乡,投身乡村振兴和共同富裕示范区建设成为新时尚。

第二节 义乌大陈"三位一体"引领铸造未来乡村新格局

浙江省委明确要求加快实施农业农村数字化改革、乡村产业数字化增效、乡村数字服务提质、乡村网络文化振兴、乡村"四治融合"推进、乡村数字基础提升六大行动,推动数字技术与农业农村各领域各环节深度融合,在现代化新征程中续写浙江"三农"工作走在前列新篇章,把浙江数字乡村打造成为"重要窗口"的标志性成果,为全国数字乡村建设提供"浙江经验"。

要贯彻落实浙江省委指示精神和《未来乡村建设规范》要求,我们认为:对于数字乡村建设,不能全域冒进、一哄而起,而应强调创新为要、示范引领;不能生搬硬套、千村一面,而应强调因地制宜、突出特色;不能独村单干、系统封闭,而应强调整体协同、联动发展;不能过度硬化、铺张浪费,而应强调勤俭节约、微改造精提升。

我们经调研发现,数字乡村建设过程中不系统、不协同问题仍然十分突出,主要表现在数字乡村建设项目动则数以百万元计的投入,一定程度上还存在重复探索和重复建设造成资金浪费,特别是造成数据孤岛、相互割裂引发数据安全和效能等问题,已经严重影响数字乡村综合平台功能的有效发挥,突出

表现在以下几个方面：一是"数字乡村场景"规划偏重数字化展示与体验，智能化功能内核不够强大；二是数字乡村系统功能多元化、技术集成化及服务系统化等需要健全完善；三是数字化硬件（5G基站、新能源车充电桩、数字设备设施）、智能软件（村务钉办系统化、产业智能化、产品数字化、服务智慧化）以及机制创新（流量私域化、渠道专属化、体验价值化）、制度建设（知识产权与产业资源、生态空间资源的股份合作、数字乡村运营管理与服务）等系统集成与配套还亟待强化。为此，义乌大陈镇持续深化城乡一体化背景下乡村数字化改革，在"村务清廉钉办系统"成功经验的基础上，围绕数字应用贯通治理跃升、产业迭代消费升级、城乡融合强农惠农等，多方发力进行积极有效探索与实践，形成了如下主要经验。

一、钉办系统实现治理跃升，实现善治乡村新突破

扛旗争先，着力打造一支有激情勇担当的干部队伍。坚持党建引领，以实施"红色根脉强基工程"为总抓手，大力推动党建工作质量整体跃升。不断加强支部建设，持续推动基层党建提质聚力。以红旗村"村务钉办系统"创新引领基层治理现代化。在村书记主任"一肩挑"新形势下，原创性开发"村务清廉钉办系统"，实现了公章盖章审批、公共资产管理、项目招标及用工支付报酬等，实现了"手机掌上办公、全民阳光监督、责任溯源追溯"，并与信用社金融服务数据链接打通。全面推行村干部"健康码"制度升级优化，建强基层党组织战斗堡垒。注重通过有效治理推进发展，既要深化放管服改革"充分自由放权"，又要强化监督"把权力关进笼子里"。"村务清廉钉办系统"已得到省委重视并在浙江省五个地市全面推广，《义乌市打造"村务清廉钉办"数字化应用》项目成果获得"中国廉洁创新奖"。基层治理好了，发展才会好起来。大陈镇实现村民矛盾化解率100%。[①] 针对大陈镇常年在外务工、经商、创业人口多的实际，创新安置方式，鼓励有经济条件的农民自主选择安置地、自行购买安置房实现灵活多样的分散转移，对相对贫困群体则采取建设简易房和购买农村闲置房等方式予以安置，促进更多的偏远山区农民向中心村

---

① 资料来源：义乌市纪委。

镇和县市外搬迁移民，改善生产生活条件。面对资源禀赋受限的严峻挑战，大陈人攻坚克难敢于突破，努力把一批看似"不可能、不现实"的事办成，推进经济发展加快回升向好。2022年1～7月完成有效投资1.6亿元，同比增长21.16%，其中工业投资0.73亿元，同比增长32.99%；规模以上工业总产值10.15亿元，同比增长23.64%。① 大陈人以"敢为人先、争强好胜"的使命担当，以系统创新观念、战略和打法，谋求新突破、开创新格局、实现新辉煌。

二、智能化推进产业迭代，构筑未来产业新场景

义乌云驰衬衫率先实现远程人体数据采集、软件辅助设计和智能化裁剪，大幅度提升衬衫产业数字化精准设计水平、国际市场竞争力和经济效益。以葡萄和猕猴桃等为代表果蔬，在种苗培育、生产过程和网络销售定制等开展了智能化管理探索与创新；康养旅游的康养流程与产品交互设计工作，特别是康养旅游的个性化智能化远程定制也正在陆续谋划与展开。大陈镇大幅拓展发展空间，2017～2022年摸索谋划前山、镇东两大区块近4000亩发展空间，启动前山土石方一期、二期280亩平整，完成前山工业区579亩有机更新，盘活存量建设用地、拓展新增建设空间，整理出1800余亩未来发展的连片空间。同时，大陈镇全面激活乡村振兴动能，已连线成网"至美大陈"精品线，总长超45千米，实现精品线大环线无缝串联；创建省级美丽乡村特色精品村3个、省级休闲旅游示范村2个，获评首批"省美丽乡村示范镇""省休闲农业与乡村旅游示范镇"，创成4A级景区镇；创建省级农业特色强镇，打造农产品品牌，以创建省级农业特色强镇为契机，新增和存量建设农业标准地10741亩，系统整治"非粮化""非农化"和抛荒地达1200亩，推出了"大陈小集"区域农产品品牌，汇集豆制品、高粱酒等9个品类25个品种，首个线下展销馆建成营业，线上线下年销售额达6000余万元，为农旅融合发展打下了坚实的基础。②

---

① 资料来源：义乌市大陈镇人民政府。
② 同上。

三、"三位一体"数字化,铸造未来乡村新格局

大陈人着力构建治理跃升+产业迭代+消费升级"三位一体"数字乡村治理体系,注重多元协同、智慧融通、流量转换、空间布局与功能优化,着力打造"为了幸福共享圈",构建优品库共享"站城梯级"新机制,注重流量专属化,创造流量转换消费升级新局面,实施创新赋能高水平绘制未来乡村"领跑路线图"。培育时尚工旅,推进瑞云路时尚工业旅游示范区建设,实现发展高质量。以衬衫高端定制为特色,整合国内服装生产基地资源,打造全品类"云定制"平台,实现"一次量体、全身定制"。加大文旅支柱产业招商,沿三条精品线利用山水林田湖,发展农业采摘、农事体验、特色农产、农旅民宿等,构建以镇东区块为龙头,"一村一品"串珠成线、连线为网的"1+X"全域康养旅游新格局。建设和美乡村,沿精品线梳理打造农业产业园,注重乡村振兴产业导入,按照"1+X+Y"村庄规划,突出"一村一品""文化铸魂",努力打造一批具有地域特色精品村,实现乡村旅游从山水观光型向休闲度假型转变。巩固水果粮食省级特色农业强镇建设成果,新增垦造耕地500亩、旱改水600亩、等级提升1000亩、农业标准地1000亩,深化"大陈小集"推广,年销售额突破1.5亿元[①]。大陈镇肩负"重要窗口"的担当使命,擦亮大陈镇高质量发展的生态底色,让绿色成为大陈镇发展更动人的色彩。美丽城镇与健康乡村,共创共富与共美共享,宜居宜游与宜业宜学,多元协同系统创新,形成了以现代农业为基础、服装产业为支撑、文旅康养为动能的新格局。

第三节 着力构建"空间均衡"治理体系

党的十九届五中全会上,习近平总书记强调"节水优先、空间均衡、系统治理、两手发力",要牢固树立绿水青山就是金山银山的理念,在生态文明

---

① 资料来源:义乌市大陈镇人民政府。

建设上展现新作为。

当前，尽管生态文明理念已深入人心，但区域发展不均衡、不充分、不协调的问题依然十分突出，无序开发、过度开发、资源利用率不高以及过度保护的轻重失衡、顾此失彼等问题仍然存在，因而必须从革命性、系统性、长期性来认识和把握新时期生态文明建设与改革发展总基调，从思想、行动、方式、作风上来一个革命性的大转变，对推进新时期生态文明高质量发展进行思想引领、战略导向、理念更新、运营重塑、流程再造，开启新征程、再创新辉煌。我们认为，应"空间均衡"构建系统治理体系，在注重整体推进、重点突破的同时，着力加强生态文明综合治理的系统性和整体性。

一、政域目标协同

全面推进生态文明高质量发展，要坚持弘扬社会主义核心价值观，要注重遵循自然规律的科学发展、经济规律的科学发展和社会规律的和谐发展的有机统一。要坚持"绿水青山就是金山银山"的理念，按照国家生态功能区规划要求，结合编制"十四五"规划和2035年远景目标，以山水林田湖草生命共同体为载体，构建人与自然和谐共生的生态复合巨系统，科学制定生态保护、污染防治和经济社会生态文明高质量发展的攻坚方案。综合运用生态循环经济、生态工程技术和行政管理等多种手段，加强对生态复合巨系统的保护、修复与重构，不断增强生命共同体的自生力、协同力、自净力和共生力。敢为人先，不断创新生态文明制度新优势，做到系统治理、定向施策、精准发力、狠抓落实，切实推进生态环境保护与经济社会协同发展和创新发展，努力提高人民群众的满意度和幸福感。

二、流域上下协同

切实贯彻落实"节水优先、空间均衡、系统治理、两手发力"治水思路，要强化目标导向，进一步明确保障经济安全、生态安全、国家安全的作用更加凸显，推进生态文明高质量发展。注重借鉴美国田纳西河流"集权与统一"治理模式与"集成化"流域治理模式以及新西兰汉密尔顿等城市流域综合管理规划（ICMP）等国际先进经验，进一步完善"河湖长制"，大力推进建设康美河湖、造福整个流域。根据生态系统所处空间位置及地理特点，顺应生物多样性主体生态功能区和生态屏障区的生态战略需求，大力实施全流域协作、山水联治，统筹协调山地农林牧副渔及生物多样性、矿产资源和产业发展布局的系统化综合治理。水是生态之基、生命之源、生产之要。实行最严格的水资源管理制度，要着力提高水资源利用效能。要综合考虑水环境、水生态、水资源、水安全、水文化等多方面的有机联系，全面推进健康美丽河湖建设，助推健康中国和美丽中国战略协同。坚持水利科学发展，注重"以水定向、以水定盘"，通盘考虑全流域生态保护与经济开发、全面谋划产业布局、防治结合系统推进，切实解决跨流域过渡带的灰色空间生态问题治理，最终形成上下游综合协同治理、同频共振的良性循环新局面。

三、跨域山海协作

在安徽—浙江实行的新安江上下游断面水质考核生态补偿和浙江金华—磐安"异地开发"生态补偿等成功经验的基础上，强化创新生态补偿的方式和路径，积极探索"山海协作"模式创新。针对大城市，特别是高校寒暑假期的人才资源大量闲置而乡村振兴人才奇缺的供需不平衡和信息不对称等问题，县级及以上政府要尽快出台跨区域科技人才协作的政策措施，大力创新生态文明和乡村振兴自愿服务平台，大力推进跨区域整合利用大城市高校及科研院所的人才智力优势资源，精准对接广大基层乡村生态文明和乡村振兴战略的现实需求，全面激活大城市闲置科技人才资源和乡村闲置生态空间资源，切实抓好产业生态化和生态产业化，大力创新拓展"两山转化"新渠道。要切实创新与实施知识产权分配制度，尽快出台支持乡村振兴人才培养和使用的激励机制与政策，大力营造"人尽其才、物尽其用"的社会氛围。顺应数字化趋势，强化数智赋能加快发展动能转换，大力促进我国城乡生产方式和生活方式的深层次变革，大力推进实施政治、法治、德治、自治和智治"五治一体"，加快推进社会文明进步。

四、全域战略统筹

按照全域生态文明系统治理的战略思路,强化美丽中国和健康中国战略协同,统筹推进新型城镇化和乡村振兴战略。在特色小镇重点突破的基础上,要大力推进全域实现生产、生活、生态空间和谐统一。不断优化以海绵城市、生态城市为导向和以水库灌溉、海塘体系为主体的民生水利保障系统。充分发挥社会主义制度优越性,贯彻产业、供销和金融"三位一体"乡村合作制度,充分发挥城乡各自的主题文化特色,努力再创特色文化资源新优势,再创城乡相互促进发展的新辉煌。着力创新拓展生态产品价值实现的渠道和方式,大力发展创意体验共享平台新经济、新模式、新业态与新产品。强化生态文明制度保障体系建设,注重生态保护与经济发展的多元化利益主体的协同、均衡与有序发展,实现全域生态文明高质量发展,加快推进城乡一体化和乡村振兴战略目标早日实现。

贯彻"节水优先、空间均衡、系统治理、两手发力",着力构建政域、流域、跨域和全域的"空间均衡"生态文明治理体系,形成一个由多元立体生态—文化—产业—城乡综合治理机制与协同整体递进的治理系统,需要坚持"协商共治",有效打破政域、地域和领域分界的藩篱,针对长江经济带和长三角一体化等国家战略重点区域,因地制宜创建流域与区域一体化管理机制、多元化协作机制与全域一体化治理机制,勇于担当新型城镇化和乡村振兴使命的责任,坚持思想引领、有序推进,切实把生态文明、生命共同体和双循环等新发展理念贯穿国土空间全域生态系统治理的全过程,为推动生态文明高质量发展做出更大贡献。

第四节　乡村数字化助推基层全过程人民民主进程

"全过程人民民主"是对中国特色社会主义民主的特色和优势的新概括,并写入《中华人民共和国地方组织法》(2022年修正)。全过程人民民主必须坚持以人民为中心,坚持人民至上。具体要求:一是"一切为了人民",要始终将实现最广大人民根本利益作为民主政治建设的出发点和落脚点；二是"一切依靠人民"，全体人民都能参与决策、监督与治理的一种民主形态。

浙江省注重全过程人民民主制度和基层治理现代化的创新实践探索，先后形成村监事会强化民主监督打造阳光政权的后陈经验、象山村民说事、宁海36条小微权力清单等重要成果，得到了广泛认同。实施基层全过程民主、加强乡村治理体系建设是实现乡村全面振兴、巩固党在农村执政基础、满足农民群众美好生活向往的必然要求。

在村书记主任"一肩挑"和五年任期村级权力监督的新形势下，如何贯彻落实"全过程人民民主"值得研究。要坚持"后陈经验"强化民主监督，努力"把权力关进笼子里"，使村务决策、村务办理、公务审批、村务全公开、民主监督及参与管理等得到充分体现，这些要注重应用乡村数字化技术手段才可能实现。

2019年以来，义乌市大陈镇致力于形成完整的制度程序和参与实践，保证人民在日常政治生活中有广泛持续深入参与的权利，从村务管理运营的实际出发，依托红旗村原创性探索乡村数字化"村务钉办系统"，积极探索大胆创新，着力打造"智慧钉办"，探索"一网办、清廉办、阳光办"乡村系统治理"红旗模式"，实现系统重塑、数字赋能、综合集成、高效协同、整体智治，成为省数字化改革揭榜挂帅项目，写入金华市委《关于坚持和深化新时代"后陈经验"的若干意见》文件中，成为镇村干部"治村理政"的主阵地，打通村民办事"最后一公里"。打造党员联户"红色朋友圈"，以开展党员"两问大走访"活动为载体，党员干部上门服务。党员入户走访，一问农户有没有事要帮助；二问农户认为村里最需要干哪件事。"一月一次走访"，深化鱼水情。构建党员联户"红色朋友圈"，实现民情民意在一线掌握、党的政策在一线落实、干部作风在一线转变，该机制得到金华市委认可，并总结提升形成全市推广的"党建+党员"巷战体系，有效助力了疫情防控。打造村干部管理"健康码"，为实现村干部管理数字化、动态化，依托"智慧钉办"干部履职数据，结合季度考核、群众评议，定量定性综合赋码，形成村干部和党员"红黄绿"三色健康码。该系统贵在及时提醒，有效保护了大批干部，也避免了"小错小洞不补，大错特错吃苦"的状况。党员干部管理"健康码"已得到市委组织部认可，并在全市推广中。村务钉办系统构建了"两问大走访"

机制，务实创新"全领域覆盖，全流程网办；全实时报告，全方位监管；全过程参与，全景式公开；全要素协同，全链条保障"实施基层全过程人民民主加快推进基层治理现代化的"义乌经验"。2022年荣获"中国廉洁创新奖""浙江省公权力大数据监督应用金奖"，并在浙江省五个地市推广应用的基础上，开始全省推广，因而值得高度关注。

1. 全领域覆盖，全流程网办。致力于基层治理的全领域覆盖，"村务钉办系统"包括党建（包括干部管理与党员管理），村级权力运行与监督，集体产业运营、资产管理、物资采购、项目招标、用工情况、资金分配及财务管理等重要栏目。村级所有会议纪要、决策内容、执行情况、结算发票及审批支付等全流程网办。对于村务公权使用，尽可能使所有村务网办"不遗漏"，对于不便于量化的项目，实施"警示提醒"。

2. 全实时报告，全方位监管。对于村级所有管理事务，让基层群众全过程拥有知情权，随时随地根据需要实现随机查看；让村民代表大会代表可以通过该系统远程数字化及时知晓掌握村情及实时动态；各级组织可以通过"数据驾驶舱"随时随地查看村情大数据。该系统创建了（纪委和村监委）双重组织监督机制，还设置12小时、24小时、72小时督办提醒及报警系统。所有村民与访客都可以扫码登录，查看村情，实现全过程民主监督。

3. 全过程参与，全景式公开。知情权、参与权和监督权紧密相连，形成一个系统。村民申请事项审批的依据和不审批的理由，都要全过程留下痕迹，可以随机追溯查阅。同时，也要求相对应的上级必须在规定的时间内响应。在兼顾数据安全的前提下，尽可能开放系统，实施全景式公开，确保村级权力在阳光下运行。

4. 全要素协同，全链条保障。注重党员干部考核制度和全过程人民民主监督的协同，注重技术、人才和资源等要素协同配套，还要注重发现问题、分析问题及处置问题全链条的保障机制建设与完善。注重政治、德治、法治、自治和智治"五治一体"协同。实现村务钉办系统与金融数据链连通。钉办流程审批完成，边公开、边推送浙江省农经系统，农经系统审核无误后将数据推送农商行（信用联社），直接打款到收款人账号，实现无纸化、无现金，全流程线上审批落实一条龙服务，极大地提高了工作效率，且网上留痕，便于公开监督检查。

正是因为有了这套乡村数字化村务钉办系统，确保了基层全过程民主和基层治理现代化，应用这套系统的绝大多数乡村，实现上访率降为零。贯彻落实二十大精神，要持续深化理念创新、技术创新与应用创新，在物资采购、项目招标和集体资产处置等基础上，进一步拓展产业、人才、文化、生态和组织等领域，不断强化民主监督功能和预警功能，不断推进系统迭代升级，发挥乡村数字化推进基层全过程人民民主和基层治理的最大功效。

第五节　实施"五权协同"助推提升我国文化核心竞争力和综合效益

改革开放初期，安徽小岗村开启的"联产承包责任制"有效实现了农村土地所有权与经营权"协同"，破解了农村产业高效率发展与剩余劳动力转移，解放生产力推进经济大发展的重要机制问题，推动了农村改革开放和中国特色社会主义发展。当前，我国正在向第二个百年奋斗目标迈进，必须大力发展社会主义先进文化、革命文化和优秀传统文化，坚持创造性转化与创新性发展，努力铸就社会主义文化新辉煌。但我们必须注意到，我国文化保护传承与创新弘扬等方面，不系统、不协同和不平衡、不充分的问题还十分突出，具体表现在：

一是坚持对外开放，必须高度重视外来文化入侵引发的文化安全问题。忽视中华优秀传统文化的教育与传承，让青年人崇尚个性解放、张扬个性和追求享乐的生活方式，是西方世界有预谋的对我们文化安全的极大冲击，必须引起高度重视。

二是坚持问题导向，摒弃过度商业化与过度保护，亟待出台新制度加以规范。"宫斗剧"泛滥、名人资源商业炒作、某些城市形象策划方案及众多的成语乱改乱编现象等，不是宣传弘扬"真善美"而是肆意传播"假丑恶"，已经相当严重。对于这类文化过度商业化严重破坏文化传承的问题，必须高度重视并加以整治。

三是部门之间权利相互冲突，文化保护权与共享权相背离。目前全国重点文物保护单位数量较2012年增长了115%，新增长城、大运河、丝绸之路等8项世界文化遗产。现有备案博物馆6183家，其中81%免费开放。500多万件

(套）藏品数据信息全面共享。中央财政文物保护资金 10 年累计投入高达 1000 多亿元。① 现在的问题是，一幢建筑一旦被认定为文物保护单位，该建筑物的使用将受到极大限制。业主和当地居民，除了从政府获取财政补助外，难以从该建筑物文化资源的经营管理中获得共享利益。因此，创新文化遗产保护传承方式，实施创造性转化和创新性发展，推进保护权与共享权协同与规范，构建永久性常态化动力保护与利用的对立统一，激活"造血机制"推进乡村振兴造福人民，意义重大。

四是坚持非遗市场化，需要破解非遗传承权与经营权相冲突的问题。根据国家文旅部官网数据，截至目前我国拥有各级代表性传承人 10 万人，其中，国家级非遗传承人 3062 人；设立了 23 个国家级生态保护区，② 实施非遗传承记录工程、中国传统工艺振兴计划、中国非遗传承人研培计划、曲艺传承发展计划等，为世界文化多样性贡献了"中国色彩"。经调研发现，尽管政府层面支持力度非常大、耗资甚巨，但是绝大部分非遗传承人缺乏市场观念、不懂经营管理；普遍缺乏非遗传承权与经营权的协同机制，已经严重影响到非遗活化和文化创意产业的发展。

因此，深入贯彻二十大精神，全面落实人民至上、自信自立、守正创新、问题导向、系统观念和胸怀天下"六个坚持"，践行生态文明和新发展理念，着力攻坚克难破解瓶颈制约，奋力实施"五权协同"机制创新，深化文旅融合推进共创共享，势在必行。

文化必须要走进生产与生活，必须坚持"人民至上"为人民大众服务。协同是新发展理念的题中之义，共享是社会主义制度的本质特征。本书认为，针对因部门权利冲突造成文化创新发展目标相背离，致使文化传承和开发利用受到严重限制，迫切需要系统化创新文化发展机制，理顺"五权"体系，强化"五权协同"。必须系统化构建所有权与经营权、保护权与共享权、传承权与经营权、监督权与系统保障的多元协同机制，具体内容如下：

一是所有权与经营权协同。"农村联产承包责任制"已经提供成功案例。事实上，黟县宏村、平遥古城等引入智力资本和商业资本，实施文旅融合开发，形成了一系列新业态、新产品和新体验，并实施市场化运营，都取得了巨

---

①② 资料来源：文化和旅游部官网。

大成功。

二是保护权与共享权协同。要让利益相关者和当地人民群众共享文化发展成果。浙江乌镇依托当地居民和民俗文化，激活古镇资源，大力发展旅游业和民宿业，现已成为"世界互联网大会"永久会址，成为浙江共同富裕的示范样本。

三是传承权与经营权协同。传承权与经营权要有机结合，要着力强化文化创意、文化产业化发展能力和文化市场运营能力。浙江金华婺城区岩头村和武义坛头村，利用传统古村落整体运营机制，吸引众多非遗传承人入驻，实现传承权与经营权的协同，并大力推进发明研学课程开发，有效地推进了文化保护传承和创新弘扬。

四是监督权与系统保障协同。监督只是手段，不是目的。监督的目的是文化保护传承和创新弘扬。因此，监督不只是"限制"，还必须坚持目标导向强化正确"引导"，并为高质量健康发展提供系统保障。义乌市红旗村"村务清廉钉办系统"在监督与系统保障协同方面非常突出，已经被授予"中国廉洁创新奖"。

铸牢文化安全底线刻不容缓。面对当今纷繁复杂的国际形势和西方敌对势力的恶意攻击，我们必须居安思危、未雨绸缪。要加快推进文化强国战略，不断强化政治意识、政权意识、阵地意识、斗争意识"四大意识"，坚持弘扬社会主义核心价值观，创造性探索与实施"五权协同"，追求物质富裕与精神富有相统一，谋求创造性转化与创新性发展，铸就社会主义文化新辉煌，铸牢中华民族共同体意识。为此，本书提出具体对策建议如下：

一是强化文化安全意识，从维护国家整体安全的高度，强化文化安全保障。尽快出台《国家文化安全管理条例》，坚持弘扬社会主义核心价值观，要不断强化建设文化强国、维护国家安全与实现中国式现代化战略的多元目标协同。要坚持"两手抓"：一手抓文化创新弘扬，为世界文明增添"中国色彩"；一手抓文化安全保障，坚决打赢文化安全保卫战。

二是加快深化文化体制机制改革，强化"五权协同"，着力打造文化产业综合体，着力提高文化产业竞争力和综合效益。坚持社会主义文化发展方向，大力推进试点示范工程。全面优化与激活文化（民间）博物馆、共富工坊等现有载体，注重创新赋能，运用数字技术，创新文化产业运营模式；深化文旅非遗工坊融合，推进共创共享；奋力拓展新型经济，推进共同富裕。

三是发挥好社会主义制度优越性，强化文化优势资源集聚和世界级高端平台构建。努力发挥好我国五千年文化优势资源，应用文化总部理论，积极创新与探索全域高层次系列节事活动，举办中国世界遗产和人类非遗系列展会，包括中国国际文化产业博览会与国际大型文化艺术和文化创意赛事，颁发有中国特色的世界奖项。

第三章　生态文明"重要窗口"

第一节　着力构建"造福流域"生态经济系统治理体系 *

近年来,我国水利工作成就斐然,特别是构建了比较完备的防洪抗旱保障体系和农田水利网络体系宏伟工程,举世公认。前不久云贵川三省共同立法保护赤水河,于 2021 年 7 月 1 日起同步实施,这是我国首部跨省域行政区的流域共同立法。《中华人民共和国乡村振兴促进法》颁布实施,《中共中央国务院关于支持浙江高质量发展建设共同富裕示范区的意见》《关于建立健全生态产品价值实现机制的意见》等文件相继出台,标志着生态文明高质量发展步入一个新阶段。

对照新时期高质量建设共同富裕示范区的战略要求,目前还存在以下几个突出问题,具体表现在:全流域产业战略布局尚缺乏统筹协调机制;区域发展不平衡不充分的问题仍然十分突出,整体推进"五位一体"和生态补偿制度等生态文明"四梁八柱"亟待建构与完善;水利综合协调功能远未得到有效发挥。这些问题需要尽快克服与有效破解。

造成上述问题的主要原因有:一是在水利工作的指导思想上,对习近平生态文明思想深刻领会与贯彻落实还不够到位。习近平总书记2019年在第20期《求是》杂志发表的重要文章《在黄河流域生态保护和高质量发展座谈会上的讲话》中强调"要坚持绿水青山就是金山银山的理念,坚持生态优先、绿色发展,以水而定、量水而行,因地制宜、分类施策,上下游、干支流、左右岸

---

* 着力构建"造福流域"生态经济系统治理体系 [OL]. 中国报道, http://jjcsj.chinareports.org.cn/lshb/2022/0225/12590.html, 2022 - 2 - 28.

统筹谋划，共同抓好大保护，协同推进大治理，着力加强生态保护治理、保障黄河长治久安、促进全流域高质量发展、改善人民群众生活、保护传承弘扬黄河文化，让黄河成为造福人民的幸福河"。可见，"造福流域"重要论述是习近平生态文明思想的重要内容。二是局限于维护水安全、保护水资源、修复水生态、美化水景观、繁荣水文化、发展水产业，"就水谈水"成为常态，而对于水利必须要"造福流域"的战略目标及其体制创新则一直没有给予足够的重视与关注。三是多规合一发展区域生态经济与水利部事权设置的相矛盾。水是生态之基，生命之源，生产之要，康美之魂。水利事关国家安全、经济命脉、民生福祉，对推进生态文明和构建新发展格局都具有功能服务和支撑作用。坚持"以水而定、量水而行"服务流域生态文明高质量发展的原则，要从"造福流域"全局高度准确把握构建新发展格局的战略要求，找准定位、创新发展、服务大局、为民造福。努力拓展新思维、奋发新作为、实现新突破、开创新局面。

习近平明确指出要"抓紧开展顶层设计，加强重大问题研究，着力创新体制机制"。实现"空间均衡"需要强化生态经济系统治理保障力度；贯彻"造福流域"理念需要推进体制机制创新，"造福流域"特别需要从国家层面开展试点示范并大力推进生态文明与服务构建新发展格局，水利必须进一步发挥好战略支撑作用。为此，本书提出对策建议如下：

一是充分发挥"制度优势"，协同"三大战略"，推进"五位一体"。发挥社会主义制度优越性，强化协同推进实施健康中国、美丽中国和乡村振兴三大战略十分迫切；各地不同程度地存在"美丽不经济、美丽不生态、美丽不健康"情况等需要尽快有效破解。要坚持习近平生态文明思想"节水优先，空间均衡，系统治理，两手发力，造福流域"，发挥社会主义制度优越性，建立健全水权交易制度和生态补偿制度。按照构建新发展格局战略要求，在水利风景区和"河湖长制"基础上，浙江要敢为人先、首创性地探索实践"康美河湖，造福流域"，从示范基地和示范流域两个层面深度推进水利高质量发展、深度推进生态文明"五位一体"，奋力打造流域生态文明高质量发展"重要窗口"。

二是深入贯彻"系统治理"，强化"四定"功能，推进"空间均衡"。要深刻理解"以水而定、量水而行"，注重水利的"治水用水"系统治理效率效能的全面提升，创造性地强化"四定"功能，即"以水定向、以水定产、以水定盘、以水定城"。在区域生产力布局规划方面，必须贯彻系统治理新思维，强调实现"空间均衡"造福流域。"问题在水里，根子在岸上"。为了强化供给端和需求端系统治理，促进畅通经济双循环，更好发挥水利促进区域、城乡协调发展的作用，在强调实施跨流域调水的同时，更要考虑从宏观上将耗水产业与水资源丰度的"空间均衡"匹配布局。我国水利工作要充分吸取（火力发电）能源产业布局不当而导致不利于消除"雾霾"的深刻教训。要通过制度机制建设确保那些严重耗水产业不得布局在缺水地区，着力破解水资源不平衡不充分发展的供需矛盾。

三是切实抓好"两手发力"，打造"康美河湖公园"，推进"造福流域"。各级政府把提供高质量的水利公共服务放在更加突出的位置，最大限度地满足全国人民日益增长的美好生活需要。推动生态文明高质量发展，要实现全流域更高质量、更有效率、更加公平、更可持续、更为安全的发展，水利基础设施提供供水、灌溉、防灾、水生态环境等农田水利网络体系和城市水利网络体系等公共产品和服务，必须进一步提高水利公共服务体系的功能性、安全性和可靠性。必须发挥社会主义市场经济制度优势，创造条件有效吸纳社会资本参与，不断加强和完善政府行政手段和市场手段，切实抓好"两手发力"，大力推进"康美河湖、造福流域"。浙江省衢州市衢江康美河湖公园、杭州市建德三江口康美河湖公园等试点工作已经积累了一定经验，值得认真提炼总结与推广应用。

四是强化"四域统筹"，打造"钱塘江"示范，建设"浙江样本"。要强化"四域统筹"，着力构建政域、流域、跨域、全域的"空间均衡"生态文明治理体系，勇于探索"大部制"事权改革，创建流域与区域一体化管理机制、多元化协作机制和全域一体化治理机制，将习近平生态文明思想"造福流域"新理念贯穿到国土空间全域生态经济系统治理全过程，推动生态文明高质量发展。依托建立健全生态产品价值实现机制和浙江高质量发展建设国家共同富裕示范区的重大战略机遇，浙江要敢为人先，积极探索实践创造"康美河湖、幸福流域"的"浙江样本"，积极打造新时代水利高质量发展"重要窗口"。要发挥好钱塘江流域隶属国家生态文明示范区的典型性与地理区位优势、杭州—黄山与衢州—黄山跨省合作机制和千岛湖安徽浙江跨省域生态补偿制度创新的基础优势，抢抓长三角一体化国家战略和杭州都市圈高质量发展的重大机遇，率先实施钱塘江"康美河湖、造福流域"试点示范工程，创建康美河湖公园，助推健康中国与美丽中国。积极争取纳入国家生态文明制度机制建设重要试点和国家水利部"高质量流域治理"重大项目，积极拓展"水利发明研学示范基地"，积极打造"创新教育示范县"，加快推进建设新时期高质量发展的"浙江样本"。

结合"十四五"规划和2035愿景规划，我们要完整准确全面贯彻新发展理念，按照流域生态文明和生态经济系统治理的总体要求，大力推进由防灾减灾水利向多规合一、多元协同的强功能水利转变；由"美丽河湖、健康河湖、幸福河湖"向"康美河湖、造福流域"的高品质水利转变；由"民生水利、生态水利、旅游水利"向支撑全流域生态文明与生态经济高质量发展的高效能水利转变，加快推进生态文明高质量发展"重要窗口"建设，发出新时代"造福流域"最强音，谱写美丽中国和健康中国的新篇章。

第二节　钱塘江流域生态文明治理体系

钱塘江是浙江省第一大河、安徽省第三大水系。其上游有兰江和新安江两个源流，其中新安江发源于安徽省黄山市休宁县六股尖。钱塘江流域（澉浦以上）总面积达到62294.8平方千米，其中浙江钱塘江流域面积55558平方千米、安徽新安江流域面积6736.8平方千米。[①] 钱塘江流域内拥有众多的世界遗产（黄山、江郎山、西递宏村、西湖、大运河、良渚），这里的名山—名城—名湖旅游线，已经成为世界著名的旅游黄金线路。钱塘江流域属于国家生态文明示范区，处于长江经济带和长三角一体化的范围。钱塘江流域治理现代化走在全国前列，具有典型性、代表性和示范引领价值，主要体现在以下几个方面。

一是探索了跨省全流域合作机制，为深入推进全流域治理现代化和长三角一体化做了有益探索。2019年1月杭州市党政代表团到黄山市考察对接，签署了一系列合作协议。其中，黄山市环保局与杭州市环保局签署《关于打造

---

① 资料来源：浙江省钱塘江流域管理中心。

杭州都市圈生态环保合作示范区战略合作协议》就提升新安江流域共建共保水平、开展流域共保规划编制、继续实施跨界水体联合监测、合作开展水污染防治科学研究、进一步完善环境应急处置机制、建立环保合作常态机制、开展大气联防联控、加强环保人才交流合作及共同争取上级环保工作支持九方面达成共识,为践行新时代生态文明建设思想、实现杭州都市圈环境共保战略、把两市打造成为杭州都市圈联保联防生态环保合作示范区奠定基础。继杭州—黄山两地政府建立了"9+1"战略合作框架协议之后,衢州—黄山两地政府也签订了战略合作框架协议。

二是首创了基于省界断面水质监控的跨省域生态补偿机制"新安江模式"。新安江流域生态补偿机制是习近平总书记亲自倡导和推动的全国首个跨省流域生态补偿机制试点,是习近平生态文明思想的先行探索地和重要实践地。2019年12月,习近平总书记在《求是》杂志发表重要文章《推动形成优势互补高质量发展的区域经济布局》,强调要"推广新安江水环境补偿试点经验,鼓励上下游之间开展资金、产业、人才等多种补偿",这直接推动实施了新安江流域生态补偿机制试点,开创了我国建立跨省流域上下游生态补偿机制的先河。试点开展以来,在财政部、生态环境部、发改委和省委省政府大力推动下,累计完成投入194.05亿元用于新安江保护治理,其中试点补助资金47.2亿元。[①]流域生态补偿的实践与探索,形成了以习近平生态文明思想为指引,以生态补偿为抓手,以环境保护为根本,以绿色发展为路径,以互利共赢为目标,以体制机制建设为保障的跨省流域生态补偿的"新安江模式"。这项试点工作写入党中央国务院《生态文明体制改革总体方案》《关于健全生态保护补偿机制的意见》《关于建立更加有效的区域协调发展新机制的意见》,入选《贯彻落实习近平新时代中国特色社会主义思想,在改革发展稳定中攻坚克难案例》和全国干部学习培训教材,荣获2019年"全国财政系统先进集体"称号。生态补偿"新安江模式"已经在全国10个流域、15个省份复制推广。

三是积极创建"康美河湖公园"试点,丰富载体助推健康中国和美丽中国战略,进一步强化共建共享。康美河湖公园,是指贯彻习近平生态文明治水

[①] 一江碧水如画 两岸幸福人家——新安江流域生态补偿机制成效显现[N].黄山日报,2021-9-7(4).

思想，坚持统筹推进健康中国、美丽中国和乡村振兴三大战略，以"康美河湖、造福流域"为目标，落实"两山转化"理念，充分发挥水利在生态文明建设中的重大作用，加快建立满足流域生态经济良性循环系统，打造"造福流域"具有示范引领功能的河湖典型区域。对将康美河湖公园作为水利风景区提质增效的重要路径进行全方位探索，试图创造高质量发展的重要示范样本。按照水利部的批示要求，《康美河湖公园评价标准》于2021年5月25日在中国科学院资源科学与地理研究所通过专家评审会评审。浙江积极开展了衢州市衢江和杭州市建德三江口"康美河湖公园"原创性试点工作，得到省市乡镇级相关部门的大力支持，试点验收总结工作正在稳步推进过程中。

浙江要敢为人先，干在实处，走在前列，加快推进生态文明高质量发展"重要窗口"建设，大力开创新时代"造福流域"新格局，努力谱写中国特色水利工作的新篇章，加快推进高质量发展建设共同富裕示范区。本书提出具体建议如下：

一是完整准确全面贯彻习近平生态文明思想和新发展理念，积极推进水利"三大转变"强化共同富裕的水利担当。按照流域生态文明和生态经济系统治理的总体要求，浙江要结合"十四五"规划和2035愿景规划，大力推进由防灾减灾水利向多规合一、多元协同的强功能水利转变；由"美丽河湖、健康河湖、幸福河湖"向"康美河湖、造福流域"的高品质水利转变；由"民生水利、生态水利、旅游水利"向支撑全流域生态文明与生态经济高质量发展的高效能水利转变。

二是按照习近平生态文明思想，修订完善《水法》等相关法规，强化全流域共同富裕的法治保障。要在保障水资源可持续发展的基础上，深入开展流域生态经济系统治理体系研究，建立健全支撑"全流域高质量发展"造福人民的共同富裕战略目标导向和监管保障机制，充实到《中华人民共和国水法》（以下简称《水法》）等相关法规之中。充分发挥水利风景区的融合发展载体功能，不断提质增效，助推水利高质量发展。积极创新探索水利风景区供给侧改革，要因地制宜适当放宽河湖岸线的管控措施。对于水利风景区的基础建设项目，要比照国家级特色小镇给予用地指标支持；比照湿地公园给予编制和经费支持等，全面推进"水利风景区提质增效"和流域高质量发展，加快流域生态产品价值实现推进"两山转化"。要积极争取将水利风景区规划建设管理纳入地方国民经济和社会发展规划体系，并列入政府政绩考核体系。

三是积极争创"钱塘江全流域高质量发展示范区"，让共建共享"造福流域"成为新时代水利人的使命担当。建议从全流域层面开展试点研究，深入探索水利生态产品价值实现机制及路径创新，拓展新思维、奋发新作为、实现新突破、开创新局面。流域是水利的专有名词和专业术语，也是水利服务生态文明的关键领域和重要职责。鼓励"先行先试"，加大力度支持深入推进"康美河湖公园"试点示范工作，不断丰富和拓展水利综合利用的功能载体，在生态文明高质量发展中发挥更大作用、作出更大贡献。依托现有跨省合作机制基础，准确把握构建新发展格局的战略要求，找准定位、创新发展、服务大局、为民造福。

第三节　康美河湖公园概念及其实践探索

水利必须在"健康中国"和"美丽中国"建设中发挥重大作用。众所周知，水是生态之基、生命之源、生产之要。水的质量是一个流域生态健康与美丽的重要标识，也是维持生命共同体的重要保障，更是区域社会经济发展繁荣的重要支撑。当前，人民群众对国家治理体系和治理能力现代化提出更高要求，也对健康美丽河湖和流域治理提出更多期待。因此，按照"节水优先、空间均衡、系统治理、两手发力"共同抓好大保护、协同推进大治理的思路，迫切需要创新驱动和示范引领。健康产业与美丽产业要成为实现乡村振兴和创新发展的战略性支柱产业。浙江人"敢为人先、勇立潮头"，按照新时代生态文明建设要求，开展"康美河湖公园"试点。浙江省衢州市衢江区和杭州市建德梅城镇的创新实践，为全国"康美河湖公园"建设提供了可资借鉴的新样本。

一、主要问题与发展现状

从新时代生态文明建设"健康中国"和"美丽中国"战略要求来审视，当前基层治理工作中普遍存在几个突出问题：

一是"美丽中国"与"健康中国"战略相脱节的问题十分突出。全国各地政府不计成本、不谋产出地热衷于城乡道路和村庄景观小品建设，把"园林景观"当作"美丽乡村"，造成"美丽不经济、美丽不健康"现象比较盛行，且大有愈演愈烈之势。

二是体现"美丽中国"与"健康中国"战略融合的引领性和示范性工程严重缺乏。全国各地积极探索水利创新发展与融合发展，开拓水利新局面的积极性空前高涨。例如浙江省提出并实施"美丽河湖"标准，四川省提出并实施"河湖公园"标准，湖北省也在研究出台"康养河湖"政策措施，积累了丰富的实践素材和研究样本。但是，国家层面体现"美丽中国"与"健康中国"战略融合的载体、抓手和标准尚未真正确立。

二、问题原因分析

一是"健康中国"与"美丽中国"战略融合的基层治理实践存在严重偏差。通过调研发现，不少地方在建设美丽乡村过程中，不惜代价、不顾后果地全面进行小城镇和村庄外立面改造、大肆流转土地发展"花海"大景观、国道省道园林绿化极尽奢华、将乡村小水塘改造成喷泉、在缺水的地方建设抽水马桶"五星级厕所"，甚至曾一度要求"全面禁止农民养鸡养猪"。形式主义和"一刀切"瞎指挥在个别地方十分严重。分析认为，产生这类问题的原因主要有脱离实际的城市思维、追求极致的"仙境"思维、过度重视形象的政绩思维和整齐划一的军事思维。值得庆幸的是，这些问题在主题教育活动深化的过程中，正在不断得到及时纠正。

二是国家水利风景区建设与发展迫切需要转型升级。从 2001 年开始，陆续创建的国家水利风景区总数已达到 921 家[①]。这对促进民生水利、生态水利和旅游水利融合与协同发展，起到了一定的促进作用。但我们发现，同样是国家级重要品牌，与国家 5A 级旅游景区相比，国家水利风景区的社会美誉度还不够高、市场竞争力和社会影响力也不够大。现行的国家水利风景区囿于"就水谈水"，没有将流域产业结构优化和康美产业发展实施"系统治理、两

---

① 资料来源：国家水利部官网。

手发力"统筹推进，因而其局限性比较大。结合浙江省"五水共治"（治污水、防洪水、排涝水、保供水、抓节水）经验，研究发现，关于水生态环境保护与利用"问题在水里，根子在岸上"。"就水谈水""就水治水"是做不好水利融合发展这篇大文章的。换句话说，一个流域产业结构改善，生产方式、生活方式和消费方式的优化才是解决治水问题的根本出路。

三是创建"康美河湖公园"实施创新驱动与示范引领，势在必行。生态文明要求我们必须同时遵循自然、社会和经济三大规律，努力实现科学发展、和谐发展和持续发展相统一，要谋求生态文明"五位一体"。"康美河湖公园"能够充分体现积极主动服务于生态文明、健康中国和美丽中国的战略目标导向，体现了"康美之魂"水资源优势和特色，也体现了新时代的责任和使命担当。"康美河湖公园"作为国家水利风景区的"升级版"和示范工程的重要载体与抓手，具有重要的现实意义。中国生态学学会和九华黄精康养产业研究院安徽省院士工作站联合完成《康美河湖公园评价标准（草案）》，已经在进行专家论证并积极争取报批"行业标准"，完成《浙江省衢州市衢江区康美河湖公园总体规划》，构建与实施"战略目标导向系统、流域治理保障系统、康养产业支撑系统、循环经济技术系统、品质服务配套系统及公园智慧解说系统"6S技术体系，强化"康美河湖、幸福流域"科技支撑。浙江衢州市衢江以及杭州建德市梅城镇新安江—三江口等地分别从县（市、区）和乡镇的不同层面，率先启动"康美河湖公园"创新探索与创建实践工作，得到当地干部群众的高度重视和有效推进，显示出良好的发展势头。

三、对策建议

深入贯彻新时代习近平生态文明治水思想，按照生态文明要求，优化顶层设计和政策供给，积极打造"国家康美河湖公园"，加快推进"康美河湖、幸福流域"，助推"健康中国"和"美丽中国"战略融合，全面开创国民经济和社会发展新局面，对此本书提出具体建议如下：

一是将"康美河湖、幸福流域"作为贯彻习近平新时代生态文明思想的重要载体和抓手。全面深入贯彻"健康中国""美丽中国"战略融合，将建设"康美河湖、幸福流域"和实施"6S技术体系"纳入区域"系统治理、两手发力"政绩考核体系,加快推进治理能力和治理体系现代化。

二是将"国家康美河湖公园"作为践行"两山理论"和"流域治理"的示范工程。在现行国家水利风景区基础上,着力打造"国家康美河湖公园"示范工程100家。细化标准、科学规划、以点带面、全面推进,努力把每一条江河都建设成为造福人民的幸福河。

第四节 溇港工程与湖泊治理 *

贯彻习近平生态文明思想和落实习近平总书记关于文化遗产保护重要论述,强化太湖流域溇港生态工程的保护与利用,推进乡村生态治理"重要窗口"建设的迫切需要,引起各级政府和全社会的广泛关注和高度重视。

发源于太湖流域的溇港生态工程,既是世界灌溉文化遗产,也是传统治水造地的尖端实用技术,具有极高的科学价值和应用价值,值得高度重视和开发利用。溇港(圩田)工程是我国浙江湖州吴兴先民针对软流质淤泥滩地首创的规模化、棋盘化农田水利生态工程。吴兴的溇港大致肇始于晋永和间吴兴太守殷康修筑荻塘时期,当时荻塘以北还是宽窄不等的湖滩地,因而荻塘的修筑需要同时开挖溇港排水。荻塘修筑后,经过唐、五代吴越时期的不断浚治和发展,逐步形成了溇港系统。荻塘的修筑是吴兴历史上的重大事件。如果说四千多年前的湖州"毗山大沟"开创了在太湖南岸洳湿之地上疏干排水、垒塘开溇、围圩筑堤的先河,那么西起现湖州中心城区城东二里桥,东至苏州吴江区平望莺脰湖,并与京杭运河相接的荻塘,则成功地将治理太湖、防洪、航运、灌溉、排水等诸多功能有机地整合在一起,堪称我国历史上罕见的综合性水利工程。

溇港(圩田)生态工程大致在民国以前经历了四个时期:先秦至唐代前期起步时期,唐代中后期至五代快速发展时期,北宋大圩解体及转型时期,明清持续发展时期。而吴兴溇港生态工程之所以长期得以延续,主要原因是顺应

---

* 运用太湖溇港生态工程,创建乡村生态治理新格局 [OL]. 中国报道,http://jjcsj.chinareports.org.cn/lshb/2022/0609/13329.html,2022-6-10.

自然、巧借天力、科学规划与布局合理。例如，充分运用东西苕溪中下游地区众多湖漾，进行分级调蓄，起到"急流缓受"的作用，以消减水势。通过人工开凿的东西向河道，如荻塘、北横塘、南横塘等，使"上源下委递相容泄"，使东、西苕溪和东部平原的洪水，经吴兴的溇港分散流入太湖。而以自然圩为主体修筑"溇塘小圩"，使原有河网水系基本不受破坏，发挥河网水系调蓄、行洪和自我修复的生态功能。溇港生态工程与桑基鱼塘生态工程相得益彰，成为中华民族享誉世界的生态工程的典范作品。太湖溇港催生的桑基鱼塘、桑基圩田系统，使湖州成为中国的鱼米之乡、丝绸之府。因溇而生、因港而兴的溇港文化，在沉淀了千年以后，随着太湖溇港2016年申遗成功而享誉世界。

西湖是应用溇港生态工程进行治理的典范。试想唐宋时的西湖蓝藻一定十分严重，苏东坡、白居易等下决心依靠人民群众的太湖溇港生态工程智慧和肩扛手提的力量，对西湖进行了有效的疏浚和治理，还成就西湖景区苏堤、白堤、小瀛洲等重要景观，真是一举多得。近年来的浙江嘉善汾湖采用分区块治理（内外湖）的方法。内湖1800亩，深挖塘（3～5米）筑路基（用溇港工程堆积淤泥）营造景观带。这样，不仅使湖区水质达到Ⅱ类水，而且成为国家级水上训练基地、国家级旅游景区并正在创建国家水利风景区。今天的嘉善汾湖，正是新时期运用"溇港生态工程"有效治理湖泊蓝藻与淤积问题的成功典范。

近年来，针对乡村治理的一批国家重大科研项目先后启动，并取得一定成效。我们既要高度重视借鉴国际先进经验，加快新型技术的研究开发，也必须充分重视优秀中华传统技术，特别是世界遗产生态工程技术的集成创新。值得注意的是，目前乡村生态中不平衡不充分、不协同不系统的问题仍然十分突出，主要体现在以下方面：重视对全流域和河湖周边产业发展的限制性治理（有些地方甚至不让村民养鸡养猪），忽视对自然生态和农村生态循环系统机制研究与农业生态系统、工业生态系统的重构与创新；重视对生产污水和生活污水的严格控制与技术治理，忽视对发展方式、生活方式变革和新型产业的政策扶持与培育；重视对水质的治理，忽视应用生态工程综合循环再生利用的创新与探索。特别是疏浚湖底淤泥，工程浩大，投入巨大，且疏浚出来的淤泥如何处理和堆放，都成为重大难题，迫切需要从根本上予以破解。

为此，本书经过调查研究提出如下对策建议：

一是健全完善乡村生态治理规划，打造乡村生态治理"重要窗口"。要充分发挥中华民族的生态智慧，将乡村生态治理、土地整理与国土空间立体开发结合起来；将有效治理乡村生态、构筑旅游景观和拓展新型产业结合起来，运用"溇港生态工程"治水造地，争取实现乡村生态治理的综合效益最大化，为世界乡村生态治理提供"浙江样本、中国方案"。

二是实施大型网格化溇港生态工程集成创新技术，有效治理大型湖泊。例如太湖，要比西湖大得多（面积约 346 个西湖），要彻底根除蓝藻淤泥，就需要用溇港生态工程筑造数百条"苏堤""白堤"和数百个"小瀛洲"岛屿，同时造就数百个"汾湖"，使总体水质达到Ⅱ类水，成为一个系列化高品质旅游大景区。系统治理，一举多得。

三是改革体制与机制，加强跨区域协同，推进水域产权与治水收益分配问题尽快破解。以太湖为例，丰水期，洪水要排入太湖；枯水期，太湖要发挥灌溉功能。丰水期，太湖蓝藻问题并不突出；但枯水期蓝藻问题往往比较严峻。太湖调蓄灌溉功能的有效发挥和生态治理工程，都涉及江苏和浙江两个省份的协同问题，需要按照共建"美丽中国"的总体要求，开展跨区域水陆国土空间综合开发体制与机制的协同创新。这里涉及的水域产权问题，也需要运用生态补偿制度创新的方法予以解决。

贯彻习近平生态文明思想，科学实施生态工程，全面推进乡村生态治理工程，意义重大。乡村生态治理、循环经济与新型产业发展潜力巨大，应用生态工程技术节约乡村生态治理投入资金的潜力也非常巨大。通过制度创新和政策扶持，采用统一规划、分块施工与运营权转让的方法，争取运用市场机制引入社会资本参与，加快乡村生态治理进程和新型产业发展推进共同富裕，大有可为。

第五节　创新探索水利风景区高质量发展新路子
——以松阳为例

丽水市是浙江"生态大花园"、华东生态屏障、国家生态示范区，是习近平总书记"两山"理论的重要萌发地和先行实践地之一。2018 年 4 月，习近平总书记在深入推动长江经济带发展座谈会上,充分肯定了丽水的绿色发展工作,作出102字的"丽水之赞"。① 丽水市松阳县松阴溪国家级水利景区位于松阴溪干流,核心区在松阳县城区域,北至梁下堰,南到青云塔河段区域,河道总长14.5千米,总面积12.07平方千米,河宽180~300米,形成河道水域近2.7平方千米。景区类型属开放式河湖型水利风景区。② 2012年6月始编制和报政府审批了《松阳县松阴溪水利风景区总体规划》,2013年10月获"国家级水利风景区"称号,管理单位为松阳县河湖水库管理中心。依托松阴溪干堤加固、中小河流治理、松阴溪绿道、水利博物馆等工程项目,松阴溪水利景区内已建成60千米绿道网、5座驿站、14座跨河连接桥、力溪大桥、9段4.2千米通村支线,完成重要水利文化遗产名录普查,并形成了一批以古堰、古桥、古碑、水利博物馆为展现形式的水文化载体,使得松阴溪水利风景区基础设施日益完善,管理服务和环境保护质量明显提高,旅游资源得到有效保护和利用,形成了经济、生态、社会三者协调发展的良好局面。③ 松阴溪国家水利风景区主要经验如下。

一是领导重视,战略定位高。将松阴溪国家水利风景区纳入县域安全带、生态带、文化带、产业带"四带"建设战略总体规划的重要项目之一,并在水利局相关科室明确水利风景区机构职责功能及事业编制2人。松阳县通过水管体制改革,实行集约化管理模式,成立了松阳县河道堤防和水库管理处,负责县重要水利工程和松阴溪水利风景区的管理,切实将水利工程管理和景区管理融为一体。先后出台了《松阳县河道保洁实施方案》《松阳县河道保洁长效管理考核实施细则》《松阳县支流河道保洁经费以奖代补实施办法》。松阳县委县政府因地制宜积极探索构建适合本地实际情况的"政府统筹、部门监管、乡镇负责、市场运作"河道建设管理机制,建立了中小河流、松阴溪绿道等重点工程总指挥制度,将水利风景区建设提升纳入水利工程建设中,获得了丽水市"机制创新奖"。

二是规划引领,融合发展好。河道生态治理,道法自然,遵循生态规律,排除干扰,"顶着风险干",有效地维护了自然岸线堤坝的原生森林,极大地

---

① 习近平. 在深入推动长江经济带发展座谈会上的讲话 [J]. 奋斗, 2019 (17).
②③ 资料来源:松阳县水利局。

提升了水利风景区的生态康养品质和生态系统的服务功能。2017年，松阳县还专门成立松阴溪创建国家AAAA级景区工作指挥部，在松阴溪国家级水利风景区的基础上，成功创建国家AAAA级景区。以河长制信息化平台建设为依托，借力"四个平台"，融合河长制App中相关河长履职数据，实现平台功能多样化，充分发挥平台网格长作用，实现河长履职网格化管理。

三是"双招双引"，务实推进快。结合水利博物馆，引入长三角高校及科研机构进行战略合作，实现高层次人才的有效集聚，推动研学旅行产业及文化创意产业拓展。松阴溪水利风景区与浙江大学、浙江水利水电学院等通过共建水利水电教学实习基地和水文化交流平台等方式，实现研学目的。目前挂牌的基地有浙江大学水利工程学系博士工作站、教学实习基地，浙江水利水电学院校外实践教学基地、博士工作站、瓯江流域生态水利研究基地野外观测站、思政教育实践基地、浙江河（湖）长学院松阳培训基地。该景区先后获评了"浙江省生态文明教育基地"、浙江省水利学会"美丽河湖工作研究站"和松阳县"特色科普馆"。为进一步提高水利博物馆景观、水文化、水科普的能力，开展景观提升、扩建水文化广场，要积极拓展发明研学示范基地。

四是部门协同，通力合作强。实施县域"大部制"协同，以大项目为抓手，发挥好相关部门各自的职责，执法协同配合。与海事交通部门合作，在"防洪闸"建设的同时附加了"游船码头"功能，开辟水上活动，有效破解"避风港"建设问题。以松阴溪松古平原段60千米绿道为主干，串联力溪湖湿地、佳佳乐农场、大路潭湿地、鹰嘴潭、延庆寺塔、石笋仙踪、独山和江滨公园沿线景区，并联大木山景区、万寿山风景名胜区、双童山景区等景点；以水利风景区为核心，突出"运动娱乐、田园休闲"功能主题，进一步挖掘古村、古镇、农耕文化、文化创意、茶文化等文化元素，因地制宜、差异化打造，丰富休闲旅游产品的内容，提高旅游景区的旅游项目等级品质，建设国内一流的田园休闲型旅游景区。松阴溪水利风景区与县内各所学校合作开展教育研学活动，开发了以水利、科协、教育为主和环保、治水办、检察共抓的科普、研学、普法体系的松阴溪水文化研学专线。

五是创新拓展，多元投入多。争取政策加大投入，适度扩大景区范围和服务功能。松阳县持续加强对水利风景区支撑项目的保障力度。2018年以来，松阴溪水利风景区结合水利工程及 4A 级景区等建设项目，完成投资 3.69 亿元。2018～2020 年松阳县完成管理方面投资 2520 万元，中水利工程维养 600 余万元，河道保洁 1920 万元。在工程建设上，一方面，全力配套中央、省、市下达的建设项目，累计配套中小河流治理、中小河流水系连通试点等支撑水利风景区建设项目共计 3 亿元；另一方面，落实专项资金自行实施县级重大水利风景区配套项目，共落实 6.5 亿元建成水利博物馆、松阴溪绿道、独山驿站等景区配套项目。在景区管理上，积极强化财政保障。将河道保洁、河湖工程维养等纳入财政经常性预算，每年安排 870 万元；专项安排 650 万元对松阴溪沿线堤防安装监控设施 370 余处，实现了全覆盖，切实保障游客安全。① 吸引社会资本参与投资水利风景区及其周边大项目建设。通过引进双龙运动休闲中心、瓦窑头文旅商业综合体项目等景区开发、运营的社会资金项目，融合旅游、体育、休闲三个元素，将原有滨水产业带升级成一条独具松阳特色的松阴溪旅游体育休闲产业带。同时，以优良的水质和生态环境，招引广东大鲵产业综合园等一批生态产业项目落地，有效带动乡村旅游发展，助力百姓增收。建设红糖、白老酒、油豆腐等一批全县域乡村生态博物馆（工坊），并通过优质生态+古法工艺+混合所有制组织的有机结合，推动石仓白老酒、油豆腐等以优质水资源为核心竞争力的农产品成功转化为旅游地商品。

六是扎根图治，社会声誉高。松阳落实"两山"理念，以水利风景区为载体，积极寻找转换通道，促进水生态产品价值转换。建成松阴溪旅游、运动、休闲、文化、研学、科普产业长廊。培育景区内的清水养殖、垂钓和生态农业观光产业。建成景观科普电站。大力发展民宿和松阳县茶文化产业。松阳县已经被批复为"浙江省山区水利现代化先行县"。松阴溪先后被评为长江经济带最美河流、浙江省最美家乡河、省级湿地公园等。松阴溪国家水利风景区成为展示松阳践行"两山"理念、推进乡村振兴和打造浙江大花园最美核心区的"重要窗口"。

贯彻习近平生态文明思想，结合新时代生态文明两山转化和水利风景区提质增效高质量发展的新要求，松阳积极创建水利风景区高质量发展示范县，允许在项目建设、景区管理运营和水美乡村等方面"先行先试"不断优

---

① 资料来源：松阳县水利局。

化供给侧改革，结合松阳县松古平原农田水网优化提升工程的实施和水利博物馆发明研学示范基地创建等重大项目，进一步推进水利风景区生态产品价值实现机制创新和路径拓展，充分发挥好松阴溪国家水利风景区推进全流域高质量发展造福人民的系统功能，为全国水利风景区提质增效与高质量发展提供"浙江样本"。

第四章　文化强国"重要窗口"

第一节　弘扬千鹤妇女精神，打造巾帼文化新高地 *

20世纪50年代，浙江省建德市梅城镇千鹤村妇女在党的领导和妇联组织带领下，打破传统旧俗，投身农业生产，实行男女同工同酬，孕育了举世闻名的"不等不靠、敢想敢干、团结协作、艰苦创业"千鹤妇女精神。

这里是毛泽东"妇女解放"思想的重要萌发地之一。1955年，毛泽东同志在编撰《中国农村的社会主义高潮》一书时，将时任建德县妇联主任胡采薇撰写的《千鹤农业社发动妇女投入生产解决夏收夏种中劳动力不足的困难》编入，并将题目改为《发动妇女投入生产，解决了劳动力不足的困难》，还写了长达512字的长篇批示，指出："中国的妇女是一项伟大的人力资源。必须发掘这种资源，为了建设一个伟大的社会主义国家而奋斗。要发动妇女参加劳动，必须实行男女同工同酬的原则。浙江建德县的经验，一切合作社都可以采用。"

2015年，习近平总书记在全球妇女峰会上强调，妇女是物质文明和精神文明的创造者，是推动社会发展和进步的重要力量，没有妇女，就没有人类，就没有社会。这与毛泽东妇女观一脉相承，是对毛泽东妇女观的继承和发展，是对新时代女性建功立业提出的殷切希望。当前，浙江省深入贯彻车俊书记批示和在调研梅城时的重要讲话精神，以建设新时代美丽城镇、再现梅城"千年古府"新面貌为目标，着力打造浙江"拥江发展示范区"，努力成为践行"最多跑一次"和"拥江发展"战略的重要试验田。党的十九大已提出了"健

---

* 弘扬"千鹤妇女精神"打造世界巾帼文化新高地［OL］．中国报道，http//jjcsj.chinareports.org.cn/shms/2022/0428/13015.hyml，2022－4－28．

康中国"战略，把发展康养产业上升为国家战略。浙江省和杭州市也把培育和发展康养产业作为经济转型升级的新引擎和国民经济的支柱产业，并提出了相应的发展目标。

新中国成立70多年来，中国妇女地位翻天覆地，举世瞩目。新时代新征程，我们更应创造性地继承弘扬新时代"千鹤妇女精神"，汇聚全国乃至全世界巾帼优秀文化建设成果，凝聚智慧力量，创建新时代全国康美城镇试验示范区和世界巾帼文化新高地。2020年10月22日，千鹤妇女精神教育基地被全国妇联授予"全国妇女爱国主义教育基地"称号，这是浙江省首个全国妇女爱国主义教育基地。"千鹤妇女精神"是中国推进"妇女解放"具有重大意义的标志性内容，值得高度重视。

讲好中国故事，传播好中国声音，展示真实、立体、全面的中国，是加强我国国际传播能力建设的重要任务。要深刻认识新形势下加强和改进国际传播工作的重要性和必要性，下大气力加强国际传播能力建设，形成同我国综合国力和国际地位相匹配的国际话语权，为我国改革发展稳定营造有利的外部舆论环境，为推动构建人类命运共同体作出积极贡献。为此，本书提出如下建议。

一是突出"千鹤妇女精神"文化主题，展示巾帼优秀文化风采，实施文化铸魂，为驱动健康美丽经济发展创造新动力。在习近平新时代中国特色社会主义思想指引下，借鉴浙江省总结推广"枫桥经验"和"后陈经验"的做法，以毛主席的批示为基点挖掘、进一步提炼和阐释"千鹤妇女精神"全球治理和世界妇女发展史中的重大意义。积极响应党中央号召，贯彻"四个自信"，赋予"千鹤妇女精神"新的时代内涵，进一步继承和弘扬"千鹤妇女精神"，鼓舞新时代女性艰苦奋斗、开拓进取，激励干部群众求真务实、真抓实干。

二是强化"半边天"文化优势聚合和传承创新，深化文旅融合，着力打造巾帼文化新高地。将"妇女体验消费"新业态在梅城千年府城规划和建设中予以充分重视，将梅城建设成主题更加突出、内涵更加丰富、意蕴更加深远，文化与产业深度融合，自然与人文高度统一的美丽城镇的新标杆。深度融合"千鹤妇女精神"文化资源和古严州府文旅资源，以国际化和高端化的标准，建设"世界巾帼文化新高地"妇女文化集中展示平台、国际妇女培训中心和高端会展节事活动中心，打造独具魅力的国际妇女教育与培训基地，依托"一带一路"吸引国内外妇女主题会议（节事活动）和会奖旅游落地建德梅城。进而做强相关配套产业，做足健康美丽经济和妇女消费大文章，充分运用巾帼文化促进健康美丽经济大发展。

三是把握实现高质量发展创建共同富裕示范区的重大机遇，敢为人先推陈出新，首创"康美河湖公园"，打造全国康美城镇的新标杆。创新发展千鹤地名文化，再造"妇女能顶半边天"新辉煌，将"千鹤妇女"形象塑造成梅城"千年府城"的文化符号，用"千鹤妇女精神"为梅城千年府城铸魂。按照新时代建设"健康中国"和"美丽中国"的总要求，借鉴浙江省开化县"国家东部公园"自主首创的成功经验，结合新安江"千岛湖"和梅城三江口、东湖西湖和玉带河等独特优势资源，按照"康美河湖、造福流域"战略要求，率先创建梅城"三江口康养河湖公园"具有重要的现实意义。值得注意的是，"康养河湖公园"与"半边天"文化主题定位也是高度契合的。整个梅城镇，特别是三江口运动养生休闲、养生旅游产业和文化创意体验项目策划规划与设计建设，必须与"半边天"文化战略相衔接；玉带河整治和古城商业街业态规划，必须与"半边天"商业服务功能相匹配。

第二节 创建世界丝绸文化之都

"一带一路"是新时代中国引领世界共赢合作思想发展的重要体现。作为"一带一路"倡议的重要载体和媒介之一，"丝绸"被时代赋予新的理念和内涵。杭州作为陆上丝绸之路和海上丝绸之路的重要交汇点，拥有中国丝绸博物馆、中国丝绸城和中国国际丝绸博览会等重要资源，在世界丝绸产业发展中占据极其重要的地位，具备丝绸文化和丝绸产业双向发力的重要资源。打造杭州世界丝绸文化之都，具备得天独厚的优势。

一是杭州丝绸文化源远流长。自古以来，杭州就有"日出万绸，衣被天下"的说法，是世界丝绸文化的重要发源地。杭州的先民早在良渚文化时期已开始植桑、饲蚕、织帛和制造简单的缫丝工具。后历经唐宋，杭州的丝绸产业逐渐兴盛。南宋丝绸"杭州所出，为天下冠"誉满天下。明、清两朝其规模更大，织机数量多达上万张，为此，朝廷还在杭州红门局专门设立了一个"织造局"负责管理。民国时期在杭州茅家埠创办的都锦生丝织厂更是闻名海内外。

二是杭州丝绸文化深厚璀璨。近代以来，在杭浙江丝绸工学院曾经闻名遐迩，现在仍有浙江理工大学国际丝绸学院。杭州拥有纺织品文物保护国家文物局重点科研基地、全国丝绸标准委员会秘书处、全国中文核心期刊《丝绸》杂志社及全国丝绸信息中心等众多平台。杭州已连续举办多届中国国际丝绸博览会、中国国际丝绸论坛，民间丝绸文化活动更是活跃多彩。"杭罗织造技艺"作为中国蚕桑丝织技艺中的重要代表性项目，被列入世界非物质文化遗产名录。杭州还主导国际丝路之绸研究联盟和中国蚕丝织造记忆非遗保护联盟，更有杭州中国丝绸博物馆发起成立的丝绸之路博物馆联盟等，极大地提升了杭州的标识度和美誉度。

三是杭州丝绸产业动能强劲。近年来，杭州丝绸与文化、旅游、科技等融合发展，创新融入现代时尚元素，不仅保护、传承、挖掘传统丝绸，更极大地提升杭州丝绸的品位和品质。特别是形成了以中国丝绸城为代表的特色产业集群，奠定了杭州丝绸文化产业"国字号"战略地位，并以品牌辐射带动全产业链发展，涌现出万事利、喜得宝等一大批享誉世界的知名品牌企业，杭州丝绸的发展规模、产量、产值、出口创汇等连年攀升。

在打造浙江"重要窗口"和建设"一带一路"枢纽的新形势下，杭州丝绸文化产业发展面临严峻挑战，突出问题主要体现在以下几个方面：

一是缺乏国际化战略定位。杭州丝绸文化（产业）一直缺乏国际化战略，远未形成对浙江"一带一路"枢纽的重大支撑。丝绸高品质标准化建设体系不足，丝绸文化世界高地特征尚不明显。

二是文化产业融合不协同。杭州针对丝绸文化全产业链整合及相关文化产业融合发展，缺乏有效的统筹协调机制。中国丝绸城现有 900 米街道共 407 家商铺，所经营的产品品牌局限于浙江，少有涉及省外和国外品牌。丝绸产业同盟阵地力量不强，同质化现象普遍存在。

三是文旅产业功能不配套。世界丝绸文化优势集聚与文化产业旅游融合发展还不够，服务功能不配套。大数据技术应用于丝绸文化及产业推广力度不足、成效不显，相关产品产业"上云"理念及路径有待继续拓宽。

四是高端平台功能不够强。杭州丝绸文化产业集聚能力还不够强、国际化程度不够高。虽有国家商务部和杭州市人民政府主办的"中国丝绸博览会"，但影响力不够大。现有丝绸推广平台层次偏低，缺乏高水平国际性品牌合作和高标准会展，丝绸特色国际化品牌打造和推广力度仍薄弱。

为打造"重要窗口"和建设"一带一路"枢纽，进一步发挥战略优势激活杭州丝绸文化张力，提升中国丝绸文化国际竞争力，迫切需要着力打造世界"丝绸文化之都"。为此，本书提出建议如下：

第一，强化顶层设计，抢占"丝路文化"战略制高点。一是提高战略站位抢抓重大机遇。积极对标"一带一路""重要窗口"等重大倡议，结合"十四五"规划，科学编制《杭州世界丝绸文化之都发展战略规划》，将打造"世界丝绸文化之都"纳入杭州市乃至浙江省"新基建"重大工程，积极争取世界级丝绸文化产业重大平台和世界品牌项目在杭州落户。二是推进丝绸产业体系国际标准化建设。发挥中国主导的世界丝绸联盟的战略优势，大力实施国际标准化品牌化战略，强化丝绸产业和行业国际标准建设，打造杭州高品质丝绸质量服务体系，制定完备、统一的杭州丝绸准入标准，加快确立"杭州世界丝绸文化之都"文化品牌，真正彰显出杭州丝绸产品体系的唯一性和独特性。三是加快中国丝绸城提升改造。要进一步优化中国丝绸城空间布局和功能分区，探索丝绸城综合体，整合杭州中国丝绸城、环北小商品市场、杭州明宅、杭州体育场馆、浙江省全民健身中心等区域，形成优势互补、良性互动、协同发展的空间格局。四是做强多元协同"共生"产业集群。强化"文化+旅游+会展"联动，推动丝绸文化多元渗透和体验经济创新发展，以中国丝绸城为核心，有机融合中国丝绸博物馆、艺尚小镇、武林路女装街及音乐街等平台，拓展"世界丝绸文化大秀场"，凸显丝绸文化的精致时尚品质生活，打造集展示、体验、时尚、品质的一体化购物综合体。

第二，集聚产业优势资源，推动丝绸传统技艺迭代升级。一是进一步强化技艺传承创新。夯实杭罗织造、余杭清水丝绵制作等中国蚕桑丝织传统技艺的传承和发扬，加强杭罗织造技艺、余杭清水丝绵制作技艺等中国蚕桑丝织技艺人类非物质文化遗产保护传承与创新发展，打造杭州世界丝绸之路文化新高地和世界丝绸文化"新地标"。二是铸造国际化高端平台，加快丝绸产业优势集聚与整合。依托"国际丝绸博览会"和中国丝绸城，创建国际化高端平台。基于行业协会、产业联盟等组织机构优势，推动杭州传统知名和新生代丝绸产业企业在产业技术等方面的合作。进一步支持企业主体打造特色产品，利用重要节点有效集聚与系列展示宋锦与云锦、旗袍制作、丝绸时装设计、双面真丝印花技术、娘惹文化以及意大利科莫的拉蒂丝绸博物馆等国际一流丝绸品牌。三是产学研合作提升全产业链。大力推进杭州丝绸文化产业治理现代化创新体制机制深化产学研合作,实施"世界丝绸文化之都"模块化项目制"基层大部制"新机制,创建"丝绸之都集团公司",强化市场主体功能。加快丝绸产业主体与研究所、高校等产业科研联建,赋予传统产业新思维和新活力,为打造"丝绸文化产业创新服务综合体"强化创新赋能。四是发挥中国主导的国际组织及丝绸博物馆联盟的带动辐射效应。充分发挥国际丝路之绸研究联盟等国际组织和杭州丝绸高校科研院所的重要智库作用,支持丝绸产业主体主动适应市场变化,快速强化产品技术研发、商业模式转型、管理服务提升等。

第三,强化数字赋能,提升丝绸文旅产业国际竞争力。一是打造丝绸文化公共服务配套体系。实施跨行业跨领域整合杭州丝绸文化产业资源,促进丝绸文化产业与国际旅游融合发展。文旅部门要统筹规划杭州丝绸文旅公共服务格局,加大优化杭州丝绸文旅服务系统财政保障支持力度。交通部门要设置具有杭州丝绸文旅特色的公共通行节点,丰富公交车丝绸文化的流动性展示,创建丝绸文化研学旅游和爱国主义教育主题线路,串联好杭州东站,途径万事利、都锦生以及中国丝绸城、中国丝绸博物馆等重要商业、文化、旅游节点,打造杭州丝绸城市国际旅游持续性系列"打卡地",提升杭州文化旅游国际竞争力。二是发挥杭州数字经济优势打造"云上丝都"。借助杭州数字经济示范区政策与技术优势,创新拓展丝绸文化产业高端会展项目。开展线上线下"世界丝绸文化周"活动,推动杭州丝绸文化国际传播,推进中国文化走出去。依托杭州城市大脑等大数据平台系统,结合中国丝绸博物馆"发现浙江丝路之美"及"百馆百物"网络系列展示活动,推动国际影响力提升和杭州丝绸产业品牌国际化延伸。三是加强数字赋能产业转型升级。依托"浙江数字经济示范区"政策优势和技术优势,进一步加快人工智能应用、5G、大数据、物联网信息技术等前沿新技术,积极创新拓展丝绸文化新经济、新体验、新业态和新模式,推进丝绸制造、丝绸创造和创意体验共享平台运营新模式,引领"世界时尚"。

第四,拓宽国际视野,推动"丝绸文化"全球化。一是加快国际性展会建设。按照世界丝绸文化之都的战略要求,整合国际重要战略资源,全面提升由商务部主办的"杭州·中国国际丝绸博览会"。原创性地举办"国际妇女风采展示会"和"西湖相亲旗袍秀"。激活杭州体育馆闲置空间资源,拓展"丝都大秀场"活动,着力推进打造"世界丝绸卓越品牌、国际艺术经典呈现、展会动感体验世界"综合体。二是拓展商业体验经济新模式。拓展丝绸文化产业创新发展与共享发展新机制,不断强化"国际化品质感、智能化定制感、全景化仪式感和特色化体验感",着力创建融合"国际科创、演艺创意、体验销售、珍藏回味、赛事颁奖和平台发布"的全景式商业体验新模式。三是加快国际化合作展示平台打造。借助"一带一路"国际文化教育交流渠道,依托浙江外国语学院、浙江理工大学国际丝绸学院等国际化资源,融合杭州丝绸文化,策划并举办"丝绸之路国际飞天艺术节"等重要国际性文化交流活动。依托杭州"生活品质之城"品牌,开辟"国际绫罗绸缎时尚品质精致生活体验营""国际绫罗绸缎科技博览会"等重大国际体验平台项目。四是夯实世界丝都品牌引领天下。创建"丝绸文化总部",打造"世界丝绸之都"品牌,强化杭州世界丝都品牌创新引领,着力构筑世界丝绸文化产业技术创新与教育培训重大平台和重要品牌。加快利用新兴自媒体、融媒体等新平台推进中国丝绸文化走出去。推动杭州借势大数据技术产业先天禀赋,实现传统丝绸文化与现代时尚体验的衔接统一,开创丝绸文化产业发展新格局,为推进国家"一带一路"建设和展示杭州"重要窗口"头雁风采贡献重要力量。

第三节 创建琐园世界儿童文学文化总部

近年来,金华市政府将锁园村定位"国际研学村"进行了全方位的建设与配套。众多的国外名校学子陆续走进金华古村落,无数次的心灵碰撞激发出系列化的研学成果,以锁园村委代表的金华古村落的风采迅速名扬海内外,金华古村落把中国故事讲到世界上。在看到显著成绩的同时,我们也必须关注存在的几个突出问题:一是文化特色主题的缺失;二是战略定位模糊;三是旅游产品不足;四是盈利模式缺失;五是品牌不够响亮。这些问题已经严重影响到金华古村落的科学发展、持续发展和共享发展,值得高度重视和深入研究。

针对这些问题，本书认真考察了金华锁园等系列古村落，试提出了以下三大对策建议。

一、突出主题特色，明确战略定位

金华积极贯彻"两山理论"，按照"美丽中国"和"两美浙江"的要求，打造"锦绣金华"。依托金华古村落资源优势，致力于谋求"留住乡愁"推进"中国文化走出去"的古村落文化体验及国际旅游产品开发，为推进旅游全域化和旅游富民战略寻找新的增长点与突破口，具有重大意义。

金华市锁园村，因村形似锁而得名。这里不仅有丰厚的严氏宗族文化，最值得关注的是该村的鲁兵（严光化）是著名儿童文学家。儿童文学是具有国际共通性的艺术语言。锁园村可以国际儿童文学作为主题特色，并把将锁园村打造成国际留学生儿童文学创作与文化体验基地作为战略目标。

二、整合优势资源，优化旅游产品

鲁兵（严光化），金华琐园村人，首届韬奋奖获得者，1946年开始发表作品，既是编辑又是儿童文学作家。他是中国作家协会会员、中国作家协会上海分会理事、中国散文诗协会会员、上海诗词学会理事、中国出版工作者协会幼儿读物研究会会长，曾任少年儿童出版社编审。鲁兵编辑过《中国儿童时报》《童话连篇》《小朋友》《365夜儿歌》《365夜谜语》以及《365夜》（故事）等儿童读物。他还写了不少优秀作品，如《唱的是山歌》（获全国第二次儿童文学评奖一等奖）、《老虎外婆》（获全国儿童读物优秀奖）、《小猪奴尼》（获儿童文学园丁奖的优秀作品奖）。他还节编了古典文学作品《水浒传》《西游记》《说岳全传》，改写了《小西游记》《包公赶驴》等。

依托鲁兵的作品，进一步整合《小蝌蚪找妈妈》《闪闪的红星》等国内优秀作品以及《白雪公主》等国际知名作品，在锁园村进行展示和体验旅游产品开发。可以利用闲置的古建筑和村庄周边景观，打造一个儿童文学旅游体验的国际化开心乐园。技术手法上可以采用墙画、壁画、动漫视频和实物体验相结合，给人身临其境、流连忘返的深度体验。

"儿童文学，就是教育儿童的文学。"① 这是鲁兵的理念，也是我们坚持文化灵魂弘扬正能量的目标导向，更是我们坚持"寓教于乐"古村落开发的制胜法宝。

三、创新发展模式，铸造国际品牌

琐园村要着力铸造"国际留学生创作基地"和国际化"儿童文学体验基地"的品牌。为此，需要政府努力做三件事：

一是着力构筑高端平台。该村落主题定位是儿童文学国际研学村。金华市人民政府必须与全国文联或全国作协等权威组织，联合创造"国际儿童文学大奖赛"平台，设置"鲁兵儿童文学奖"。只有这样的高端平台，才能实现儿童文学创作的优势资源在金华锁园村高度集聚，也才能对众多来华的国际留学生产生巨大的吸引力，才能激发他们参与比赛的巨大热情。

二是努力延伸产业链。旅游富民的前提，是谋求旅游产业的关联度与融合度的提升，贯彻"旅游全域化"理念，延伸旅游产业链成为必由之路。因此，应花大力气开发包括儿童文学旅游纪念品、儿童文学体验微电影以及国际儿童文学大奖赛奖品等在内的系列化高端旅游纪念品。充分利用中国特有的养生文化开发系列化的养生美食和养生农家乐。还需要对著名儿童文学作品进行旅游演艺深度开发和展演。只有这样，才能实现琐园村古村落国际旅游开发的综合效益，也才能真正让老百姓得实惠。

三是争取品牌国际化。在"琐园国际儿童文学村"基础上，将金华重要的古村落按照序列化主题进行战略策划和系统设计，组建一个体现"中国文化走出去"具有国际化影响力的古村落集群。还要主导制定一个国际化标准《国际儿童文学旅游示范区标准》。等到条件成熟的时候，再通过联合国教科文组织的认定，正式成为"国际儿童文学研学旅游示范区"，真正实现让中国文化走出去。

---

① 郑明和. 论鲁兵的儿童文学创作［D］. 北京：中国人民大学硕士论文，2011.

第四节　创建松阳国家传统村落公园，构建世界生态文明对话新高地 *

一、问题分析

拥有1800多年历史的松阳，拥有75个国家级历史文化古村，是享誉世界的"江南秘境"。对照浙江省大花园核心区、乡村振兴共同富裕"重要窗口"战略要求，松阳文化生态保护传承与生态文明高质量发展还存在不平衡、不充分、不系统、不协同等突出问题，主要表现在：

一是文化集聚缺平台。松阳田园文化资源众多，但缺乏集聚优势文化的平台。松阳虽然已经举办过城乡联系国际论坛、国际茶商大会等，同时也积极参加旅博会等展示推广平台，但区域影响力较小，山区国际化战略缺乏高端高质量平台。

二是文化展示缺市场。松阳高等级高禀赋的田园资源，具备国际化推广展示的潜力，但目前其国际化展示与推广还处于起步阶段，国际化尚缺乏具有区域集散功能的文化市场。文化与市场的有机结合，是松阳田园文化传承与保护发展繁荣的必由之路。只有当田园文化的展示与市场的需要紧密结合起来，才有可能实现展示向市场要效益，市场向展示要影响力，逐步形成双赢局面。

三是文化创新缺人才。松阳目前已经建立四级非遗传承人制度，但缺乏具有全国影响力的创新性传承人才。田园文化传承不能仅仅靠老人的口口相传，传承后继乏人的危机化解机制亟须完善。从田园文化传承创新的需要来看，松阳文化人才结构也需要优化。

四是文化辐射缺IP。松阳要建设文化传承生态保护区，必须拥有一批具有辐射浙江乃至华东区域，同时影响相关田园文化领域的重大品牌高地（IP），才能体现其顶级地位与辐射能力。目前，松阳具备这样"顶级"能力的品牌项目、精品项目还较少。

---

* 打造松阳"国家传统村落公园"构筑世界生态文明对话新高地［OL］. 中国报道，2022－5－23. http：//jjcsj. chinareports. org. cn/lshb/2022/0522/13199. html.

深入贯彻松阳县第十一届党代会精神,践行新发展理念,坚决厉行"丽水之干",系统落实"八个坚持",聚焦富民强县、聚力赶超跨越,以数字化改革为总牵引,以"智能制造新城、中国有机茶乡、全域康养胜地、国家传统村落公园""四张金名片"为主抓手,以"精耕勤学、开放融合、争先图强"新时代松阳精神为原动力,全面实施"二次创业",着力推动经济社会高质量发展。

二、松阳优势和潜力分析

一是开放融合解码松阳田园文化基因。田园与家国一体是儒家文化在松阳田园文化的具体表现。各姓氏的祠堂、谱牒、祖图、祭祖仪式等都表现了松阳人慎终追远、敬宗睦族的伦理观念。祠堂、族谱上写着"忠孝廉节""仁义礼智信""读圣贤书,干国家事"等展现儒家思想的家训,教育勉励后人从小就要有爱家、爱乡、爱国的家国情怀。要从开放融合的战略高度深刻认识"田园松阳"历史发展、总体特征及典型意义。"精耕勤学""耕读传家"成为松阳文化基因,深度融入了每个松阳人的血液,形成了独具特色的田园文化,松阳成为浙江省级文化传承生态保护示范区。田园松阳根植于浙西南盆地中,松阴溪滋润的松古平原,承载着厚重的历史底蕴,不仅拥有地域文化和民俗文化、音乐文化和饮食文化、市井文化和村野文化,还兼具山区文化和平原文化、康养文化和道教文化、氏族文化和移民文化、产业文化和商业文化、地名文化和历史文化等丰富内容。特别是松阳高腔音乐文化、浙西南革命精神红色文化、叶法善道教养生文化、松阴溪水利灌溉文化及新时代松阳精神,展现出从传统农耕文明到现代生态文明序列化演进过程,这正是"江南秘境"和"国家传统村落公园"的魅力所在,是当今世界上寻根农耕文明对话生态文明不可多得的重要样本。

二是争先图强铸造生态文明的新高地。松阳高腔是典型的"村俗戏文",保留了粗犷、原始和古朴的风貌,体现"中和"的传统美学思想。传统村落"枕山、环水"而建,创造了"天人合一"的生态环境;内部是聚族而居的空间结构,体现了"大家庭、小社会"的伦理观念。民间游艺如道惠夫人会、畲族"三月三"等,是个人、群体、社区的社会大聚合,"群和"精神支撑着各种大型民俗活动年年持续不断举行。松阳人在与客家、畲族等少数民族的涵化中，相互通婚和谐相处，体现了民族大团结精神。松阳人以"和合"的审美观念处理人与自然、人与社会的关系，体现了"中和"的审美愉悦与社会和谐的伦理诉求。争先图强，松阳田园文化是山区盆地农耕文化的产物，它在一定程度上具有保守的一面，表现为松阳人耕读为本、崇拜祖先、安土重迁等。另外，松阳人又形成了开放包容的特点。这种保守与开放相辅相成的人文性格，使得松阳人既保留了自己的文化特色又采借新质文化而不断发展。松阳人正是以其顽强的生命力和开放包容的气度，博采众长、发展创新。

三是强化松阳文化遗产整体保护与利用。在充分梳理田园文化要素和深度开展文化基因解码的基础上，以非遗保护传承为核心，以区域社会共同富裕为要义，以体制机制创新为突破点，坚持"保护优先、特色发展、文旅融合、提升福祉"，通过项目融合、产业融合、市场融合，凸显区域文化特征、培育特色产业集群，提升优秀传统文化传承发展能力，促进地方经济、社会、文化全面协调发展，形成非遗区域整体性高水平保护和高质量发展。传承创新发展并深度融合旅游拓展产业，加快打造"田园松阳"升级版，打造一系列田园新业态、新产品、新体验和新模式，提升松阳田园文化的国际知名度，打造田园文化传承保护示范区和乡村振兴共同富裕"重要窗口"。依照浙江省省级文化传承生态保护区建设标准，以打造"乡村振兴和共同富裕"重要窗口示范区、"实施健康中国战略和山区国际化"的浙江样本为目标导向，以松阳75个国家级历史文化古村落、松阳高腔等为基础，深度解码田园文化基因，努力提炼提升松阳的田园文化特色，坚持保护性发展理念，全面推进"一乡一品一主题"。着力创造田园文化保护传承活化新体制机制，积极探索以非遗为中心的"文创+研学+康养"融合发展，重点实施八大工程，奋力拓展文旅产业多元融合新模式、新业态、新产品和新体验。

三、对策建议

以田园文化基因解码为中心，松阳以"文化优势聚合力、文化产业竞争力、文化传承创新力、文化品牌辐射力"四大能力建设为核心，发挥其聚合、引领、示范与辐射"四大功能"，抓重点、破难点、创亮点，重点抓好文化优势聚合工程、文化品牌铸造工程、文化保护基建工程、文化发展平台工程、文化风貌提升工程、文化旅游发展工程、文化教育融合工程及文化创新研发工程"八大工程"。大力推出一批示范引领项目，示范引领项目是松阳结合新时代"重要窗口"建设需要，注重发挥示范引领功能的重点建设项目，具体对策建议如下：

一是打造精品松阳高腔主题戏曲影视剧。创作拍摄松阳高腔主题戏曲影视剧《红色浙西南》《箬寮风雷》（一部电影、两集电视剧、一部纪录片、一本书）。运用国家级非遗等松阳重要非遗优势资源，以"冷门绝学"戏曲艺术形式，弘扬浙西南革命精神，打造艺术精品，争取国家"五个一工程奖""飞天奖""最佳纪录片奖"等重要奖项。实施艺术作品进校园活动，并结合《红色浙西南》拍摄地推进非遗传承保护与丰富乡村旅游产品，促进非遗与红色文化的融合发展，推进育民惠民富民。

二是创建全国第一个"国家传统村落公园"。依托松阳 75 个国家级传统村落建设国家传统村落公园。主要依托松阳秘境中 15 个最美古村落，包括西坑村、平田村、横坑村、寨头、陈家铺村、杨家堂村、酉田村、松庄村、呈回村、岱头村、山下阳村、沿坑岭头村、水墨石仓、横樟村、章山村，分期建设，以民宿、研学为产业方向，落实相关公园标准，完善相关公园标识系统与氛围建设，保护好乡村"天人合一"的整村风貌和"田园—山水—村落"的完整格局，激活乡村新业态。

三是建设全域康养及音乐养生胜地。首先，玉岩香乳山康养旅游区新建项目，山上林高树茂，溪水如带，深壑为堑。每年农历八月初一胡公大帝诞辰，都会在香乳山禅寺举行隆重的庙会，各地信众和游客前来齐聚朝拜，祈求平安丰收。随着西竹玉公路建设，加快玉岩香乳山旅游区项目开发。其次，南山大健康文化园：以文化旅游为切入点，结合产业发展、生态保护、文化传承、休闲养生等发展模式，主要建设康养社区服务中心、康养社区、孝道文化、康养医院、国学院、禅文化园、滨水商业街、中草药种植园、香文化种植园、生态停车场等内容。最后，中医药传承示范区：（1）中医启迪产业园。拟投资 20 亿元，建设以松阳中医药为内核的大农业大康养产业。（2）吊坛云顶仙坑源。新建项目，以云顶仙坑源一期项目为基础，打造集精品民宿、游客服务中心、养生餐厅、夜隐酒吧、阳光艾灸房、多功能厅、书吧、会议室、艺墅家工作室、农特产品销售展示馆、乡土作坊、农事体验区、家禽养殖区、森林氧吧、中草药种植区为一体的山地访古度假村。

四是打造非遗系列乡村博物馆。该项目为全县域生态博物馆群的中心馆与核心项目。全县域生态博物馆群包括建设一个中心馆、若干个专题馆以及多个展示点，是研学线路的重要节点，承担着展陈、体验、文化活动、社交娱乐、生产活动等多种功能，展现农耕土地上的生活百态，成为集功能性、艺术性、思想性为一体的综合性项目，开展（红糖、端午茶、白老酒）非遗文创展示或文创衍生品竞赛等活动，大力实施创新教育，努力拓展发明研学。

五是举办"中国国际田园城市博览会"。在现有松阳国际茶叶博览会、"田园松阳"传统村落全国摄影大展等项目基础上，整合提升举办国际田园博览会，推动文化传播国际化。组建高规格的组委会，建议主办单位包括联合国人居署、国家农业部、中国农业学会，承办单位包括浙江省文旅厅、文物局等相关部门。以"田园联通五洲，文化引领世界"为主题，丰富相关主体活动，包括：城乡联系国际论坛、国际天空跑赛事、国际田园文化与产业技术峰会、国际田园文化与产业技术展示、国际田园旅游线路设计等，以田园文化旅游体验为核心，设计美食体验、博物馆体验、养生旅游和夜游体验等相关线路和旅游产品，继续在国际舞台上讲好"松阳故事"。寻求提升国际影响力，具体内容包括《国际田园博览会·松阳宣言》《国际田博会学术论文集》以及国际田园文化产业战略联盟成立及揭牌仪式、国际田博会文化经贸投资与合作签约等。

拥抱新时代，担当新使命。弘扬新时代松阳精神，永葆精耕勤学、内圣外王的优秀品质，争先图强创建松阳"国家传统村落公园"，开放融合铸造世界文明交融的新高地，奋力打造高质量高水平两山转化"重要窗口"，建设共同富裕示范区"松阳样本"。

第五节　创建金华国家艺术文化公园 *

习近平总书记指出，没有中华文化繁荣兴盛，就没有中华民族伟大复兴。文化是民族生存和发展的重要力量。人类社会每一次跃进，人类文明每一次升

---

* 建议打造金华琐园"国际儿童文学研学基地"［OL］. 中国报道, http：//jjcsj.chinareports.org.cn/shms/2022/0920/14025.html, 2022－9－20.

华，无不伴随着文化的历史性进步。意识形态工作是一项极端重要的工作，关系到党的前途命运、国家的长治久安以及中华民族的凝聚力。新时代面对新形势，全面做好意识形态安全工作，必须用社会主义先进文化占领意识形态阵地。大力推进社会主义先进文化发展，筑牢意识形态安全之基。社会主义先进文化与中华优秀传统文化、红色文化一脉相承。中华优秀传统文化经由中华民族在长期生活中共同演绎，是民族得以维系的精神纽带。

文艺是时代前进的号角，最能代表一个时代的风貌，最能引领一个时代的风气。"文变染乎世情，兴废系乎时序。"在欧洲文艺复兴运动中，但丁、彼特拉克、薄伽丘、达·芬奇、拉斐尔、米开朗基罗、蒙田、塞万提斯、莎士比亚等文艺巨人，发出了新时代的啼声，开启了人们的心灵。鲁迅先生说，要改造国人的精神世界，首推文艺。举精神之旗、立精神支柱、建精神家园，都离不开文艺。深入学习贯彻习近平总书记关于"重要窗口"和"共同富裕"重要论述，全面贯彻省委、市委战略部署和要求，加快推进实施文化强市战略，就必须充分发掘利用好金华的红色文化、社会主义先进文化和优秀传统文化的优势资源。

金华市红色艺术文化资源高度集聚，得天独厚，绝无仅有。这里名人荟萃，集聚了《共产党宣言》中文全译本首译者陈望道，国旗国徽审定参与者、诗坛泰斗、人民诗人艾青，人民音乐家、改革先锋施光南，著名儿童文学作家、评论家鲁兵等一批享誉海内外的杰出人士。他们是社会主义先进文化和艺术的代表人物，是具有世界影响的重要资源。"让有影响力的金华人造福金华"。深入发掘利用金华市红色艺术文化资源，要将名人资源转化为文化软实力，进而转化为共同富裕的精神动力，金华市大有可为。

一直以来，金华这些优势资源虽然得到政府和社会各界的高度关注和大力扶持，但尚未被高效利用。突出问题主要表现在以下三个方面：一是缺乏高端运作顶级品牌和高端平台；二是缺乏有效的管理体制和运营机制；三是缺乏系统化的创意策划和体验经济产品体系。这些问题严重影响到金华高质量发展，必须尽快破解。本书认为，要运用总部理论，按照艺术文化主题集聚全国乃至世界的优势资源，打造"国家艺术文化公园"顶级品牌和高端平台。

金华要尽快抢占战略制高点，在全国率先创建首个"国家艺术文化公园"，有利于金华整合全国艺术文化优势资源铸造新时代的国家品牌，有利于推进金华乃至浙江省红色艺术文化全面振兴，助推文化强国战略和强化文化自信。因而，该项目意义特别重大。

金华要积极学习借鉴浙江武义东方养生胜地、景宁畲族文化总部、开化国家东部公园、余杭国家大径山乡村公园以及松阳国家传统村落公园等的重要经验。值得注意的是，上述这些"国家公园"或文化总部都是敢为人先、抢占战略制高点"原创"和"自封"的，体现了"只做唯一"全球视野和高端战略定位，取得了"出奇制胜"的卓越效果。

为此，本书提出，金华要抢占战略制高点，尽快铸造"国家艺术文化公园"金名片。具体对策建议如下：

一是集聚整合优势，创建金华"国家艺术文化公园"。要把红色资源利用好、红色传统发扬好、红色基因传承好，将陈望道故里分水塘村、艾青故里畈田蒋村、施光南故里东叶村、鲁兵故里琐园村及国家婺剧院等连接起来，推动"信仰之道、大地之爱、希望之光、未来之星及艺术天地"整合并串点成线成片，着力打造一个以红色诗歌、音乐和儿童文学及名人文化为核心内涵的、具有红色特色的"国家艺术文化公园"。

二是奋力搭建国家级国际化系列的高端平台。主动出击积极争取国家部委和有关部门支持，与全国文联等单位合作，联合举办金华·中国国际红色艺术文化博览会，打造国家级红色艺术文化高端平台和顶级品牌。争取常态化举办艾青诗歌国际大奖赛、施光南音乐国际大奖赛、鲁兵儿童文学国际大奖赛等系列全国性赛事。要借鉴茅盾文学奖、鲁迅文学奖和巴拿马万国博览会奖项的成功经验，坚持文化自信，加快创意策划"艾青奖""施光南奖""鲁兵奖"等国家级和世界级重要奖项，为金华文旅融合提供全国性的高端平台支撑。

三是大力开辟发明研学示范基地及示范区。全面贯彻教育部牵头11部委参与的"研学旅行"的有关文件精神，积极拓展发明研学，奋力实施"五创一体"（弘扬创新精神、实施创新项目、训练创新思维、培养创新能力、争取创新成果），创造性地大力推进创新教育和新时代红色旅游。通过策划红色艺术文化大赛获奖作品的系统展示和延伸开发利用，形成全国艺术文化新高地，成为红色艺术文化研学示范基地。要吸引长三角乃至国内外学生来金华开展研学活动，不断壮大金华的研学旅行产业，加快推进金华创新教育大发展。金华国家红色艺术文化公园，要成为在传承弘扬与创新发展红色艺术文化时具备

"制度优越、国际领先和示范引领"功能的"重要窗口"。

四是奋力构建新型经济体系。要千方百计弘扬红船精神、浙江精神,组织培训当地农民和青年学生积极投身创新创业,着力打造创意体验共享平台。在艾青故里,要大力发展诗歌主题的节事活动和文创体验活动,整合亚洲基金会积极推动举办"国际诗歌大奖赛"。在施光南故里,要积极拓展音乐主题的节事活动和文创体验活动。在鲁兵故里,要全方位、立体化、数字化展示世界著名童话艺术作品,并结合发明研学积极举办"国际儿童文学大奖赛"。要充分发挥红色艺术文化优势资源,大力发展新经济、新产品、新体验和新模式,为推动浙江共同富裕示范区建设打造金华新样本。

五是创作与拍摄红色主题婺剧影视剧《金华红》。以陈望道、艾青、施光南和鲁兵等著名人物故事为主线,整合运用金华市国家级和省级非物质文化遗产,将金华东阳木雕、金华火腿、金华佛手、金华茶花、金华酥饼等民俗文化经典融入创作剧本中,运用婺剧演绎讴歌红色艺术文化的经典故事。红色主题婺剧影视剧《金华红》为金华"国家艺术文化公园"金名片打造和国际传播提供重要载体。该剧作项目属于"艺术学"新文科重大研究课题,要力争"五个一工程奖""华表奖""飞天奖"等重要奖项,并将以红色艺术文化新型教材形式进入校园,并依托浙江外国语学院15个语种优势和浙江侨乡侨领优势,让《金华红》通过国际化平台走向"一带一路"沿线138个国家和地区。

第六节 创建世界华侨总部功能区

近年来,青田县认真落实习近平总书记的重要嘱托,大力实施华侨要素回流工程,深入推进华侨创业创新,加快构建华侨要素集聚的开放发展新格局,主要表现在:一是"世界华侨超市"影响力全面提升。华侨市场要素加速回流,2022年青田世界华侨总部已经集聚了300多家商户。创建华侨经济文化合作试验区,累计引进侨资项目89个,到位资金72亿元。[①] 成功创建省级进口贸易促进创新示范区,侨乡进口商品城"智慧商圈"建设积极推进。二是华

---

① 资料来源:青田县人民政府官网。

侨总部大楼建成并投入使用。位于青田县县城核心区块的华侨总部大楼是一个集企业总部办公、综合商务、五星级酒店等功能于一体的综合体。三是体制机制创新初见成效。华侨经济文化合作试验区通过363项涉侨服务事项实现"全球通办",430项涉侨事项实现"国内一次不用跑",97个项目审批实现"最多80天"。深入推进华侨回乡落户便利化改革,成立涉侨工作司法调解中心,在15个国家设立"警侨驿站"。① 青田已经成功创建省级侨务工作实践创新基地。

海外侨社目前正在发生结构性变化,华侨新生代渐成侨社侨团主体力量。如何涵养华侨新生代资源是关系到侨务工作长远发展的百年大计,也是中国涉侨部门关注的重点和"痛点"。当前华侨新生代呈现以下特点:一是老侨依然保持着爱国爱乡和中华文化的浓厚情结,但华侨新生代,尤其是在国外生长的第二、第三代对祖国和家乡的感情日益淡薄,他们在饮食习惯、生活方式、文化认同和思想观念上同老一辈华侨存在很大差异。二是华侨新生代在经济、科技和艺术等领域已崭露头角,成为我国引资引智的重要对象。三是随着中国综合国力和国际地位的显著提升,尤其是"一带一路"倡议的提出,华侨新生代创业需求强烈,他们渴望能够享受到中国改革开放带来的巨大红利。但文化认同、制度认同的困惑,法律差异、文化差异的不适,都限制和阻碍了华侨新生代创业的空间和路径。经调研发现,世界侨乡建设还存在一些突出问题,主要表现在:一是服务"一带一路"的目标定位尚不明确;二是世界侨乡"根"和"魂"缺乏世界级国际化高端平台和机制支撑;三是世界华侨总部平台设计及功能发挥严重不足;四是充分展示制度优越性和共同富裕"重要窗口"建设尚缺乏科学规划和实施方案;五是华侨联谊活动及华侨大会等传统方式难以担负起厚植家国情怀的重大使命。我们必须创新机制铸造高端平台,让奉献祖国的华侨获得丰厚的回报。上述这些问题必须尽快得到破解。

本书认为,世界华侨是浙江丽水的重大战略优势。拥有300多家商户的青田世界华侨超市面临容量局限,亟待空间扩容与转型升级。丽水需要抢抓机遇,贯彻浙江省党代会精神,着力践行"两个先行",勇于担当建设浙江"一带一路"枢纽的使命,加快打造世界侨乡高质量发展"重要窗口",具体建议如下:

一是开辟丽水"世界华侨创业园",创建针对世界华侨的多功能服务平

---

① 资料来源:华侨经济文化合作试验区规划。

台。针对青田世界华侨超市容量局限的问题，不失时机地采用"飞地"模式，在丽水市本级创建"世界华侨创业园"，鼓励优秀华侨携带资金和技术入园创业；同时兴建廉租房，为海归学子和国内大学生提供创业就业便利。丽水要勇于担当建设浙江"一带一路"枢纽的历史重任。丽水要积极创建世界华侨跨国集团企业总部、世界华侨民间应急援助中心、"一带一路"华侨基金会和世界华侨战略合作联盟。构筑数字化世界华侨经济文化高端平台，为世界华侨要素回归提供强大的智慧化系统支持，畅通华侨资金人才回归新通道，积极拓宽华侨融资渠道，加快推进世界侨乡投资项目交易中心提档升级。千方百计让爱国华侨华人感受到祖国的关怀，要让那些心系祖国奉献祖国的华侨能够分享祖国发展的成果和荣耀；让为国家和人民作出重要贡献的人能够得到应有的回报。

二是让鸿雁文化为世界华侨铸魂培根，强化世界华侨凝聚力。大力弘扬"鸿雁文化精神"，坚定志存高远的理想信念，遵循宇宙规律的世界格局，保持团结奋进的集体意志，崇尚与人为善的仁义博爱，厚植家国情怀的忠勇道德，拥有坚贞不渝的高尚品质。依托世界侨乡，创新弘扬鸿雁文化，积极创建鸿雁文化总部，谋求新突破，开创新格局。整合提升世界侨乡、侨联和侨史馆的服务功能，打造丽水世界华侨文化总部及世界华侨精神家园。整合世界华商大会、世界华侨大会等重要资源，创建"鸿雁文化高峰论坛"和世界华侨文化与经济技术博览会，构筑世界级高端展会平台。创建国际乡村春晚总部，大力推进乡村春晚国际化。

三是让丽水世界华侨总部引领组建"一带一路"华侨驿站，拓展"外循环"民间国际化平台。丽水华侨开辟的业已遍布世界的餐饮店，蕴藏着巨大的"一带一路"枢纽的潜在能量。我们要运用数字经济技术和5G万物互联技术，让遍布世界各地的华侨小餐馆成为"一带一路"民间驿站，组建新型全球产业链服务体系。通过丽水世界华侨创业园，全面激活遍布世界各地的华侨驿站，充分发挥"一带一路"枢纽功能。发挥华侨民间力量为强化"一带一路"倡议合作赋能，形成叠加效应。借鉴物联网技术和浙江海外系列站"捷克站"模式，进一步拓展华侨科技创新工作海外版图，在西班牙、意大利等华侨集聚区着力打造一批集招商联络、涉侨服务、文化展示等于一体的海外华侨驿站。组建由院士、国家级高层次人才组成的"侨·智库"专家联盟，积极创建世界华侨研究院，打造世界华侨智库。充分利用侨商海外创新资源，合作建立一批浙江（丽水）海外创新中心、海外孵化器和海外"人才飞地"。鼓励华侨就地创业，打造由政府和海外侨团共建共享的人才引育平台和科技成果转移转化平台。与海外知名侨团签署战略合作协议，助力拓展世界华侨"朋友圈"，有效开展经贸信息收集、区域性招商推广等境外"双招双引"工作，为海外侨商、涉侨高层次人才回归创业发展提供高效率高质量服务。

四是让有影响力的华侨造福"世界侨乡"，全面推进筑梦共富。积极创建丽水"世界名人馆"，发挥名人效应和教化功能，结合弘扬社会主义核心价值观推动丽水文化建设和创新发展。继续深化"侨杏讲坛""侨杏学堂"等载体，积极创建"世界华侨爱国主义教育基地"。让青田稻渔共生系统全球农遗价值最大化，成为提升世界侨乡国际影响力的重要抓手。创设由中国人主导的全球农业遗产联盟国际组织，率先举办"首届全球重要农业遗产大会"。在继续办好石文化节、"侨乡中国年"系列活动等重要节庆活动基础上，借鉴巴拿马万国博览会的经验，积极争取国家级和世界级赛事和奖项落户丽水，推进丽水国际化系列展会活动市场化与品牌化。实施"领航归雁"工程，强化聚侨兴业的世界华侨总部建设，以文旅融合、平台经济和体验经济为支点，打响"领航归雁"国际品牌，助推世界侨乡高水平高质量发展"重要窗口"和共同富裕示范区建设。

第七节 创建杭州世界茶都公园

要把保护好西湖和西溪湿地作为杭州城市发展和治理的鲜明导向，统筹好生产、生活、生态三大空间布局，在建设人与自然和谐相处、共生共荣的宜居城市方面创造更多经验。茶为国饮，杭为茶都。杭州需要抢抓机遇，勇于担当，敢为人先，奋发展示"重要窗口"头雁风采。创建"世界茶都公园"，高起点高水平推动杭州生态文明高质量发展，充分发挥城市主题公园功能作用，以龙坞茶镇为主阵地，引领文化与制造、旅游和会展联动发展，推动生产、生活、生态深度融合，推动美好家园和宜居城市建设，提升杭州世界名城品牌，奋力展现"重要窗口"头雁风采，具有重大的现实意义。

一、提升杭州世界茶都品牌的必要性

（一）建设"重要窗口"提升杭州世界品牌的需要

杭州龙坞省级特色小镇、国家4A级景区龙坞茶镇，离杭州市中心约15千米，面积约2.17平方千米①，四周群山环绕，茶园茶山连绵起伏，是西湖龙井最大产区，素有"万担茶乡"之称，主要发展茶产业+旅游业+文化艺术融合发展，已经形成九街"茶专业市场"、长城埭村"茶庄园"、外桐坞村"茶画风情小镇"及何家村"茶文创+婚庆+低空飞行"等，村民年人均收入达5万元以上，基本实现物质富裕、精神富有。结合中国国际创业博览会永久会址落户龙坞，这里整合优势资源，创建世界茶都公园是可行的。

（二）杭州城市生态文明高质量发展战略需要

"绿水青山就是金山银山"，是新时代推进生态文明建设的根本遵循。

城市的综合能级关键在于产业能级，核心是发展动能。2015年以来，杭州西湖区龙坞茶镇以"中国第一茶镇"为目标，坚持生态立镇、文化兴镇、经营强镇发展战略，聚力项目建设、产业培育、智慧赋能、品牌打造，成功通过省级特色小镇综合验收，挂牌国家4A级景区（全省首个成功命名的历史经典特色小镇），吸引了越来越多的国际目光。杭州在生态文明、历史文化、创新活力等方面不断厚积薄发。西湖龙坞茶镇作为杭州城市西南生态带上的重要明珠，坐拥优质生态底色、深厚文化底蕴、良好产业基础。大力推进茶文旅康养产业高度集聚与功能提升，培育杭州文旅康养新增长极，创新国际化战略新优势，创造生态文明高质量发展突破性标志性成果，助推展示"重要窗口"头雁风采。根据杭州市建委《2020年度全市美丽城镇建设工作要点》，转塘街道（龙坞）是全市首批列入美丽城镇创建样板名单的小镇，也是杭州市主城区唯一列入名单的小镇，属于文旅特色型美丽城镇。随着杭州未来科技城、未来城市等布局，龙坞茶镇及周边区位优势将更加明显，高端创新要素将进一步

---

① 资料来源：杭州之江经管集团有限公司官网。

集聚，基础条件和特色优势将进一步显现，必然成为主城区不可多得的城市生态发展空间，为该区块的高质量发展带来历史性机遇。

（三）有利于打造杭州文旅康养新增长极

城市主题公园，既要注重环境公平，更要与城市发展融合共生。创建"世界茶都公园"，加快推动龙坞茶镇及西山国家森林公园的生态文明高质量协同发展，一是有利于更好地践行城市生态文明发展新理念，发挥龙坞茶镇文化、生态资源优势，通过创新生产和文化生产，推动生产、生活、生态深度融合，为区域注入可持续发展的原动力，创造更多可推广、可借鉴的绿色发展经验；二是有利于更好地整合周边高端要素赋能发展，借力云栖小镇、未来科技城、未来城市、之江文化产业带，依托名校名院名所和顶级科技企业在数字经济、文化培育、艺术创造等方面释放的创新活力、人才智力和金融支持，形成新的区域发展增长极；三是有利于更好地发挥"文化走出去"的主阵地作用，以茶为媒、以文促旅，深化文旅融合，创新文旅互促新场景，弘扬"杭为茶都"的城市品牌，推动中华传统文化的展示、传播与交流以及茶产业国际贸易，更好地向世界展示中国的文化自信。

二、杭州世界茶都公园的基础条件和独特优势

（一）杭州是举世公认的"世界茶都"

创建"世界茶都公园"，以龙坞茶镇为核心区块，以西湖龙井茶主产区为主要范围，总面积约200平方千米，含转塘街道、西湖街道、双浦镇、留下街道、灵隐街道及西山国家森林公园等。作为西湖龙井茶最重要产区的龙坞茶镇，为西湖龙井的原产保护地，占西湖龙井茶产量的七成。

与之比邻的之江核心区块拥有"浙江文化中心"，具有"三江"（钱塘江、富春江、新安江）"三湖"（西湖、千岛湖、铜鉴湖）黄金旅游线的地理位置优势。杭州市正在规划建设从高铁西站到三江核心区块的地铁线，世界茶都处于连接两大板块的中间位置，地理优势明显。杭州绕城西复线建成通车，经过世界茶都公园的杭州绕城公路会被改造成市内快速交通，也为世界茶都公园提供交通支

撑。正在规划建设的之江路地下通道，可以根据需要直接延伸到龙坞。

除了西山国家森林公园和龙坞茶镇以外，现有的龙潭景区（瀑布、龙门八景），大清谷景区、外桐坞景区等基础良好。杭州不仅是茶圣陆羽《茶经》创作地，还拥有中国重要农业文化遗产"浙江杭州西湖龙井茶文化系统"等众多顶级优势资源。近年来，龙坞茶镇省级特色小镇及西山国家森林公园等已经成为全国著名的重要旅游景点，文旅康养融合发展成就显著。西山国家森林公园内的历史人文古迹众多，苏东坡、朱熹等众多名人留下了众多诗词歌赋和摩崖石刻，清代红顶商人胡雪岩的墓地也在境内；南宋的皇帝赵构正是登小和山发表"西溪且留下"的感叹；毛泽东、朱德等老一辈革命家也曾多次登山览胜和踏访山下的外桐坞村……此外，小和山的江南名刹金莲寺，在历史上和灵隐寺、法华寺并称江南三大名寺，"禅茶一味"底蕴深厚。

（二）集聚了众多高校和科研机构的智力支撑

中国国际茶叶博览会永久会址已经落户在杭州龙坞茶镇。世界茶文化博览园项目也已经启动规划建设。该地聚集了中国茶叶博物馆、中国茶叶研究所，更有中国国际茶叶博览会和浙江外国语学院、中国美术学院、浙江音乐学院、浙江大学茶叶系、浙江农林大学茶文化学院以及浙江旅游职业学院与西湖职业高中茶文化专业等，构成与茶文化产业相配套、比较完善的专业人才培养体系。这里比邻云栖小镇。杭州西湖区抢抓机遇，切合国际文化旅游市场需要，充分发挥"浙江数字经济实验示范区"政策与技术优势，强化数字赋能拓展茶文旅康养产业，延续茶叶—茶业—禅茶—茶康养—养生茶的线路，不断深化拓展茶文化康养产业，这是振兴中国茶文化、提升国际竞争力的必由之路。

三、制约杭州世界茶都发展的瓶颈分析

（一）杭州"世界茶都"品牌功能远未得到有效发挥

星巴克已成为中国城市商务中心和高档小区的"标配"，已经成功占领了我国青少年饮品消费市场。值得关注的是，星巴克还在拓展茶饮产品，这已严重威胁我国"茶为国饮"的文化根基，不可不察。坚持文化自信强化"茶为国饮"

刻不容缓！创建养生茶馆国际连锁是破解这种被动局面的一条重要路径。目前西湖龙井茶的品牌影响力及龙坞省级特色小镇的文化辐射力，显然不足以支撑"杭为茶都"世界级文化品牌。在全球疫情的新形势下，实施创新驱动，实现跨越发展，是时代赋予我们的重要使命和责任。关于区域重大品牌建设路径问题，"他山之石可以攻玉"。杭州余杭区依托浙江径山国家森林公园和径山寺首创"国家乡村公园"；衢州开化依托自身生态优势首创"国家东部公园"，这些自主"首创"的成功经验，很值得杭州"世界茶都公园"借鉴。

（二）杭州"世界茶都"缺乏世界级话语权和茶叶定价权

世界市场的茶叶定价主导权问题，一直严重困扰着我国茶产业的持续健康发展。从全球来看，印度控制了国际茶叶组织话语权；英国把持了世界茶叶定价权（伦敦茶叶期货市场），英国虽然没有一棵茶树，但有"立顿"这一世界著名茶品牌公司。中国茶叶协会2018年《中国茶叶产销形势分析报告》显示，中国茶叶出口总量达36.5万吨，同比增长2.66%；出口均价为4.87美元/公斤，同比增长7.27%；中国进口茶叶量为3.55万吨，比2017年增长18.84%，进口额为1.78亿美元，比2017年增长19.14%。其中，红茶仍为主要进口茶类，占比83.3%，然后是绿茶和乌龙茶，各占8.9%和6.5%，从进口均价来看，整体均价为5.03美元/千克。出口方面的绿色贸易壁垒严重阻碍我国茶产业发展——近年来，中国茶企在出口贸易中遭遇的最突出问题就是各种技术性贸易壁垒，每年受其影响的经济损失高达200亿美元左右；不仅使中国茶叶出口规模明显减少，出口成本增加，更严重地影响中国茶叶的产品形象。从国内来看，缺乏整合优势资源提升国际竞争力的平台化战略。十大茶叶品牌相互竞争，都在各自为政打"国际牌"，各地茶叶品牌众多，大红袍、金骏眉、普洱茶等在一级市场竞争激烈。

（三）制约杭州龙坞茶镇实现高质量发展的制约因素

一是特色文化的内涵与形式有待创新。片区文化渊源深厚，但对乡土文化、茶文化等特色文化的挖掘、整合、外化和创新再生产不足。如对白龙潭景区的原生态面貌和众多名人渊源的价值认识有待深化，对金莲寺的历史文化须进一步挖掘发扬，与灵隐寺、径山寺等禅、茶发源地的互动有待加强。文化内涵的场景化表达展示形式不够丰富，文旅融合深度的体验内容不够丰富，需要借力杭州数字经济发展优势，推动文化展示与传播强化茶镇意象。茶文化研究、传播的智力资源未成体系，国际性文化合作交流匮乏，难以形成茶文化研学、体验和展示方面的国际影响力。

二是高质量生态文化产业集群尚需培育。目前区域丰富的文化资源未能与制造、旅游和会展产业充分融合发展，区域内尚未集聚国际有潜力、区域有基础、发展有动力的创新产业集群，茶叶及茶器等相关产品的生产、展示和销售一体化产业链有待延伸，依托西山国家森林公园等打造体验经济的实体平台、共享平台尚未形成，参与市场竞争的实力较为薄弱，未能充分发挥杭州市数字经济优势，赋能产学研转化、文化传播展示、文旅融合体验等领域。

三是区域增长极的支撑空间亟待扩大。发展空间不足，一直是影响龙坞茶镇区块发展的重要因素之一，有限的可建设用地难以支撑更多大项目的落地。茶镇在区域交通格局上位于末梢地位，对外通道单一，内外交通不畅，对内各片区交通联系薄弱，难以支撑片区区域地位的提升。

本书认为，重大高端共享平台项目以及文旅康养产业综合集成与模式创新，是破解杭州世界茶都现实难题的必由之路。杭州要以践行生态文明、创新两山转化路径和建设新时代"重要窗口"为目标导向，协同推进健康中国、美丽中国和乡村振兴重大战略深度实施，以龙坞茶镇为核心区，积极创建"龙坞世界茶都公园"。借此集聚战略优势整合重大系列节点，打造世界级重大平台"世界茶都公园"和国家5A级景区，协同推进国家级特色小镇和森林康养小镇建设，加快由原汁原味乡土气息农耕文明向长三角都市圈近郊世界级公园生态文明转变，打造生态文明高质量发展"重要窗口"，意义特别重大。

四、创建"世界茶都公园"的理论依据与经验借鉴

（一）长三角一体化与国际都市圈理论

长三角一体化已经上升为国家战略。都市圈是城镇化的高级形态，是特定城市区域的一体化。都市圈支撑长三角城市群高质量发展，自都市圈理念引入以来，我国多将其与城市群结合使用。实现杭州、上海两大都市圈的融合发展是长

三角区域一体化发展国家战略赋予的使命。自 G20 杭州峰会后，杭、湖、绍加快全面投入杭州都市圈的步伐；随着衢州、黄山二市的加入，西进南扩大通道打开了，杭州都市圈成为长三角跨省都市圈，构筑起参与长三角高质量一体化建设的"新杭州蓝图"，增强了一体化发展的信心。杭州、上海两大都市圈融合的空间、合作机制及沪嘉杭城市融入长三角，高质量推动 G60 沪嘉杭科技创新走廊、杭州湾北环线科技创新走廊的跨越发展。在长三角一体化框架下，杭州创建"世界茶都公园"，具有世界影响力的文化资源特色优势明显，具有巨大发展潜力，是有效提升杭州都市圈在长三角的首位度和核心竞争力的重大战略举措。

（二）国内外的成功经验借鉴

景德镇是一个以陶瓷为灵魂的城镇。在国际竞争日益激烈的形势下，景德镇亮出"世界瓷都"独一无二的城市品牌。要把千年瓷城景德镇打造成一座与世界对话的城市。2019 年 8 月 26 日国家发改委、文旅部正式印发《景德镇国家陶瓷文化传承创新试验区实施方案》，提出把景德镇建设成为国家陶瓷文化保护传承创新基地、世界著名陶瓷文化旅游目的地、国家陶瓷文化交流合作交易中心的战略定位。到 2035 年景德镇将成为全国具有重大示范意义的新型人文城市和具有重要影响力的世界陶瓷文化中心城市。目前正在实施"复兴千年古镇、重塑世界瓷都、保护陶瓷文化、建设旅游名城"等一系列工程，让千年景德镇重新焕发容光异彩。奥地利的首都维也纳是举世闻名的世界音乐之都。一年一度的维也纳新年音乐会曾是国人最喜爱的外国艺术活动之一。维也纳既有"音乐之都"的盛名，又以精美绝伦、风格各异的建筑而赢得"建筑博览会"的美称。东阿尔卑斯山支脉、多瑙河、维也纳森林，景色诱人。维也纳音乐文化总部建设与发展的历史积淀和成功之路，值得杭州世界茶都借鉴。

五、世界茶都公园结构与功能建设基本构想

（一）铸造世界级大平台和大品牌，抢占"重要窗口"战略制高点

关于创建世界茶都公园打造生态文明高质量发展"重要窗口"，杭州要提高站位抢抓机遇，贯彻"一带一路"和推进生态文明，针对杭州"世界茶都"

战略目标，更好地发挥品牌优势和数字经济技术，优势强化产业支撑，创造国际化高质量发展"浙江样本"，努力成为新时代全面展示中国特色社会主义制度优越性的"重要窗口"。重点以龙坞茶镇为核心区块，系统整合西山国家森林公园、西湖风景区、西溪国家湿地公园和之江国家旅游度假区等重要品牌资源及其茶文旅康养产业优势资源，创新机制与体制，打造"世界茶都公园"世界级重大平台和品牌。借助康养产业研究院省级院士工作站专家团队以及中国科学院重要智库支撑，努力打造"多规合一"新样板。世界茶都公园的内涵建设可以集中体现在以下几个方面：世界茶文化研究、世界茶文化体验、世界茶文化展示、世界茶产业链建立等系统工程。注重依托云栖小镇城市大脑做好茶文化和智慧产业融合发展，构筑数字赋能和智慧城市应用的大平台。世界茶都公园要成为推动具有国际影响力的重大项目加快落地的最好推手。要强化茶业优势文化资源集聚与创新，系统化推进中国国际茶叶博览会永久会址等重大项目在龙坞落地。同时，积极创建国家级康养茶业特色小镇、国家级康养体验研学旅行示范基地和国家森林康养小镇等项目建设。抢抓重大历史机遇，策划与规划"世界茶都公园"数字经济三创（科创、文创和农创）项目，纳入"新基建""十四五"规划的总盘子，积极争取国家级和省部级重大项目在杭州龙坞落地。

（二）培育杭州文旅康养"新增长极"，带动区域联动发展跨越发展

一是凸显杭州世界茶都主题文化。贯通西湖、西溪和西山，整合龙坞茶镇、中国茶叶博物馆、梅家坞、龙井茶村、九溪十八涧、西湖茶馆及径山寺等，打造杭州茶文化精品旅游线，进而有效带动浙江省乃至整个长三角地区的茶文旅康养产业大发展。注重依托云栖小镇城市大脑做好茶文化和智慧产业的有机结合与融合发展，做好数字赋能和智慧城市大文章。

二是创建"产业创新服务综合体"，深化产学研合作机制，强化5G、云计算、大数据等新技术，创新数字赋能精准化品质服务，推进传统茶文化产业转型升级，引领生产生活生态一体化新时尚。整合系列重大茶文旅康养的节点，集聚优势强化茶文旅康养融合发展，创建世界茶都公园5A级景区，为杭州培育"新增长极"，助推浙江"一带一路"枢纽和国际化高质量发展，创造新时代"杭州样本"。

（三）强化优势资源整合集聚，不断优化世界茶都文化辐射功能

立足龙坞茶镇核心功能，进一步集聚优势资源，整体联动茶叶博览、国际研学、康养休闲、艺创孵化、文化交流、禅茶体验、短途游憩、演艺展示、配套服务九大功能区块。借助中国国际茶叶博览会永久会址的落户，积极创建世界茶文化博览园，大力创建共享田园与茶文旅艺术体验一体化新模式，打造国际茶文化研学示范基地。着力提升画外桐坞"茶画小镇"，打造长埭村"音乐小镇"和长埭村"茶康养庄园"。依托西山国家森林公园培植全民体育和运动康养基地。探索茶文化和艺术的深度融合，壮大葛衙庄核心区块艺术之都、外桐坞村茶画融合的艺术村落和慈母桥村民族团结石榴子主题文化园，打造葛衙庄核心艺创产业孵化器。对接浙江音乐学院，吸引音乐人才和配套产业入驻，集音乐创作、制作和交流于一体，积极创建长埭村区块音乐小镇，促进茶文化和智慧产业的结合。依托金莲寺、白龙潭和龙门坎村，形成"禅茶一味"传统文化活态传承示范区。对茶镇—西山—午潮山旅游资源串珠成链，打造长三角南翼重要的在地旅游目的地。借助中国美术学院、浙江音乐学院等杭州演艺优势资源，策划演艺经济，打造世界茶都大秀场。提升和完善配套服务，在现有茶镇九街的茶业展示、销售、体验和社区配套服务基础上，立足各功能区块，形成分级分类、侧重不同的配套服务体系，完善各区块交通、商贸、民生设施的配套功能。

六、创建世界茶都公园的对策建议

（一）科学编制《杭州世界茶都公园建设规划》

围绕生态优先的发展理念，紧紧立足杭州区域统筹发展的大格局，精心谋划、科学规划，抓优势、补短板、强弱项，以规划引领空间结构优化、通道建设和设施布局。龙坞茶镇具有"三江三湖"（钱塘江、富春江、新安江；湘湖、西湖、千岛湖）黄金旅游线的地理位置优势，地处杭州城西科创大走廊和拥江发展的重要连接点上。应充分考虑其地理区位优势，以龙坞茶镇的26平方千米为核心区块，以西湖龙井茶主产区为主要范围做好整体规划。注重整

合西山国家森林公园和之江国家旅游度假区等重要品牌资源及其茶文旅康养产业优势资源，挖掘白龙潭风景区、金莲寺景区等片区内潜力生态文化资源，深度融合山水文化、龙文化、佛文化、茶文化等，主动创新机制与体制，努力打造"多规合一"样板区。注重发挥基础设施项目建设的带动作用，提升区块投资价值，增强社会资本参与的吸引力，推动科创、文创和农创等创意经济项目落地，不断提升茶都公园内涵建设。

（二）创新驱动数字赋能，实施重大项目带动发展

坚持以产业发展为导向，重点安排有利于实现生态、文旅、会展、制造深度融合的项目，不断推动产业链向"微笑曲线"两端延伸。推动茶博会永久会址列入年度市级重大项目，积极争取成为国家级、省级重点项目。打造国际茶博会的永久会址和世界茶文化主题乐园。发挥茶博会作为茶产品茶文化展示交流平台的作用，形成区域发展的触媒载体。抓住杭州成为特大型城市的契机，用足城市发展空间有利政策，调整项目土地利用总规与城市规划，把茶博会永久会址项目列入国土空间总体规划，落实空间、耕地和农转用等用地指标。要抢抓"十四五"规划机遇，坚持基建项目先行，统筹区块平衡，明确负面、正面和审慎项目清单，着力优化营商环境，激发市场主体活力，招引优质项目入驻。强化数字赋能产业发展。注重依托云栖小镇城市大脑，做好数字赋能智慧城市大文章，推动茶文化和艺术的深度融合。

（三）创建运营实体，努力成为推进"两山转化"的新典范

"讲好中国茶文化故事"，弘扬中国传统文化，推进中国文化走出去，需要杭州积极创新国际化重大载体。强调"世界茶都公园"集聚人气带动产业，带动创意体验共享平台新经济的拓展，带动茶农共同富裕。要着力创新体制与机制，强化健康中国、美丽中国和乡村振兴的战略融合与多目标协同推进，推进社会治理现代化，精准优化政策供给，有效整合文化产业科技优势资源，强化产业整合与运营能力提升。要借鉴杭州"宋城千古情"和桂林"印象刘三姐"实景演艺模式的成功经验，借助中国美术学院、浙江音乐学院等杭州演艺优势资源，积极打造"世界茶都大秀场"，提振文旅康养国际大市场。充分发挥全国中医药康养协会、杭州世界养生大会和亚洲诗歌文化基金会等相关平

台，联合举办"国际养生药膳大赛""康养茶馆大赛""世界茶都诗歌大赛"等。强化政治引领和智治支撑，优化政府市场和社会的关系，成为全面展示新时代中国特色社会主义优越性"重要窗口"。

（四）创造体验经济产业体系，开创高质量发展新路子

做好世界茶文化和艺术的深度融合，积极创新共享田园与茶文旅艺术体验一体化新模式。集聚优势资源拓展体验经济，创新拓展实景演艺和重大赛事。创建外桐坞艺术村落；打造葛衙庄核心区块艺术之都（艺术小镇）；长埭村做好音乐学院对接，打造西湖版的萨尔茨堡（国际音乐城）；依托金莲寺、白龙寺和何家村打造"禅茶一味"传统文化活态传承与弘扬示范区。搭建高端共享平台和机制。依托西山国家森林公园，大力发展养生体育和运动康养产业。整合开放浙江茶康养旅游线路，促进旅游整合与区域联动发展。借助浙江大学、浙江农林大学、浙江外国语学院和中华职业学校等优势教育教学资源，健全茶文化全产业链专业人才培养体系和国际研学教育体系。"疫情全球大流行"必将开启全球大康养的新时代。依托世界旅游联盟（总部在杭州），积极创建杭州世界茶文旅康养旅游示范区，大力发展茶文旅康养国际旅游市场。

（五）创造养生茶馆国际连锁品牌，提升国际竞争力推进中国茶文化走出去

全世界有近一半人口都有饮茶的消费习惯，市场特别巨大。要借助联合国粮农组织、世界旅游联盟、中国国际茶文化研究会等学术组织和浙江大学、浙江外国语学院、中国美院及浙江音乐学院等高校国际化平台，深化茶文旅康养研学的国际合作。借助孔子学院和世界华侨等国际化资源，强化"养生茶馆"国际连锁发展及茶文化国际传播能力提升，推进中国茶文化走出去。整合浙江外国语学院、浙江省人民医院、浙江音乐学院等重要资源，构筑新型平台着力打造融合文化产业科技的全方位康养产业新体系和体验经济新模式。大力拓展共享养生茶馆，体验经济新模式，强化茶康养的配伍膏方研发与转化，大力推进招牌药膳集群化和连锁化发展。强化茶文旅康养国际传播，将"世界茶都公园"打造成中国"国际合作人文交流"和"国际体验经济模式创新"重要基地。借助九华山和天台山的佛教文化国际化优势，依托中国佛教协会禅茶研

究会打造世界禅茶文化中心,推动金莲寺和灵隐寺联动与创新发展。依托浙江数字经济示范区的政策和技术优势强化数字赋能,积极创新远程个性化定制的文旅康养新型销售模式。切实推进世界茶都、丝绸之都和陶瓷文化的融合复合发展。

结语

杭州敢为人先、勇于担当,瞄准未来城市发展战略目标,积极创建"世界茶都公园",深度推进健康中国、美丽中国和乡村振兴战略协同发展,以龙坞茶镇和西山国家森林公园生态涵养与茶文旅康养功能为基底,以新经济和智慧产业植入为主体,以构筑国际交流高端平台重大项目为抓手,有效集聚世界优势资源,创建世界茶都公园,打造世界茶文化总部。注重生产、生活与生态一体化,融合康养旅游、会展演艺、国际研学、休闲度假及共享平台创意体验等新经济业态集聚,致力于打造"三生四融"、三创(科创、文创、农创)并进、多功能复合叠加,要努力成为长三角重要的智慧生态经济示范区、世界多元茶文化展示区及"禅茶一味"优秀传统文化资源活态保护区,努力成为引领高能级未来都市型生态社区发展的浙江样本,加快培育杭州文旅康养新增长级,铸造新时代生态文明高质量发展"重要窗口"新典范。

第八节 接续"唐诗之路"打造"词魂圣境"

浙江省委全面贯彻习近平总书记关于文化自信自强的重要论述精神,提出实施"宋韵文化传世工程"。针对目前宋韵文化发展过程中存在的突出问题,本书提出接续"唐诗之路"打造"词魂圣境"的对策建议,具体内容如下:一是高起点编制《"词魂圣境"发展战略规划》;二是注重抢占战略制高点,构筑宋词文化国际化大型论坛和赛事高端平台;三是发挥数字化新技术优势,创建"宋词数字体验馆""词牌主题民宿";四是创建国家级研学基地,大力发展宋词文化产业发明研学。强化文化和数字赋能,助推文化浙江展示头雁风采。

中共浙江省委坚决贯彻习近平总书记重要指示精神和党中央决策部署，忠实践行"八八战略"、奋力打造"重要窗口"、争创社会主义现代化先行省、高质量建设共同富裕示范区，明确提出实施"宋韵文化传世工程"，意义重大。

经调研发现，目前浙江省宋韵文化传世工程中尚存在几个突出问题，主要体现在：一是宋韵文化本质内涵亟待深入研究；二是必须要强化战略目标导向和国际化高端平台支撑，不能误入"奢靡"的歧途；三是宋词文化尚未引起足够重视，也没有与正在实施的"唐诗之路"工程相接续；四是尚缺乏具有示范引领功能的宋韵文化产业化、数字化及融合发展具有可推广、可复制的经典样本。上述问题必须尽快得到破解。

本书认为，必须在"唐诗之路"工程基础上接续推进宋韵文化传世工程，着力打造以宋词文化"词魂圣境"工程为代表的中华文化"金名片"。"唐诗"与"宋词"是中华传统文化中具有至高世界享誉度的两件瑰宝。在南宋时期，宋词达到了艺术的巅峰，南宋词又促成了南戏的诞生，词曲都具有鲜明的浙江地域属性，是浙江历史文化的重要载体。"词魂圣境"是找准抓实文化建设推进精神富有的重要抓手，也是传承发展"红船精神""浙江精神"的重要载体，加快打造新时代中华文化新高地的重要措施，主要理由如下：

一是传承宋词文化实际上就意味着传承和发扬中国最精华、最优秀的文化遗产。宋词是一种既可以配合音乐而唱，又很讲究格律的新体诗，是具有高度的音乐性，韵律美和浓郁生活气息的文学新形式。宋词是宋代盛行的一种中国文学题材。它分为婉约和豪放两大派，每一派都各有所长。宋词句子有长有短，便于歌唱。因是合乐的歌词，故又称曲子词、乐府、乐章、长短句、诗余、琴趣等。宋词代表着中华文化的高艺术成就。宋词文化是具有中国气派和浙江辨识度的重要文化标识。

二是李煜是宋词文化的标志性人物，是值得打造的世界级文化IP。南唐后主李煜的词作，语言明快、形象生动、用情真挚、风格鲜明，其亡国后词作更是题材广阔，含意深沉，在晚唐五代词中别树一帜，对后世词坛影响深远。据传，李煜墓地就深藏在杭州富阳的上官乡。

三是要增强铸就社会主义文化新辉煌的责任感和使命感。贯彻党的二十大精神，担当奋力推进"两个先行"的时代使命，是高水平描绘现代版"富春山居图"的题中之意，更是满足人民高品质精神文化需求的重要途径。要坚持文化引领，增强做好文化事业的责任感和使命感。推动文化建设走深走实，理论创新更加深入、"富春山居"更成体系、文明底色更加鲜亮、文化惠民更具品质、文化产业更为繁荣，使城市竞争力显著增强、国际传播性更加强大。要强化跨界整合融合，发展现代文化产业；要提升文化数字化水平，完善系统架构、创造体验场景，打造"词魂圣境"世界级宋韵文化新高地和文化产业新品牌。

本书认为，杭州富阳要抢占战略制高点，率先打造"词魂圣境、极致上官"区域品牌，实施示范引领。以"李煜词圣"品牌铸造为突破口，以富阳上官"词魂圣境"极致体验为切入点，全方位多层面系统推进"宋韵文化传世工程"，精准服务乡村振兴和打造"重要窗口"。做好宋韵文化慢生活体验大文章，着力打造"宋韵文化综合体验试验示范区"。具体建议如下：

一是高起点编制《"词魂圣境"发展战略规划》，打造世界宋词文化新高地。应用文化总部理论，打造富阳上官"词魂圣境"，与"唐诗之路"接续联动，强化宋词文化优势集聚整合，大力推进文化产业、乡村旅游和创意体验共享平台新经济，大有可为。要谋划富阳上官与周边重大文化项目整合运营，实现优势互补，产业共创，相得益彰。要积极利用孙权故里龙门古镇，在深化三国文化的基础上，依托"孙权委派卫温首航台湾""国父孙中山祖居地"龙门古镇和《富春山居图》作者黄公望等杭州富阳经典文化资源，注重创造性转化与创新性发展，大力拓展两岸文化资源开发，不断壮大"反独促统"民间力量，助推祖国统一大业早日实现。

二是注重抢占战略制高点，构筑宋词文化国际化大型论坛和赛事高端平台。突出区域特色和李煜词圣的品牌优势，要创新机制集聚全世界宋词文化优势资源，积极举办"中国国际宋词文化高峰论坛""中国国际诗词大奖赛"，面向国际杰出诗词作者组织颁发"李煜奖"。以国际会展节事活动为载体，强化中国宋韵文化国际传播。着力推出一批展示新时代"一带一路""生态文明"宏伟成就的"新词佳作"，使宋词艺术成为展示新时代社会主义制度优越性重要窗口和浙江独特魅力的重要文学形式。大力推进宋词主题演艺+沉静式体验旅游。坚持弘扬社会主义核心价值观，举旗帜聚人心，聚焦振兴文化兴旺产业，共建共创共富共享，展示头雁风采，提升国际形象。

三是发挥数字化新技术优势,创建"宋词数字体验馆"。打通以唐诗宋词为主题的数字化产业链,链接整合全球化宋韵文化主题信息,依托"文化+旅游+科技"沉静式体验模式,开发"唐诗宋词"系列沉浸式体验产品,打造数字文旅新高地。以宋词为核心,将宋代书法、篆刻、绘画等艺术符号一同融入现代生活,开展宋韵艺术精品创作,推动宋韵文化基因嵌入衣食住用行,运用中国传统琴棋书画戏、诗酒花茶香提升乡村旅游和民宿产业,打造词牌博物馆和词牌主题民宿等系列化宋韵主题建筑。

四是创建国家级研学基地,大力发展宋词文化产业发明研学。要扎实推进创新教育和发明研学营地系统化建设,努力让参与研学的学生们在研学过程中"有所发现、有所发明、有所创造",进而推动宋词文化创造性转化和创新性发展。要借助网络化远程共享机制,创建高水平研学师资团队,开发研学课程,组建运营团队,扎实推进挖掘整理、规划策划、打响品牌等工作,强化宋词文化创造性转化和创新性发展。切实把握宋纸、宋词、宋茶、宋韵四大要素,大力拓展宋韵文旅融合、运动休闲及养生美食等,深化宋词与造纸文化、地名文化、姓氏文化及民风民俗等融合,大力发展宋词"词牌主题民宿",积极创建"宋词词牌博物馆"。利用当地特种种养殖业和竹笋竹荪、蜂蜜及食用菌等山珍产品,融合宋韵文化开发养生美食系列招牌菜。大力推进富阳上官球拍产业基地与养生体育相融合,着力打造"世界蹴鞠第一村",拓展休闲产业。依托优势文化产业资源,大力开发"元书纸+宋词"纪念品与收藏品等文创产品。强化文化和数字双重赋能,助推文化展示头雁风采,加快推进中国式现代化先行示范区建设。

第五章　乡村振兴与共同富裕"重要窗口"

第一节　擦亮建德"合作化模范邓家乡"金字招牌*

在贯彻《宪法》第八条第一款规定的农村集体经济组织"以家庭承包经营为基础、统分结合的双层经营体制"的基础上，要继续完善和创新，只能是以适当方式强化"统"的一面，而"统"的载体和途径只能是加强合作制。农村中生产、供销、信用、消费等各种形式的合作社，是新中国成立后出于实现共同富裕的初衷而提出的，兼有做大"蛋糕"和分好"蛋糕"的双重功能。改革开放从农村破题，实施家庭承包责任制，但实践的结果是"分"的积极性充分体现了，而"统"怎么适应市场经济、规模经济，始终没有得到很好的解决。新形势下，集体所有制和合作化制度演进发展规律值得认真研究。

毛泽东同志合作化思想深入人心，浙江"合作化模范邓家乡"成为金字招牌。1955年毛泽东同志为"合作化模范邓家乡"批示254字，浙江邓家乡的合作化经验"深入一点，取得经验，推动全盘"，被收录进《中国农村的社会主义新高潮》一书。自此，合作化模范邓家乡闻名全国。20世纪六七十年代的桐庐县梅蓉人在合作化组织机制下对沙洲进行彻底改造，叙写了"荒滩变绿洲"的奇迹。梅蓉村名扬国内外，先后有44批次60多个国家482位外国政要和宾客前来参观访问。上述重要业绩成就了历史上浙江合作化的鼎盛与辉煌。

习近平总书记一直强调并深入推进生产、供销和信用"三位一体"合作

---

* 擦亮建德"合作化模范邓家乡"金字招牌［OL］. 中国报道，http://jjcsj.chinareports.org.cn/shms/2022/0512/13104.html，2022-5-16.

制度，亲自部署"三位一体"合作制度创新的瑞安试点。早在 2006 年初的中央一号文件刚刚提出"社会主义新农村建设"之时，时任浙江省委书记的习近平就在当年 1 月 8 日浙江省农村工作会议上提出了农民专业合作、供销合作、信用合作"三位一体"的宏伟构想。这一构想正是对农村"统分结合"双层经营体制的重大完善和创新。时任浙江省委书记的习近平同志在温州瑞安市主持召开新型农村合作经济工作现场会，亲自总结瑞安市率先实践的做法，部署推动生产、供销、信用"三位一体"新型农村合作体系建设。深入推进"三位一体"乡村合作，是习近平总书记的战略要求。在 2013 年底的中央农村工作会议上，习近平总书记又亲自过问浙江省"三位一体"乡村合作改革的进展情况。2020 年习近平总书记在吉林省考察调研时指出"合作社的路子怎么走，我们一直在探索"，并强调"要鼓励全国各地因地制宜发展合作社，探索更多专业合作社发展的路子来"。

浙江合作社创新探索永不停步。近年来，临安率先在全省创建了县（市、区）级新农人联合会（以下简称新农会），通过开展丰富的契合会员需求的活动，整合多种资源，不断提供会员对自身和组织的提升机会和平台。临安新农会围绕"肩并肩"组织建设、"实打实"业务拓展、"心连心"成长服务三大工作主题，探索实践初步形成了"活力提升、强化凝聚力，青春引领、彰显示范力，创新创业、引领乡村振兴"一整套成功经验。临安新农会建立线下展厅和独立的运营平台，并积极探索新农园（新型农业双创产业园）强化"三位一体"乡村合作。从基地生产，到推广营销、物流配送等，各环节联动发力，大力推进"互联网＋"现代农业，帮助"新农人"快速成长为专业大户、家庭农场主、农民合作社领办人和农业企业骨干，成为新型农业经营主体的新生力量。杭州市临安区兴起的新农人和新农会的创新探索，引起社会广泛关注。浙江省嘉兴平湖市新仓镇在统筹城乡发展中践行的"经济合作、股份合作、社会合作""三位一体"的"城乡融合"是对原有"农民专业合作、供销合作、信用合作""三位一体""产业联合"的拓展和创新。强化党建引领，以社员合作为抓手，能够夯实共同富裕之农民组织基础，以纵横联合的方式组建合作社联合会助推凝聚共同富裕之市场主体（企业）力量、以服务社员为宗旨，加强合作社文化培育、数字赋能、政策引导与政府支持、保障合作社与社员权益等，积极探索新时代"经济合作、股份合作、社会合作"，以互助共创共享为导向的共同富裕新路子。

从世界范围来看，发达国家的合作社种类非常多，从事的活动也十分广泛，功能日益完善。概括起来看主要有两大类：城市合作社和农村合作社。城市合作社大部分由城市居民组成，主要是消费合作社以及少量的住房合作社和劳工合作社等。消费合作社在英国、丹麦和瑞典等国家比较发达，基本上每一个城市家庭都有一名成员是合作社社员。合作社具有十分发达的网络体系，如美国，有横向联合（业务相同）、纵向联合（业务衔接）和混合联合（横向加纵向联合），这些地方联社又可以跨县市、跨省州最后形成全国联社。合作社发挥作用的领域不在于农业田间管理，而在于农业产前产后的服务。合作社具有严格的民主管理和分配制度保障。随着互联网和5G技术应用的普及，我们坚信合作社将发挥着越来越重要的作用。

根据《浙江省示范性农民专业合作社评定及监测管理办法》及《浙江省农业农村厅办公室关于做好2021年国家级和省级示范性农民合作社申报与监测等工作的通知》的规定，在各市、县（区）层层组织推荐申报基础上，经省农业农村厅、省财政厅、省供销社、省林业局等部门审核，认定杭州佑农蔬果专业合作社等64家农民专业合作社为省级示范性农民合作社。同时，往年认定的杭州乡遇竹笋专业合作社等589家省级示范性农民专业合作社监测合格。① 经调研发现，浙江省乡村合作社及其创新发展存在以下几个方面的突出问题：一是缺乏乡村合作功能平台支撑，优势叠加与跨域整合难。但囿于传统偏见和现实处境，受到"要跳出农门"传统观念影响，缺乏"三位一体"乡村合作的功能平台支撑，乡村振兴优势叠加和跨域整合协同创新发展的难度非常大。二是缺乏战略目标协同，持续发展与跨越发展难。实施乡村振兴过程中，发展不平衡、不充分和不协同的问题仍然十分突出，主要表现为"美丽不健康、美丽不经济、美丽不生态"的情况比较普遍。三是缺乏原始创新动能，敢为人先与示范引领难。浙江省应用型高校尚未将推进乡村振兴和共同富裕作为高校发展的战略任务。"三位一体"合作社创新工程尚未被纳入乡村振兴战略的宏观布局；强化数字赋能推进乡村合作化创新发展和农业农村高质量发展示范引领功能还不够强大，尚未有效建立起"三位一体"合作及乡村现

---

① 资料来源：浙江省农业农村厅官网。

代化的一整套产业服务体系、共享平台运营机制及考评机制。

2022年中央一号文件提出：聚焦关键薄弱环节和小农户，加快发展农业社会化服务，支持各类主体发展多种形式的生产托管服务，开展订单农业、加工物流、产品营销等，提高种粮综合效益。为此，本书提出如下对策建议：

一是贯彻习近平新时代中国特色社会主义思想，深化"三位一体"乡村合作，再创合作社新辉煌。赓续"合作化模范邓家乡"和"三位一体"合作的红色根脉，注重美丽中国、健康中国、乡村振兴、共同富裕和重要窗口等多目标协同，因地制宜探索不同类型（粮食主产区型、城郊结合型、山地生态型）的乡村合作化运营管理模式创新，深入结合推进"非粮化整治"，大力推进乡村高质量发展。创建"三位一体"乡村合作"重要窗口"研究基地，举办"创新城乡新型合作制度"学术研讨会，致力于乡村合作制度创新与可复制推广的经验提炼和总结推广。

二是实施"三位一体"乡村合作试点示范工程。发挥浙江"乡村合作化模范"传统品牌优势，谋求新突破、创造新格局。针对浙江乡村振兴过程中存在的突出问题，进行典型案例研究，探讨新形势下乡村集体所有制经济和乡村合作制度优化的可行性方案。贯彻国家发改委《关于推动返乡入乡创业高质量发展的意见》文件精神，积极创建新农人双创产业园（以下简称新农园）。强化新农园平台服务功能，积极探索乡村振兴和共同富裕可复制推广的浙江样本。以数字赋能和创新赋能等为特色，形成融浙江省农业科技创新、农业科技成果转化、农业新型人才培育、农产品技术服务交易市场为一体的现代农业创业创新示范园区。

三是搭建应用型高校乡村振兴志愿服务高端平台，强化乡村振兴科技人才支撑和乡村合作原始创新动能，谋求"科技人才进乡村"的历史性跨越。按照乡村振兴、共同富裕及农业和农村现代化的战略要求，结合新文科、新工科发展和高等学校高质量内涵发展的根本要求，建议省委省政府尽快出台《浙江省鼓励高校教师参与乡村振兴的意见》，将高校教师的社会服务和乡村振兴工作成果，纳入职称评聘和重要人才奖励的必要条件。鼓励各级各类高校教师利用课余假期积极投身乡村振兴和农业农村发展，坚持把文章写在祖国的大地上。

四是建议浙江省率先出台融合城乡一体化和共同富裕的《合作社条

例》。针对2007年《中华人民共和国农民专业合作社法》和2004年《浙江省农民专业合作社条例》的严重局限性，结合浙江省及全国在长期的社会主义建设中积累了党的领导、政府扶持、民主管理等合作社方面的宝贵经验，借鉴发达国家的合作社立法成功启示，尽快出台体现城乡一体化和共同富裕要求的《浙江省合作社条例》，为国家层面早日出台《合作社法》探路。探索从立法角度对城镇合作社的法律地位、法律责任予以更严格细致的规定，明确权利、责任和义务，增强城乡居民对合作社的信任和信心，更多地参与合作社。让"三位一体"合作社走上良性发展轨道，为共同富裕作出更大贡献。

第二节　义乌大陈系统创新推进共富共美

义乌市大陈镇是改革开放先行地义乌工业化的开端，衬衫制造曾占据全国30%的市场份额，获得"全国乡镇企业示范区""中国衬衫名镇"等荣誉称号。习近平总书记等党和国家领导人曾多次亲临视察。这里还是义乌生态后花园，坚定贯彻"绿水青山就是金山银山"理念，形成了以现代农业为基础、服装产业为支撑、文旅康养为动能的新格局，先后获评"国家卫生镇""浙江省美丽乡村示范镇"以及浙江省休闲农业与乡村旅游示范镇、"两美浙江"特色体验地。[1]

2022年是大陈镇应对挑战、砥砺前行的关键之年，也是攻坚克难、实干奋进的收获之年。面对新冠肺炎疫情和经济下行的双重压力，在义乌市委、市政府和大陈镇党委的坚强领导下，大陈镇上下同心，在坚决打赢疫情防控阻击战的同时，紧紧扭住经济稳中求进的目标不放松，将共富发展的源头活水加速集聚。大陈镇围绕打造"共同富裕""重要窗口"样板镇工作目标，按照"疫情要防住、经济要稳住、发展要安全"工作要求，夯实共富发展的"三农"基础，狠抓三大攻坚战，加快补齐共富发展的短板弱项，有序推进乡村振兴，让高质量发展成果共富共享更加深入人心。

---

[1] 资料来源：义乌市大陈镇人民政府官网。

一、党建引领系统集成，铸就乡村四治融合"未来全景图"

扛旗争先，以红旗村"村务钉办系统"创新引领基层治理现代化，已经在浙江省五个地市全面推广。着力打造一支有激情勇担当的干部队伍。坚持党建引领，深入学习习近平总书记"七一"重要讲话和浙江全省基层党建工作会议精神，以实施"红色根脉强基工程"为总抓手，大力推动党建工作质量整体跃升。不断加强支部建设，持续推动基层党建提质聚力。

大陈镇大幅拓展发展空间。2017~2022 年摸索谋划前山、镇东两大区块近 4000 亩发展空间，启动前山土石方一期、二期 280 亩平整，完成前山工业区 579 亩有机更新，盘活存量建设用地、拓展新增建设空间，整理出 1800 余亩未来发展的连片空间。同时，大陈镇全面激活乡村振兴动能。已连线成网"至美大陈"精品线，总长超 45 千米，实现精品线大环线无缝串联；创建省级美丽乡村特色精品村 3 个、省级休闲旅游示范村 2 个，获评首批"省美丽乡村示范镇""省休闲农业与乡村旅游示范镇"，创成 4A 级景区镇；创建省级农业特色强镇，打造农产品品牌，以创建省级农业特色强镇为契机，新增和存量建设农业标准地 10741 亩，系统整治"非粮化""非农化"和抛荒地达 1200 亩，推出了"大陈小集"区域农产品品牌，汇集豆制品、高粱酒等 9 个品类 25 个品种，首个线下展销馆建成营业，线上线下年销售额达 6000 余万元，为农旅融合发展打下了坚实的基础。[①]

二、两山转化生态文明，描绘至美大陈"现代山居图"

深入践行习总书记"绿水青山就是金山银山"的理念，明红线守底线，全面推进生态文明建设。通过深化"五水共治"，累计投资近 3 亿元，实施雨污水管网工程 117 个，新增污水管 240 千米，创建污水零直排区 14 个，全域消除劣Ⅴ类水，大陈江水质持续稳定在Ⅲ类以上。深化"垃圾分类"，建成并投用 51 个"两定四分"点，基本实现镇区全覆盖；建成杜门垃圾中转站，推

---

① 资料来源：义乌市大陈镇人民政府官网。

广农村生活垃圾智慧收运监管系统,创建7个市级垃圾分类示范村和12个优秀村;建成并投用工业垃圾分拣中心,日均处理工业垃圾12吨;实现城镇、农村、工业垃圾分类全覆盖。深化"蓝天保卫战",开展建筑工地、道路扬尘、餐厨油烟等专项整治61次。服装行业实现"燃煤锅炉"向"清洁锅炉"升级达100%,累计整治取缔违法排气小作坊17家。进一步深化人居环境提升行动,实行环境卫生"红黑榜""红黄旗"等制度,营造"村村行动、人人参与"的良好氛围,人居环境得到优化。深化"三改一拆",累计处置违法建筑82.2万平米,连片拆84.19万平米。①

坚定不移走绿色发展之路,大陈镇以更高的站位、更大的决心、更实的举措、更快的速度、更强的合力,不断将生态文明建设向纵深推进。以"重要窗口"的担当使命,擦亮大陈镇高质量发展的生态底色,让绿色成为大陈镇发展更动人的色彩。美丽城镇与健康乡村,共创共富与共美共享,宜居宜游与宜业宜学,多元协同系统创新。

三、内聚外迁整体协同,抢滩数字乡村"领跑线路图"

把下山移民作为推进偏远山区农民群众致富的主要抓手,促进"小、散、乱"的自然村落布局向以城镇为核心、集镇为纽带、中心村为基础的城乡一体化村镇布局体系转变。搬迁促"内聚",保持农民异地转移的优惠政策,确保政策的含金量和连续性;同时灵活安置促"外迁",针对大陈常年在外务工、经商、创业人口多的实际,创新安置方式,鼓励有经济条件的农民自主选择安置地、自行购买安置房实现灵活多样的分散转移,促进更多的偏远山区农民向中心村镇和县市外搬迁移民,改善生产生活条件,加快致富步伐。

同时,大力发展新型数字化产业园,逐步孵化和培育数字经济领域"独角兽"企业,为打响"大陈·创造美好品质"品牌提供"硬支撑"。以"村务钉办系统"为引领,合作打造"乡村大脑",稳步推进数字化服装产业带基地计划和流量专属化幸福生活圈,深度交融线上流量与线下产业,促进数字乡村迭代升级。

---

① 资料来源:义乌市大陈镇人民政府官网。

面对资源禀赋受限叠加新冠肺炎疫情的严峻挑战，大陈人攻坚克难敢于突破，努力把一批看似"不可能、不现实"的事办成，推进经济发展加快回升向好。2022年1~7月完成有效投资1.6亿元，同比增长21.16%，其中工业投资0.73亿元，同比增长32.99%；规模以上工业总产值10.15亿元，同比增长23.64%。① 大陈人以敢为人先、争强好胜的使命担当，以系统创新观念、战略和打法，谋求新突破、开创新格局、实现新辉煌。

第三节 "茶画融合"铸造共同富裕新格局

浙江省杭州市西湖区转塘街道外桐坞村以强化党建引领思想铸魂提升管理为前提，以美丽乡村景区村庄环境建设为基础，以"茶画融合"主题服务平台建设为抓手，成功吸引大批画家入驻推动村庄文化品质提升，进而带动民宿、文创、研学等新兴产业发展，综合效益提升，走向共同富裕的新路子、新方式和新方法，村集体经济年收入达到600万元，人均收入达到7万元。② 这里已经成为浙江省委党校和浙江大学全国干部培训现场教学点。结合乡村振兴、共同富裕和"重要窗口"建设的战略要求，针对该村践行乡村合作、探索制度创新、铸造高端平台、深化产品研发及谋求共享发展等重大问题，本节提出对策建议：强化乡村合作与探索制度创新相统一、坚持物质富裕与精神富有相统一、坚持效率优先与公平正义相统一、坚持普遍富裕与差别富裕相统一及坚持创新创业与共建共享相统一。

一、研究背景

2020年3月，习近平总书记在浙江杭州考察时指出，浙江要成为全面展示新时代中国特色社会主义制度优越性的重要窗口。要把保护好西湖和西溪湿地作为杭州城市发展和治理的鲜明导向，统筹好生产、生活、生态三大空间布

---

① 资料来源：义乌市大陈镇人民政府官网。
② 资料来源：外桐坞村村委会。

局,在建设人与自然和谐相处、共生共荣的宜居城市方面创造更多经验。茶为国饮,杭为茶都。杭州需要抢抓机遇,勇于担当,敢为人先,奋发展示"重要窗口"头雁风采。高起点高水平推动杭州生态文明高质量发展,充分发挥城市主题公园功能作用,以龙坞茶镇为主阵地,引领文化与制造、旅游和会展联动发展,推动生产、生活、生态深度融合,推动美好家园和宜居城市建设,提升杭州世界名城品牌,奋力展现"重要窗口"头雁风采,具有重大的现实意义。

中国国际茶叶博览会永久会址落户龙坞,杭州龙坞省级特色小镇、国家4A级景区龙坞茶镇,离杭州市中心约15千米,面积约2.17平方千米,四周群山环绕,茶园茶山连绵起伏,是西湖龙井最大产区,素有"万担茶乡"之称,主要发展茶产业+旅游业+文化艺术融合发展,已经形成九街"茶专业市场"、长埭村"茶庄园"、外桐坞村"茶画艺术小镇"及何家村"茶文创+婚庆+低空飞行"等,基本实现"物质富裕、精神富有"。

外桐坞村坐落在杭州,是西湖区转塘街道龙坞茶镇的行政村之一。村庄区位优越,交通较为便利,紧邻杭州主城区,绕城高速穿村而过。该村庄是素有"万担茶乡"之称的龙坞茶叶基地的重要成员,是西湖龙井茶的主产地。村庄占地面积为1.3平方千米,163户人家生活于此,常住人口有663人。外桐坞村环境优美,历史人文底蕴深厚。诗仙李白对外桐坞的描绘为:"朝涉外桐坞,暂与俗人疏。村庄佳景色,画茶闲情抒。"该村以美丽乡村建设为基础,积极与中国美院等单位合作,成功引入167名艺术家群体入驻,成功打造"茶画风情小镇"品牌。[①] 探索了党建引领文化艺术旅游融合发展推进共同富裕的一条新路子。"画外桐坞"已成为全国乡村振兴的知名品牌。

二、主要做法

外桐坞村位于浙江省杭州市西湖区转塘街道北面,置于素有"万担茶乡"之称的龙坞茶叶基地之中,是西湖龙井茶的主要产地。近年来,外桐坞村坚持党建引领,立足本土、因地制宜,在诗情画意中走出一条乡村振兴的特色之

---

① 资料来源:外桐坞村村委会。

路、和谐之路、幸福之路。

"绿水青山就是金山银山",是新时代推进生态文明建设的根本遵循。

城市的综合能级,关键在于产业能级,核心是发展动能。自2015年以来,外桐坞村所在的龙坞茶镇以"中国第一茶镇"为目标,坚持生态立镇、文化兴镇、经营强镇发展战略,聚力项目建设、产业培育、智慧赋能、品牌打造,成功通过省级特色小镇综合验收,挂牌国家4A级景区(全省首个成功命名的历史经典特色小镇),吸引了越来越多的国际目光。杭州在生态文明、历史文化、创新活力等方面不断厚积薄发。西湖龙坞茶镇作为杭州城市西南生态带上的重要明珠,坐拥优质生态底色、深厚文化底蕴、良好产业基础。大力推进茶文旅康养产业高度集聚与功能提升,培育杭州文旅康养新增长极,创新国际化战略新优势,创造生态文明高质量发展突破性标志性成果,助推展示"重要窗口"头雁风采。根据杭州市建委《2020年度全市美丽城镇建设工作要点》,转塘街道(龙坞)是全市首批列入美丽城镇创建样板名单的小镇,也是杭州市主城区唯一列入名单的小镇,属于文旅特色型美丽城镇。随着杭州未来科技城、未来城市等布局,龙坞茶镇及周边区位优势将更加明显,高端创新要素将进一步集聚,基础条件和特色优势将进一步显现,必然成为主城区不可多得的城市生态发展空间,为该区块的高质量发展带来历史性机遇。

抓班子带队伍,让团队"强"起来。对标"党建双强"标准,强化党组织的核心作用和主导地位。该村党员干部以罕见的成绩赢得村民群众的充分信任。培养年轻后备干部积极领办民生实事,创新开展"七心工程",利用新生代群体喜闻乐见的形式,引导党员融入村内各个新生创业群体,"零距离"服务群众。

抓产业促发展,让村民"富"起来。锚定"江南艺术旅游第一村"的发展目标,立足"西湖龙井+中国美院"的资源优势,大力发展茶产业和艺术产业。依托中国美院的辐射效应,鼓励村民将旧农庄改造成特色民宿,据调研,该村从2014年开始引进多名艺术家驻村,到如今家家都有艺术家入驻,形成了国画、雕刻、油画、陶瓷、音乐五大文创区块。精心培育元帅茶园、建成元帅茶炒制中心,致力打造元帅茶品牌。带领村民走上致富道路,村民生活品质显著提升。

抓整治强民生,让村风"美"起来。自2013年全面启动美丽乡村建设行动以来，张秀龙以身作则带头拆违，带领党员、代表、村民拆除各类违章建筑5000平方米，[①] 成功创建国家3A级旅游景区、全省新时代美丽乡村精品村。整合入驻艺术家资源，组建国画、书法等各类兴趣小组，举办各类文化活动，让村民享受"小有所学、老有所乐"的精神文化生活。

抓党建优服务，让村庄"红"起来。立足红色文化底蕴打造系列红色教育基地，建成朱德纪念室及元帅亭、元帅茶园等红色标地，累计接待国家、省、市等重要参观访问团共120余次，其他基层考察团1000多团次。[②] 定期举办"红色书房"读书会、公益廉政课堂、红色文化行等主题活动，组建西湖区首支"红领巾"宣讲团。让党建资源、红色元素充分发挥作用，激发党员群众参与村庄自治的内生动力，极大提高了村民的幸福感、安全感、获得感。

三、实践成效

根据该村村史馆介绍资料可知，2005年村里只有60多万元的可用资金，农民的收入以茶叶生产为主，人均收入只有近万元。村庄环境也与其他村庄相差无几。直到2006年，村委会带动居民主动求变，通过改造集体用房，引入艺术家入驻，"画外桐坞"雏形初现。2007年定位为艺术村落；2010年创建风情小镇；2013年建成3A级景区；2015年打造龙坞茶镇特色小镇；2017年，被评为中国美丽乡村百佳范例和全国文明村；2021年被评为全国民主法治示范村，实现了从传统茶村向美丽乡村、艺术村落和乡村振兴标杆的华丽转身。

该村在党建引领下有效破解了"美丽、健康与富裕"协同发展和促进共同富裕的难题。在2019年实现人均收入近7万元的情况下，保持了村庄自然资源的生态美、人文传统的文化美，还借助通过艺术家的入驻赋予了村庄艺术特质，提升了当地居民的人文艺术素养；艺术家创作才能及艺术功能得以展现，实现艺术（家）、村民、访客、社区和环境的多方共赢与共同发展。

一是探索实践西湖龙井茶产业的延伸，包括民宿和茶画文化创业，成为实现共同富裕的新典型。

二是践行"建设生态就是发展生产力"典型，美丽乡村环境成为重要的

---

①② 资料来源：外桐坞村村委会。

优势资源。外桐坞村从 10 多年前的"一个破旧的小山村"发展到今天的"画外桐坞"品牌景区村。

三是搭建功能平台引进艺术家群体入驻共创共建共享"茶画融合",成功实现产业兴旺、生态宜居、乡风文明、治理有效、生活富裕的乡村振兴战略目标。

四、经验启示

一是村两委的思想站位高。从班子的主观能动教育出发,培养班子的工作荣誉度,村干部是为本村村民服务的,进入班子之前要先考虑好为村民做些什么。将集体利益放在首位,不计较个人利益,团结班子里的每一个成员,工作要有团队意识、抱团精神,提倡能者多劳。班子成员本着一个目标,即为村民服务、发展村落。即使在意见上存在分歧,大家在工作时也能拧成一股绳。因此,外桐坞村所有选上来的干部必须带着为村民服务的观念去工作,只有这样才能让外桐坞村的管理变得更加有序,村干部也更能让村民信服。

二是美丽村庄的形象打造效果好。在着手村庄的改造和整治之前,必须先全面剖析和明确整个村庄的未来发展方向,对于村庄的产业规划、布局要有一个清晰的思路,在行动之前有一个详细的计划,才能在涉及工作中以不变应万变,减少因为突发情况如产业布局未能如期铺开而造成的时间和资源的浪费,磨刀不误砍柴工,行动之前考虑周全,下手才能稳准狠。在打造风情旅游小镇时,外桐坞村委和中国美院风景设计院经过多次的讨论和筹划,在产业规划上提前布局,在合适的地点建造接待中心、文化礼堂村民活动场馆等与旅游相关的元素,这些产业的布局也为之后艺术村落的打造奠定基础。

三是村庄产业发展定位准。为了找准一个村庄的发展定位,即村庄要发展什么,按照什么定位去发展,必须先了解整个村庄的历史、文化以及人文特色,这些内容往往会决定村庄适合的发展方向,将这些元素与现有的村庄基础设施进行融合,做好产业定位,酝酿适合村庄发展的思路。外桐坞村当时在完成风情小镇村庄整治后,依托中国美院的区位优势,并且将非常适合做艺术空间的村内老茶叶加工场所利用起来,引进了第一批艺术家老师,并且利用艺术家老师的产业优势去说服和引导当地的村民、党员和代表腾出空间引入产业,这几年的发展表明融合艺术产业是符合外桐坞村产业定位的，也是一条有效的发展之路。

四是村庄文旅产业融合深。在把外桐坞村定位成一个艺术村落之后，村庄必须把所有的房屋、空间进行资源整合，清退与艺术不相关的产业，将整个村庄都融入艺术的氛围中，也让村民融入艺术的世界中，提升大家的艺术素养。把整个村落的村民房屋做好分级管理，并按照艺术生活、工作和展示等功能将区块进行分割。与此同时，村委必须对村民进行相应的劝导，不能任由其发展一些与艺术不相关的其他产业。例如当村民想开农家乐的时候，村委要对他进行劝说，因为农家乐不仅会影响环境，也会影响村庄的艺术产业发展。村委会采用资金鼓励或者补助的形式进行协调，将整个村庄的产业都以融合到艺术为主，并达成相应的平衡状态。

五是村庄精细管理有效率。一个村落发展到一定程度之后，要想继续往前，就要求村两委对村庄进行长期有效的管理。外桐坞村是一个艺术村，要想让入住的艺术家和村民以及外来游客能够和谐相处，必须做到以下几项：（1）村落要建立景区的管理模式。外桐坞村在2013年成功创建了3A级国家景区。（2）景区产业全面带动村庄的发展，并为村集体经济发展作出贡献。外桐坞村成立了龙腾画外桐坞旅游服务有限公司，公司的成立将村庄治理与旅游管理分离，不仅能够对外来游客、景区环境进行更好地管理，也能为村集体经济带来100万元的年收入。（3）建立物业管理制度。村庄成立了画外桐坞物业管理有限公司，对村民进行垃圾分类的宣传和引导工作，对车辆进行管理，对整个村庄的环境卫生进行整治。整个村庄进行封闭化区域管理，每一个入住的艺术家老师都要为其工作室缴纳物业费，用于整个村庄的卫生、车辆管理、消防设施的管理和维护，让村民生活在更加快乐、安静有序的新农村——画外桐坞。

五、发展建议

文化总部理论强调通过机制体制优化，促使全世界同类文化的优势资源实现在特定区域的高度集聚，并不断强化优势集聚、传承创新、示范引领及服务辐射四大功能，形成具有特定主题文化的代表性、标志性及复合功能的文化中心区域，这个区域被称为文化总部。应用文化总部理论，笔者于2015年编制完成了第一个文化总部发展规划，即《全国畲族文化总部规划》，并由浙江省景宁畲族自治县人大常委会通过颁布实施。文化总部理论与文旅融合的"只争第一、只做唯一"的特色发展原则高度契合，因而对推进文旅融合深化、强化中国名城创新发展具有重要的学术理论价值和实践指导价值。近年来，运用文化总部理论先后提出了打造杭州世界丝绸文化之都、世界运河文化之都、横店东方影视文化总部以及弘扬千鹤妇女精神打造世界巾帼文化总部等研究成果得到有关部门的高度重视。应用文化总部理论创建"世界茶都公园"，集聚世界茶文化优势资源打造世界茶文化交流合作的高端平台，是具有理论依据和实践经验积累的。

对照高质量发展与共同富裕示范引领的要求，外桐坞村还存在几个亟待破解的突出问题：一是党建引领思想铸魂，践行社会主义方向的"乡村合作"创新方面，特别是横向联合、纵向联合及跨区联合等亟待取得新突破；二是茶画融合尚需要抢占战略制高点，借助世界茶都品牌和国际茶叶博览会永久会址落户龙坞茶镇的契机，尽快构筑国际化高端平台，大力拓展会展节事奖励旅游等产品，努力拓展平台经济和体验经济；三是"茶画融合"的国际研学旅行及外地干部培训尚需要尽快强化课程开发与教材建设，特别是沉浸式体验旅游产品开发亟待加强；四是在"茶画融合"主题招牌菜系及文创产品开发与综合效益提升等方面，需要尽快整合区域优势资源建立共享机制予以破解；五是在产权经济、共享经济及一二三次分配制度优化方面，亟待取得新的突破。

立足龙坞茶镇核心功能，进一步集聚优势资源，整体联动茶叶博览、国际研学、康养休闲、艺创孵化、文化交流、禅茶体验、短途游憩、演艺展示、配套服务九大功能区块。借助中国国际茶叶博览会永久会址的落户，积极创建世界茶文化博览园，大力创建共享田园与茶文旅艺术体验一体化新模式，打造国际茶文化研学示范基地。着力提升画外桐坞"茶画小镇"，打造长埭村"音乐小镇"和长城村"茶康养庄园"。助力健康城市建设，依托西山国家森林公园培植全民体育和运动康养基地。探索茶文化和艺术的深度融合，壮大葛衙庄核心区块艺术之都、外桐坞村茶画融合的艺术村落和慈母桥村民族团结石榴子主题文化园，打造葛衙庄核心艺创产业孵化器。对接浙江音乐学院，吸引音乐人才和配套产业入驻，打造集音乐创作、制作和交流为一体的基地，积极创建长埭村区块音乐小镇，促进茶文化和智慧产业的结合。依托金莲寺、白龙潭和龙门坎村，形成"禅茶一味"传统文化活态传承示范区。对茶镇—西山—午潮山旅游资源串珠成链，打造长三角南翼重要的在地旅游目的地。借助中国美术学院、浙江音乐学院等杭州演艺优势资源，策划演艺经济，打造世界茶都大秀场。提升和完善配套服务，在现有茶镇九街的茶业展示、销售、体验和社区配套服务基础上，立足各功能区块，形成分级分类、侧重不同的配套服务体系，完善各区块交通、商贸、民生设施的配套功能。

为此，本书提出如下对策建议：

一是强化乡村合作与探索制度创新相统一。按照习近平总书记提出的生产、供销和信用"三位一体"乡村合作制度，进一步壮大集体经济，优化分配制度体系，切实铸造具有"制度优越、国际领先、示范引领"功能的经典样本。

二是坚持物质富裕与精神富有相统一。这是共同富裕的战略方向问题。共同富裕，既要物质富裕，也要精神富有，实现共同"两富"共同发展齐头并进。要坚定不移坚持社会主义政治方向，弘扬社会主义核心价值观。高质量发展建设共同富裕示范区，要坚持"文化先行"，激发广大民众奋进激情和旺盛斗志。

三是坚持效率优先与公平正义相统一。这是共同富裕的根本制度问题。对于共同富裕，不能搞"劫富济贫"，也不能搞"一刀切"平均主义。坚持效率优先与兼顾公平，切实健全完善初次、再次和三次分配制度。着力推进一次分配和再分配制度优化，积极拓展与健全三次分配制度。三次分配以募集、捐赠和资助等慈善公益方式对社会资源和社会财富进行分配，是对初次分配和再分配的有益补充，有利于缩小社会差距，推进共同富裕。

四是坚持普遍富裕与差别富裕相统一。这是共同富裕的渐进路径问题。共同富裕是一项具有战略性长远性的奋斗目标，不可能"齐步走"，更不能急于求成。要允许一部分人先富起来，先富带后富，最终实现共同富裕。积极作为，稳中求进、尽力而为、量力而行、善作善成。

五是坚持创新创业与共建共享相统一。共同富裕是共同奋斗、共建共享，是全体人民的共同富裕。"幸福都是奋斗出来的"。要发挥人民群众的首创精神,保障人民群众的各项权益,走共同富裕道路,促进人的全面发展,做到发展为了人民、发展依靠人民、发展成果由人民共享。着力构建高端新平台,大力拓展新经济,积极探索新模式,有效丰富新业态,助推创建"世界茶都公园",奋力展示生态文明高质量发展"重要窗口"头雁风采。

第四节　着力构建新农人—新农会—新农园"三位一体"

为贯彻落实乡村振兴战略,奋力打造"重要窗口"建设共同富裕示范区,弘扬"红船精神"和"浙江精神",着力构建新农人—新农会—新农园"三位一体",助力浙江省率先全面实现乡村振兴和农业农村现代化,为全国农业农村改革发展探路提供"浙江样本"。及时总结推广"新农会"临安经验,全面推进组建省、市、区(县)三级新农会(新农人联合会),加快推进农业和农村现代化。浙江省率先实施制度和机制创新,全面搭建应用型高校乡村振兴志愿服务高端平台,强化乡村振兴人才支撑,谋求"科技进乡村"的历史性跨越,积极开展"新农园"(新农人创新创业园区)试点示范工程,积极创建新农人—新农会—新农园"三位一体"强化平台服务功能,铸造农业农村现代化"重要窗口"。

《中共中央关于制定国民经济和社会发展第十四个五年规划和二〇三五年远景目标的建议》提出优先发展农业农村,全面推进乡村振兴,加快农业农村现代化,打好种业翻身仗,建设现代农业产业园、优势特色产业集群;2020年1月国家人社部、财政部、农业农村部印发的《关于进一步推动返乡入乡创业工作的意见》指出,要贯彻落实党中央、国务院的决策部署,进一步推动返乡入乡创业,以创新带动创业,以创业带动就业,促进农村一二三产业融合发展。国家发改委发布的《关于推动返乡入乡创业高质量发展的意见》文件指出:"支持和引导地方建设一批特色突出、设施齐全的返乡入乡创业园区。"为此,着力构建新农人—新农会—新农园"三位一体"值得深入研究。

一、浙江省新农人、新农会发展成效显著

2019年浙江省政府工作报告明确要求"推进科技进乡村、资金进乡村、青年回农村、乡贤回农村",随后制定了《关于实施"两进两回"行动的意见》,提出到2022年,农业科技的引领和支撑作用显著增强,建成省级高水平农业科技示范基地800个,农业科技贡献率达到66%;培育青年"农创客"1万名、"新农人"1万名,培育省级"青创农场"400家;吸引20万名新时代乡贤返乡回乡投资兴业、建设家乡,乡贤助推乡村振兴作用发挥更加充分。在省政府的坚强领导下,经过各地精心扶持,浙江省新农人队伍不断发展壮大,已成为乡村振兴的生力军,成效显著。

根据网络问卷调研有效数据统计分析(张群祥、程丽敏等,2021),浙江省各市县(区)356位新农人,涉及种植业(78.3%)、畜牧业(24.1%)、文旅(20.2%)、林业(13.2%)等多个行业和产业。调查对象中,49.6%为个体经营,17.1%为合作经营,33.3%为企业经营;73.6%生产者年销售收入在100万元以下,500万元以上占13.2%;雇工人数小于10人的占66.7%,大于100人的仅占3.1%,大部分是中小微企业。浙江省60%的新农人建立了自己的生产基地,与合作社、普通农户、家庭农场合作各占30%左右,36.7%的新农人与普通农户签订了购销协议,带动农民共同发展。新农人主要市场定位为中等收入(90.7%)和高端人群(31.8%),通过自媒体(49.6%)和电商平台(40%)等渠道以高于市场均价1倍(29.4%)的价格进行销售,部分高于市场价格2~3倍(7.1%),经营效益明显,带动了农民共同增收致富。

调研发现,临安率先在全省创建了县(市、区)级新农人联合会,在主管部门临安区农业农村局的直接指导和关心下,通过开展丰富的契合会员需求的活动,整合多种资源,不断提供会员对自身和组织的提升机会和平台。临安新农会以习近平新时代中国特色社会主义思想为指导,贯彻落实乡村振兴战略,以坚持做好"三农"工作为中心,围绕"肩并肩"组织建设、"实打实"业务拓展、"心连心"成长服务三大工作主题,推进新农会建设。探索实践初步形成了"活力提升、强化凝聚力,青春引领、彰显示范力,创新创业、引

领乡村振兴"一整套成功经验。新农会走进新农人、联系新农人、服务新农人、引领新农人，成为新农人们"想得起，找得到，靠得住"的"同伴"力量。在社会各界的关爱下，临安新农会建立线下展厅和独立的运营平台。从基地生产，到推广营销、物流配送等，各环节联动发力，大力推进"互联网+"现代农业，帮助"新农人"快速成长为专业大户、家庭农场主、农民合作社领办人和农业企业骨干，成为新型农业经营主体的新生力量。会员们不断提高自身社会形象，加强队伍建设，得到了社会各界充分的肯定和认可，取得成果喜人：会员陈梅芳被评为省劳模、省"三八"红旗手，并入围省乡村振兴带头人"金牛奖"20强；会员潘陆根被评为省劳模；会员梅慧琴入选省乡村振兴带头人"金牛奖"、省党代表、杭州市劳模；会员葛雯被评为全国农村创业优秀带头人典型案例、杭州市三八红旗手、2020品牌杭州生活品质总点评年度人物、省百名"最美巾帼新农人"；林灵等12位会员被认定为杭州市"乡村产业大师"，杨磊被评为临安区"最美退役军人"，在杭州市首届退役军人创新创业大赛中获得一等奖。临安新农人运营平台直播基地被授予浙江省"农播示范基地"称号，新农人陈柳被授予"新锐农播客"称号。

二、浙江省实施"两进两回"行动面临的突出问题

一是缺乏功能平台支撑，优势叠加与跨域整合难。虽然浙江省新农人的发展成效有目共睹，也在一定程度上提升了新农人的社会地位和声望，但囿于传统偏见和现实处境，大学毕业生到农村自主创业，受到"要跳出农门"传统观念影响，让新农人倍感孤独无助，带来社会身份认同与心理调适等问题，这成为新农人退出的重要原因（36.9%）。由于缺乏功能平台支撑，新农人个人力量有限，优势叠加和跨域整合创新发展难度非常大。临安新农会的成功经验给我们很大启示。

二是缺乏战略目标协同，持续发展与跨越发展难。美丽中国、健康中国、乡村振兴和共同富裕战略需要协同推进。实施乡村振兴过程中，发展不平衡、不充分和不协同的问题仍然十分突出，主要表现为"美丽不健康、美丽不经济、美丽不生态"的情况比较普遍。有毒的夹竹桃种植泛滥、郁金香大面积种植带来严重的土壤板结和污染、一枝黄花生物入侵带来生态灾难。村口大牌

坊、景观广场比比皆是，山村的溪流两岸混凝土固化、山村小水塘搞成喷泉景观。这些显然有悖于美丽中国、健康中国和乡村振兴战略的初衷。

三是缺乏原始创新动能，敢为人先与示范引领难。浙江省应用型高校尚未将乡村振兴作为高校发展的战略任务。农业农村融合创新体制机制尚不健全，社会参与程度严重缺乏。农业现代化的技术支撑和原始创新发展尚未被纳入乡村振兴战略的整体规划布局，导致低水平重复建设与"盲目跟随"在所难免，这为农业农村持续发展各高质量发展带来隐患。农业农村高质量发展示范引领功能还不够强大，尚未有效建立起有关新农人及农业农村现代化的一整套产业服务体系、项目运营机制与共享平台及考评机制。

浙江要弘扬"红船精神"和"浙江精神"，敢为人先着力构建新农人—新农会—新农园"三位一体"，助力浙江省率先全面实现乡村振兴和农业农村现代化，为全国农业农村改革发展探路提供"浙江样本"。为此，本书提出如下建议：

一是及时总结推广"新农会"临安经验，全面推进组建省、市、区（县）三级新农会，加快推进农业和农村现代化。通过新农会结对与互助强化新农人的归属感，并通过对口指导、平台共享、资源叠加等途径以大带小，相互协作，帮助更多新农人健康快速发展，真正让新时代的农民成为真正有吸引力的职业。同时，根据新时代农村农业特殊性和浙江省现实，多部门联动精准出台《新农会建设与发展指南》，推进浙江省新农会健康快速发展。

二是全面搭建应用型高校乡村振兴志愿服务高端平台，强化乡村振兴人才支撑，谋求"科技进乡村"的历史性跨越。"农村天地广阔、大有作为"。在大力推进"乡贤回故里"大学生返乡创业的同时，按照乡村振兴、共同富裕及农业和农村现代化的战略要求，结合新文科、新工科发展和高等学校高质量内涵发展的根本要求，建议省委省政府尽快出台《鼓励高校教师参与乡村振兴的意见》，将应用型高校教师的社会服务和乡村振兴工作成果纳入职称评聘和重要人才奖励的必要条件，鼓励教师课余假期投身乡村振兴和农业农村发展。要切实出台政策有效激励高校教师和科研人员"把文章写在祖国的大地上"。只有这样，才可以从根本上全面破解"科技进乡村"的难题。

三是浙江省率先实施制度和机制创新，积极开展"新农园"试点示范工程，积极创建新农人—新农会—新农园"三位一体"强化平台服务功能，铸造农业农村现代化"重要窗口"。贯彻国家发改委《关于推动返乡入乡创业高质量发展的意见》文件精神,创建新农人双创产业园,新农园以农业和农村现代化为目标,以数字赋能、智慧赋能、创新赋能等为特色,形成融浙江省农业科技创新、农业科技成果转化、农业新型人才培育、农产品技术服务交易市场为一体的现代农业创业创新示范园区。

第六章 文旅融合"重要窗口"

第一节 "六新并举"加快推进新时代红色旅游发展 *

习近平总书记高度重视红色基因的传承与红色旅游的发展,明确指出"发展红色旅游要把准方向,核心是进行红色教育、传承红色基因,让干部群众来到这里能接受红色精神洗礼"。

在庆祝"建党百年"重要历史节点,勇于担当新使命,加快新时代红色旅游发展,必须着力解码红色文化基因,科学拓展红色旅游概念的本质内涵。包括浙江跨海大桥、港珠澳大桥、青藏铁路、中国高铁、北斗工程、神舟飞船以及量子卫星等一系列见证伟大时代的重大工程,无疑都是新时代红色旅游的重要资源,值得高度重视和深度发掘利用。要努力让党的百年征程的光辉历史释放时代力量,做到始终坚持理想信念不动摇、革命意志不涣散、奋斗精神不懈怠,为实现"两个一百年"奋斗目标、实现中华民族伟大复兴的中国梦而努力奋斗。在红色旅游中,要用先进的文化塑造人、用辉煌的成就激励人。

近年来,红色旅游发展取得了显著成就。但从总体来看,红色旅游发展不全面、不平衡与不充分的问题仍然十分突出,主要体现在产品过于单一、区域整合不够、市场需求不足、综合效益不高、国际品牌不亮等方面,亟待尽快破解。为此,本章提出"六新并举"打造"重要窗口",加快新时代红色旅游发展,具体对策建议如下:

一是贯彻新思想。坚持运用习近平新时代中国特色社会主义思想引领红色

---

* "六新并举"打造"重要窗口"加快推进新时代红色旅游发展 [OL]. 人民论坛网,http: // www.rmlt.com.cn/2021/0309/609342.shtml,2021 - 3 - 9.

旅游发展。必须着力构建新时代红色旅游系统，创建"文旅会商研体"联动发展机制，系统展示中国特色社会主义制度优越性。红色旅游发展要确定新方位、担当新使命、研判新趋势、构建新格局。红色旅游要更好地承担起思想教育、文化传承、国际交流、形象塑造的新使命。

二是拓展新内容。红色旅游不仅包含近代以来中国人民在中国共产党领导下争取民族独立的丰功伟绩，更要反映党的十八大以来的新时代社会主义建设伟大成就，为国家富强、人民幸福不懈奋斗的历史进程。像红船精神、延安精神、北斗精神、脱贫攻坚精神、抗疫精神等，以敢为天下先的首创精神、以爱国主义为核心的民族精神、以改革开放为核心的包容精神以及人类命运共同体理念等在不同历史阶段的传承和升华，是优良革命传统的集中体现，也是社会主义先进文化的重要内容，更是红色旅游的精华和重点所在。

三是创建新标准。深入贯彻《全国实施爱国主义教育规划纲要》《全国红色旅游发展规划纲要》，深度解码红色基因，依托国家重大建设工程、科学工程等，建设一批展现新时代风采的主题教育基地。研究并提出新时代红色旅游发展标准和规划导则的新思路。构建完善的红色旅游创新体系，通过数智赋能，形成高效运作、分工协作、品质服务的新时代红色旅游系统，推进红色旅游健康持续快速发展。

四是打造新模式。推动红色旅游融合发展和创新发展，创建新模式，提升核心竞争力。强化区域一体化协同创新机制，按照"建党百年"历史纵深，按照不同主题确立开发红色旅游线路，例如上海—浙江"红船党建"、自由贸易区、高速 G60 科技带以及池州—南通—丽水—崇明生态文明等红色旅游专题线路，打造长三角一体化红色旅游 IP，构建长三角一体化新时代红色旅游发展新格局，为区域一体化红色旅游提供示范样本。

五是构建新机制。创建"文旅会商研体"联动发展机制和运营模式，延长红色旅游价值链，全面提升红色旅游效益。有效推进红色旅游国际化。贯彻"一带一路"推进中国红色文化走向世界，树立国家新形象。强化培训和交流，形成激励机制，加快培育一大批红色旅游专业人才。

六是拓展新方式。研学旅行是传承红色基因的有效方式，要让游客有更高的满意度和更多的获得感。要着重加强红色旅游理论创新，增强教育功能，规范市场行为，促使红色旅游效能最大化。结合智慧旅游、低碳旅游、创意旅游等新业态和新模式,创新红色旅游体验产品体系,有效展现历史巨大成就。发挥好有影响力的革命历史人物和重大历史事件价值,厚植家国情怀,增强社会正能量。放眼世界,充分发挥政治优势,大力研发新业态铸造新品牌,提升红色旅游国际竞争力,形成红色文化产业,繁荣红色文化经济。

新时代红色旅游发展需要系统集成创新、数智赋能与迭代升级。我们要勇于担当新使命,大力推进红色旅游"六新并举",加快新时代红色旅游创新发展。

第二节 创建全域节事活动体系助推打造文化浙江"重要窗口"

习近平总书记强调"建设文化强国,必须立足于中国优秀传统文化的根基,汲取营养,获取力量,赋予时代精神"。中共中央办公厅、国务院办公厅先后印发了《关于实施中华优秀传统文化传承发展工程的意见》(2017年1月)、《关于在城乡建设中加强历史文化保护传承的意见》(2021年9月)。2021年4月,中央宣传部正式印发《中华优秀传统文化传承发展工程"十四五"重点项目规划》,对做好未来5年优秀传统文化传承发展工作提出了具体要求。

浙江是文化资源大省,既拥有江山、西湖、大运河、良渚等世界(自然)文化遗产,又拥有中国编梁木拱桥营造技艺(庆元廊桥)、中国剪纸(乐清细纹刻纸)、中国编梁木拱桥营造技艺(泰顺廊桥)、古琴艺术(浙派)、昆曲、三门祭冬、班春劝农、半山立夏习俗、九华立春祭9项联合国人类非物质文化遗产;拥有国家级10个门类非遗和饮食类共256项。① 2020年3月浙江省文化和旅游厅下发了《浙江省省级文化传承生态保护区建设的意见》,并开展省级文化传承生态保护区创建工作。同年9月,浙江省文化和旅游厅公布了浙江省省级文化传承生态保护区(创建)名单,"大运河文化传承生态保护区"等17个省级文化传承生态保护区(创建)地区入选,覆盖浙江省诗路文化带建设的十大文化高地。

---

① http://www.rmlt.com.cn/2021/0309/609342.shtml.

一、存在问题

一是非遗保护,繁星似锦。但各行其是、各自为政,缺乏区域整合协同联动机制,社会参与程度不高。目前,文化保护传承与活化利用,总体上呈现的是以乡镇为单位,开展文化节事活动,"小驴难推大磨"。浙江省文化资源丰厚的整体优势难以得到有效发挥。

二是文化礼堂、博物馆等场所公共服务产品尚不够丰富,缺乏深度体验产品和研学产品,闲置率比较高。非遗传承人的收入来源比较单一,机制不健全和价值实现渠道不畅等多种因素制约了乡村文化体验产品系列化开发和文化节事活动集群化发展。

三是非遗进校园存在"弱小散差"状态,尚未形成常态化与持续化机制。"双减"政策背景下,为优秀传统文化与非遗进校园提供了时空可能,迫切需要省政府部门协同发力,从顶层设计的层面积极创新探索优秀文化与校园教育的良性循环机制,推动非遗进校园的常态化和持续化。

四是研学旅行项目科普意味浓郁,但大多缺乏创新教育项目,特别是让参与的学生有所发现、有所发明、有所创造的研学基地还十分缺乏。上述这些问题严重制约文化强省建设进程,迫切需要尽快得到破解。

二、有关建议

一是健全区域整合协同联动机制,创建浙江全域化非遗节事活动体系,强化非遗传承保护与节事活动协同。以"活态非遗,联动共享"为主题,以一个省级高端平台为核心,以 10 个门类非遗和饮食类与浙江 11 个地市相匹配,设置分工协作的节事活动体系,形成"1+11"全域联动发展模式下,结合浙江文化特色,推进浙江文化产业和非遗活化的品牌建设,通过全省 11 个地市的整体联动覆盖全年 12 个月份,迭代升级非遗活动内容,有效扩大活动规模,实现浙江文化传承生态保护经济发展与乡村振兴共同富裕双向促进良性循环。创新畅通文化经济循环利用的重要机制,打造引领国际文化交流的重要会展平台,打造浙江文化"重要窗口"。

二是花大力气抢占战略制高点，构筑世界级高端平台，创建系列化国家文化公园。在余杭大径山国家乡村公园成功经验基础上，敢为人先，依托丝绸和茶文化，积极创建杭州"世界丝绸文化之都"和"世界茶都公园"；依托丽水松阳75个国家级历史文化古村落，创建"国家传统村落公园"；依托金华陈望道、艾青和施光南等红色名人文化，创建"国家艺术文化公园"等，原创性地打造文化新高地。进一步提炼文化强省和文旅融合的"浙江经验"，有效保护非物质文化遗产资源，丰富乡土文化内涵，将更好地衔接人民群众与文化遗产关系，坚持服务于国家战略，注重高质量、高标准发展，实现非物质文化遗产全面有效保护、活态化保护、创新性保护，并与乡村振兴和推进共同富裕紧密结合起来。

三是彻底改变非遗文化进校园活动的"弱小散差"状态，强化统筹规划，深化政校行企合作，构建创新教育协同机制。大力推进"六个一体化"，具体包括教学要素一体化（注重兼职师资和非遗资源就地利用）、教学时间一体化（课堂课余假期的一体化设计）、教学空间一体化（强调深入现场教学）、教学过程一体化（强调教学做合一和产教融合）、教学评价一体化（学校评价与社会评价相统一）、教学系统一体化（招生就业教学科研基地一体化）。不断深化文旅融合和体验产品开发，推进文化传承保护与开发利用常态化和持续化。

四是深度发掘非遗资源的科学价值、教育价值和游憩价值，大力推进创新教育。全面贯彻弘扬创新精神、实施创新项目、训练创新思维、培养创新能力、争取创新成果"五创一体"，积极创建发明研学示范基地建设，大力开发非遗研学课程与教材，并利用当地"土专家"和非遗传承人，因地制宜配备与项目相适宜的研学导师队伍。让学生在研学过程中，有所发现、有所发明、有所创造。

第三节 弘扬雁文化打造世界华人华侨精神家园 *

温州雁荡山，因山顶有湖，芦苇茂密，结草为荡，南归秋雁多宿于此，故

---

* 发挥雁荡山优势，打造雁文化总部［OL］. 中国报道，http://jjcsj.chinareports.org.cn/shms/2022/0306/12650.html，2022-3-7.

名雁荡。雁是大型候鸟，每年秋季奋力飞回故巢的景象，常常引起游子思乡怀亲和羁旅伤感之情，因此诗人常常借雁抒情。如李清照《一剪梅》中"雁字回时，月满西楼"。雁文化寓意吉祥，向往温暖和幸福。雁文化地名很多，有雁门关、大雁塔、小雁塔、雁西湖、雁荡山、雁门口、雁翅镇、南雁镇、寿雁镇、雁石、雁洋镇、雁田等。在中华文化中，雁寄附着深厚的传统文化底蕴。于儒家，其有道德伦理规谏的观念意义；于道家，其有鸿鹄之志的任自然的远大理想；于佛家，其有寒潭雁迹的佛性象征。这种儒、释、道三家的差异性和统一性的融合，体现在雁文化中反映出寓意的丰富性和深刻性。浙江温州雁荡山入列中国"三山五岳"，足以显示出其独特的文化地位。

  雁文化的精神内涵是志向高远、团结奋进、家国情怀、忠贞不渝。大雁，飞得又高又远，志存高远；飞行中坚持团结奋进的"雁阵"，还有勇于担当的"领头雁"；大雁是候鸟，要坚持回归故乡，因而具有深厚的家国情怀；大雁坚守"一夫一妻制"，坚持"从一而终"甚至殉情，对爱情十分忠贞。因此，雁文化更能够从全球化、国际化层面，诠释与体现"干在实处永无止境，走在前列要谋新篇，勇立潮头方显担当"的浙江精神，也充分彰显了遍布全球的世界华侨与世界华商的精神写照。"一带一路"背景下，雁文化更具有时代价值。弘扬雁文化打造"世界侨乡精神家园"具有特别重大的现实意义。浙江要全面展示新时代中国特色社会主义制度优越性的"重要窗口"新典范，弘扬雁文化铸造雁荡山"世界华侨精神家园"，意义特别重大。

  雁荡山旅游景区是我国第一批国家级风景名胜区，也是国家5A级景区和世界地质公园。但通过游客量、旅游总收入数据的横向对比，无论是综合实力还是发展速度，基础建设还是市场开发，雁荡山都落后于西湖、普陀山等景区。在游客市场总体印象中，雁荡山依然停留在以"观光旅游"为主的发展阶段。对照新时期文旅融合和全域旅游发展战略要求，雁荡山旅游业还存在不少短板和问题，主要表现在：文化主题不突出，产品内容太单一，旅游过程缺体验，旅游产业少融合，旅游经济不发达，旅游消费很低端，致使"游客留不住，周边带不动，效益难实现"。这与雁荡山和雁文化的崇高地位极不相称。要注重"美丽风景为基，特色文化为魂，精彩内容为王，优秀产品为要，体验经济为根，服务产业为本"。应强化优势共享品牌共创，促进景区与社区协同发展、游客和居民协同治理，从"重要窗口"战略高度创建文旅治理的

"浙江样本"。为此，本章提出具体对策建议如下。

一是强化文化战略引领，铸造世界雁文化总部。强化战略研究，优化目标定位，雁荡山可着力打造"十地"品牌如下：世界火山圣地，世界雁文化圣地，中国诗画山水圣地，中国佛学悟道圣地，山盟海誓爱情圣地，天然夜景山水圣地，水蚀地貌学发源地，灵峰音乐重要起源地，灵运山水诗首创地，国际研学旅行示范地。充分认识新时代雁文化的重大价值，高度集聚国内外雁文化和世界华侨优势资源，进一步突出雁文化主题特色，世界雁文化新高地（文化总部）。创建"世界华侨联盟"，创办"浙江华侨大学"，努力打造中国世界跨国集团公司管理人才培养基地。进一步整合"世界浙商大会"平台优势，做好"世界华侨"这篇大文章。

二是构筑大平台拓展深体验，强化国际化高端平台与载体。创建雁文化产业研究院及雁文化产业协会等机构，深化产学研合作，创建"雁文化高端智库"。大力弘扬雁文化，拓展雁文化产业。依托雁荡山和"年文化"对华侨的感召力，积极推进"乡村春晚国际化"，搭建"国际村晚大舞台"，激发华侨家国情怀。创办"世界雁文化高峰论坛"，创新文化旅游融合新模式。铸造"飞雁归巢，爱情灵运"文旅品牌。依托雁荡山"诗画山水"独特绝佳优势资源，积极举办国际书画大赛，国际微电影大赛。敢为人先抢占先机，举办全国研学旅行示范基地博览会及全国大学生研学旅行产品设计大赛，切实做好雁文化弘扬和雁荡山品牌营销。

三是精深雁荡山战略策划与科学规划，切实贯彻创新发展与绿色发展。结合浙江省和温州市"十四五"重大战略目标，切实做好谋划策划和规划。深化产学研合作推进雁荡山文旅融合课题研究，要提高战略站位发展全域旅游。瞄准市场需求变化趋势，深化供给侧改革，提高市域治理能力和治理体系现代化。促进产业文化旅游融合发展，创建省级"雁荡风情旅游小镇"和大涧溪"国家康美河湖公园"，大力发展康养产业。整合优势资源优化运营团队，优化产业布局和服务体系，整合汽车站优化空间布局，强化雁荡山高铁站旅游功能，打造海鲜美食大排档、特色商业街和旅游海鲜、旅游大市场，着力延伸旅游产业链，致力于推进全行业、全要素、全天候及全产业链发展。

四是强化深度融合智慧赋能雁荡山，做好文化旅游融合发展示范。弘扬雁文化强化旅游吸引力，发掘展示雁荡山山水独特魅力。深化雁文化主题旅游，强化雁荡山旅游与区域产业关联性，带动区域社区发展实现旅游富民。拥抱新时代，弘扬雁文化"志向高远、团结奋进，家国情怀"。与雁荡山和雁文化相关的重要人物有：太守诗人谢灵运，地理学家沈括，印度法师诺讵那（参禅悟道）等。按照社会主义核心价值观，发掘特色主题，积极传播正能量。强化雁文化创意体验产品开发，大力开发旅游纪念品，例如，夫妻峰雁文化，制成水晶木雕挂件及奖牌。精准化创作雁文化主题歌曲，可结合王子晋传说和乐清地名文化，采用萧伴奏，量身定制，进一步突出特色产业和人文故事等重大题材。

五是延伸产业链唱响"富民谣"，着力提升文化旅游产业综合效益。成立雁文化创意公司及雁文化传播公司等企业，抢占价值链核心段位，注重提升雁荡山旅游产品附加值。大力开发海鲜美食养生宴，打造系列招牌菜实施民宿"五个一工程"：强化特色主题，招牌菜，名诗画，商号招牌及好故事。强化民宿群主题特色，优化故事浓郁情怀。结合朴头滨海村庄，发展滩涂渔家乐和大排档。融合非物质文化遗产，打造系列网红打卡地。例如，"带壳的我都有"主题餐厅，展示雁荡乐清湾主题诗歌、贝壳艺术展和书画艺术作品。

六是深化"微改造精提升"，服务品质化铸造大品牌。依托雁荡山旅游学校，整合省内外教育教学资源，大力实施精细化培训，健全高品质会展旅游服务体系，提升雁荡山系统服务品质，强化雁荡山IP。突出雁文化和"山盟海誓"爱情文化，讲好雁荡山故事，全面优化雁荡山解说系统。结合雁文化主题和世界华侨经典故事，拍摄《大雁高飞》影视剧，铸造雁文化圣地大品牌。

第四节　大黄山休闲度假旅游目的地建设的瓶颈问题及对策

黄山是中国现代旅游业发展的起源地。邓小平20世纪80年代初关于要大力发展旅游的讲话，就是在黄山发表的。皖南地区是我国生态环境最优越、文旅资源最富集、市场空间最广阔的重要区域之一。2014年，经国务院同意，国家发展改革委印发《皖南国际文化旅游示范区建设发展规划》，提出示范区三大战略定位，即美丽中国建设先行区、世界一流旅游目的地、中国优秀传统文化传承创新区。2009年，作为皖南山区核心的黄山、池州和宣城"居山思变"，率先行动，提出"皖南国际文化旅游示范区"建设，三地紧密联合，整合资源，共同营销。2014年2月，《皖南国际文化旅游示范区建设发展规划纲要》颁布实施。皖南国际文化旅游生态示范区由黄山、池州和宣城三市扩展到了马鞍山、芜湖、铜陵、安庆，共45个县（市、区），其核心区为黄山市、池州市全境，以及宣城市绩溪县、旌德县、泾县和安庆市潜山市、岳西县、太湖县、桐城市，共18个县（市、区）。旅游将皖南山区与皖南沿江平原真正结合成了一个整体。2020年10月，《中共中央关于制定国民经济和社会发展第十四个五年规划和2035年远景目标的建议》指出，要推动文化和旅游融合发展，建设一批富有文化底蕴的世界级旅游景区和度假区。安徽省发改委、文化和旅游厅印发的《皖南国际文化旅游示范区"十四五"建设发展规划》提出：全力打造"大黄山"国际休闲度假旅游目的地，按照全域旅游理念，打破市域界限，统筹推动"大黄山"四市一体化发展，加快形成整体合力，打造文旅高质量发展样板区。

对照上述要求并联系皖南国际旅游示范区的实际，我们认为，"大黄山"实现生态型、国际化和世界级战略目标，必须尽快破解四大关键瓶颈问题：一是多目标协同机制问题。各自为政，自行其是，势必难以形成合力，这很不利于优势共创和品牌共树，危害极大。二是战略策划与规划问题。目前规划不少，但精准度、挑战度和科学性还存在不少问题。三是构建新经济体系问题。"大黄山"战略目标必须由新型产业体系支撑才能得以实现，决不能"老调重弹"，老是"重复昨天的故事"。四是铸造世界级品牌问题。我们必须要有铸造世界级品牌的凌云之志，但铸造品牌不能光靠"媒体广告"，关键是要提升世界旅游消费者对大黄山的认知，这一点至关重要。

为此，本节提出建议如下：

一是构建生态型、国际化、世界级多目标协同创新机制。按照改革开放新高地的要求，由省委省政府主要领导牵头、多部门协作组建"大黄山"决策领导小组并建立协调会议制度，加强组织领导。打破市域界限的最好办法，就是创建新型"混合所有制公司"。采取科学合理有效措施，整合现有黄山旅游、九华股份等上市公司，实现资源资本、资金资本和生态资本的现代化公司治理架构，并借鉴"社保基金"投资机制，确保国有资本保值增值。"大黄山"必须通过丰富体验产品优化盈利模式,尽快彻底改变目前大多数旅游景区亏损的状况。按照长三角一体化的战略要求,着力创建由徽州区、歙县、淳安及临安组成的"长三角旅游试验区",大力探索实践省际区域旅游一体化新突破。

二是尽快高质量完成新时期"大黄山"战略策划与发展规划,直面新挑战、谋求新突破、开创新格局。必须高度警惕外国机构借"规划"威胁国家安全。为此,必须保持清醒的头脑,"大黄山"这个区域内拥有大量的国宝单位、重要军事设施和保密单位,要严禁外国机构刺探。《中华人民共和国城市规划法》也明确规定"外国人不得承担总体规划"。我们需要从传承弘扬中华优秀文化、红色文化和社会主义先进文化的战略高度,立足于文化自信推进中国文化走出去的战略需要,审视和确立"大黄山"文化主题和国际化战略定位,这是我们必须坚守的政治底线(外国机构和个人永远无法做到的)。本章认为,生态文明是协同遵循自然、社会、经济三大规律的人类社会最高层次的文明形态。生态文明是新时代的主题,也应该是生态型"大黄山"的文化主题。"大黄山"要突出生态型,就不能局限于自然生态,而必须要成为引领推进世界生态文明建设和创新发展的典范。按照"经济社会发展全面绿色转型"的要求,我们要从抢占战略制高点和开创战略新格局的高度,奋力打造长三角(自然地理边界)特殊地理单元——池州市青阳县青通河流域生态文明示范区;遵循"节水优先、空间均衡、系统治理、两手发力"造福流域理念,着力打造新安江富春江钱塘江流域现代化治理体系新典范。

三是自主创新创建一批世界级重大平台项目,奋力拓展创意体验共享平台新经济。应用文化总部理论,创新高端平台强化优势资源的高度集聚,是实现"只争第一、只做唯一"的重要路径。屯溪近期召开了第三次阿富汗邻国外长会和"阿富汗邻国+阿富汗"外长对话会,外交会客厅正在形成。将太平湖打造成与日内瓦湖相媲美的"世界会议中心",具有重大战略意义。要让具有世界影响力的安徽人造福"大黄山"造福安徽。抢占战略制高点,创造条件举办黄山"世界安徽人"高峰论坛暨世界徽商论坛,开辟池州世界生态文明成果博览会、齐云山世界康养产业博览会,依托陶行知创办歙县中国国际教育产业博览会,依托徽派建筑举办徽州世界建筑博览会,依托扬子鳄举办宣城世界鳄鱼产业博览会等。大力创建徽文化和桐城派文化国际研学课程体系,举办黄山东盟"10+3"国际研学论坛。依托徽商优势产业，积极创建国际产业联盟，努力让国际组织机构入驻"大黄山"。例如，依托比亚迪王传福创建世界新能源绿色发展联盟、依托池州中国第一个生态经济示范区创建世界生态文明联盟、依托宣纸创办世界造纸产业技术联盟等世界级机构，并入驻"大黄山"，让国际化与世界级"大黄山"拥有国际权威组织机构的坚实支撑。

四是"大黄山"生态型、国际化、世界级IP需要大智慧创意设计。贯彻全域旅游理念，就是要强调注重全要素发展、全天候运营、全行业融合和全价值链延伸。旅游业绝不只是局限观光休闲度假，而是求新求异求知求乐的异地体验的一种生活方式。只有在这种旅游认知的基础上，才能着眼于旅游国际国内"双循环"，才能立足于四个自信和推进文化走出去的实际需要，谋划设计"大黄山"的IP问题。我们认为，品牌不是靠一句话"喊"出来的，而是要靠服务品质做出来的。我们坚信，旅游"越是民族的，就越是世界的"。"大黄山"的亮点特色在于生态，更在于人文。历史上"无徽不成商"；齐云山与祁门曾经演绎着世界道家养生的千古绝唱；九华山大愿文化感天动地；徽剧、傩戏、青阳腔、罗城民歌及黄梅戏等艺术，属于世界戏曲艺术的珍稀宝藏，值得传承弘扬。陈独秀是新文化运动的旗手和中国共产党的重要创始人；陶行知的知行合一，引发中国教育深刻变革；劳模龙冬花的人生故事，印证践行毛泽东妇女解放思想的人间巨变；姚依林、陈锦华为改革开放作出重大贡献。新时代安徽引领新时尚，安徽的英雄人物层出不穷。迫切需要借鉴芜湖"方特"和美国"功夫熊猫"等成功经验大力拓展旅游创意体验产业和产品。那些反映时代进步的安徽经典素材，需要尽快成为国际化的艺术经典作品，走遍全国、走向世界，实现有效的国际传播。开放包容、开拓创新，这样的IP，才是"大黄山"真正需要的。

第七章　健康中国"重要窗口"

第一节　加快推进"健康浙江"

2016年8月，在全国卫生与健康大会上，习近平总书记从党和国家事业全局的战略高度，对新时期卫生和健康工作提出了一系列新思想新要求。这是我国卫生与健康发展理念的一次重大飞跃，是健康中国建设的根本指南。习近平总书记强调，要把人民健康放在优先发展的战略地位。健康是促进人的全面发展的必然要求，是经济社会发展的基础条件，是民族昌盛和国家富强的重要标志，也是广大人民群众的共同追求。新形势下我国卫生与健康工作方针是，以基层为重点，以改革创新为动力，以预防为主，中西医并重，将健康融入所有政策，人民共建共享。2016年11月29日，在全省卫生与健康大会上，浙江明确提出，要成为"健康中国"的标杆省份，要把这项重大德政工程、民心工程摆上重要日程，加强领导、真抓实干，切实把各项任务落到实处。《健康浙江2030行动纲要》《健康浙江考核办法》的出台，标志着加快"健康浙江"全面建设小康社会的号角已经吹响。

但现实情况与"健康中国""健康浙江"的要求以及人民群众的期盼间还存在不小差距，比较突出的有以下几个问题：一是我国健康养生产业国际竞争力低下。日本韩国的中药产业，印度瑜伽，韩国跆拳道，日本茶道以及西班牙的SPA等在国际化方面远远超过我国。二是我国的体制机制和政策制度还不够完善。知识产权保护不力，创新动力不足尤为突出。健康养生产业低端化、分散化与碎片化现象突出。三是健康养生产业技术人才匮乏，健康养生产业发展很不平衡。层次不高，参差不齐，甚至鱼目混珠。这些问题迫切需要得到有效破解。

为此，本章提出具有针对性的对策建议。

一是积极组建由中国主导的"健康养生学术和产业的国际机构",确保掌握健康养生产业国际标准定制的话语权,抢占大健康产业国际战略高地。加强研究与总结提升践行习近平"大健康大卫生"思想的"浙江样本"。杭州要积极创办"健康中国高峰论坛暨大健康产业博览会",聚合优势,铸造高端平台,助推"健康中国",催生"浙江样本"。"健康浙江"要成为"健康中国"的探路者、先行区和标杆省,要成为养生旅游全产业链精准发展的示范者。

二是鼓励各地开展大健康产业发展模式创新工程,加快实施"健康县市"示范工程。大力开展各类健康促进活动,切实抓好健康社区、健康村镇、健康单位、健康学校、健康家庭和健康城市建设。严格管理与规范市场,制定大健康养生产业系列标准,并积极创造条件上升为"国际标准"。通过标准化管理,确保健康养生行业与产业的品质,提升国际竞争力,培育遴选新的国际品牌。

三是着力强化大健康产业人才培养及技术保障。加快优化大健康职业教育,鼓励大健康科研机构发展壮大。要厚植古为今用、健康养生的中医药优势,全面梳理历代浙江中医药学术理论,大力弘扬以"朱丹溪滋阴学说"为代表的浙江养生理论。以衢州"针灸小镇"为支撑点,积极主办"世界针灸大会"。大力推广名老中医、专家学术思想和临床经验,挖掘诊疗技术和方药,传承发展百年老字号,巩固"浙八味"传统优势,建设中药材基地,依托义乌国际商贸城和浙江外国语学院等国际合作基地资源,提升中医"治未病"国际化服务,全面实现中医药振兴发展。

四是建立健全健康养生教育体系,着力健全纵向到底、横向到边的健康养生教育网络,大力宣传健康科学知识,积极倡导健康养生生活方式。要全面提高健康产业和养生文化的科学认识;教育部门要积极组织编写符合国情省情的养生体育教材,以太极拳为代表的养生体育内容要全面进入学校体育课程。深化体育管理体制改革,大力发展养生体育。鼓励有条件的县市区积极建设"养生体育示范区"。

五是"健康浙江"在强调政府统筹协调责任的同时,要率先优化知识产权制度,充分调动企事业单位、社会组织和群众参与健康治理的积极性、创造性、主动性,建立健全多层次多元化的社会共治格局。组建浙江康养实业(国有)公司,强化"四馆"工程,大力推进道德养生馆、太极养生武馆、养生茶馆和中医养生馆的模式创新,加大力度创建浙江康养产业国际化的有效载体。可以借助浙江外国语学院、浙江农林大学及国家汉办"茶文化国际传播基地"等相关机构人才优势,发挥孔子学院主渠道作用,切实推动中华养生文化走出去。

第二节 打造浙江世界级康养旅游品牌

养生旅游是新时期战略性新兴产业。浙江拥有桐君山文化、黄大仙文化、药王山文化、胡庆余堂等得天独厚的中医药文化资源,拥有养生武义先发优势。但该省养生旅游存在缺乏世界级中华民族养生品牌、缺乏中医药康养国际示范基地、缺乏国际化的运营机制和平台等。为深入贯彻"两个先行",本节提出如下对策建议:贯彻"两个先行",展示养生旅游和文旅融合"重要窗口"头雁风采,打造文旅康养"增长极",实现养生旅游产业数字化、品牌化、国际化。抢占战略制高点,打造养生旅游产业高质量发展"重要窗口",注重品质化、特色化、精细化,促进森林康养向田园康养融合发展转型。为创新探索打造世界级养生旅游品牌提供针对性的政策扶持,积极鼓励组建"玄境集团"国际化高端运营平台,打造世界级中医药康养品牌和新高地,助推浙江"一带一路"枢纽建设。

在健康中国战略背景下,养生旅游是新时期战略性新兴产业。大力拓展养生旅游业,已经成为浙江打通"两山转换"重要通道和推进诗画浙江大花园建设、实现高质量发展的重要路径。浙江的中医药康养文化优势资源得天独厚,杭州桐庐桐君山中医药文化发源地、金华黄大仙道教文化、衢州针圣杨继洲文化、义乌朱丹溪滋阴养生文化、衢州孙思邈药王山文化、宁波帮同仁堂文化和杭州胡庆余堂等,堪称世界一绝。近年来,随着健康中国战略的深入实施,养生武义具有先发优势,造就寿仙谷药业、唐风温泉、更香茶业和骆驼九龙、田歌实业等企业集群,并形成十大养生旅游系列产品,先后涌现了养生丽水、养生台州等一系列区域养生旅游重要品牌。中医药文化已经进入浙江中小学课程,全面养生保健意识不断增强,健康生活方式渐成时尚。浙江省中医药文化及康养产业具有重大优势,但对照浙江省委"两个先行"战略要求,从高质量发展建设"重要窗口"和推进养生旅游国际化视角来看，浙江养生旅游业发展仍存在不少瓶颈和短板，主要体现在以下几个方面。

一是缺乏世界级中华民族养生品牌。浙江养生旅游产业"重要窗口"的顶层设计亟待加强。深入贯彻健康中国战略，浙江省尚缺乏省级层面的发展战略规划和战略引领性重大项目支持，特别是缺乏发展战略规划、特色产品体系、核心品牌引领和生态价值实现机制，直接影响养生旅游产业的高质高效发展。

二是缺乏中医药康养国际示范基地。依托得天独厚的中医药文化资源，充分发挥浙江省数字经济战略优势，为养生旅游产业数字赋能和科技赋能，实施数字化、信息化、智慧化，打造世界级养生旅游国际示范基地。为客户提供更具特色的产品和定制化服务，针对"寒热虚实""春夏秋冬""男女老少"不同体质的人群，进行精准化与智能化养生旅游产品服务，贯彻落实数字化战略，构建数字文旅新生态，借助科技和数字化力量探索产业升级发展新方向。加快浙江省包括养生旅游在内的产业迭代升级和系统推进，具有重大意义。

三是缺乏国际化的运营机制和平台。养生旅游业高质量发展有效助力健康中国、美丽中国、乡村振兴、共同富裕等国家战略协同尚缺乏平台和机制，直接影响到浙江省养生旅游产业资源优势的充分发挥。"大花园"建设过程中，不同程度地存在美丽乡村"不经济、不生态"，养生旅游"不系统、不协同"，乡村振兴"不平衡、不充分"等问题。需要敢为人先、勇于担当，谋求新突破，开创新格局，不断探索养生旅游新机制、新品牌、新产业、新业态和新模式，尽快建立健全康养产业综合服务体系建设及配套设施，及时把握国际养生旅游发展趋势和动态，满足日益增长的养生旅游生活需要。

本书认为，铸造世界级养生旅游品牌，温州乐清雁荡山具有得天独厚的战略优势。温州乐清黄坑地理区位、生态环境和人文基础条件优越。这里有海纳百川的独特文化、永嘉书院浙东学派、山水诗歌、鸿雁文化、道教文化等，特别是走遍世界的温州人。这里有条件抢占战略制高点，应用文化总部理论创建养生旅游国际示范基地，打造玄境养生世界级品牌，具体建议如下。

一是贯彻"两个先行"，展示养生旅游和文旅融合"重要窗口"头雁风采，打造文旅康养"增长极"，实现养生旅游产业数字化、品牌化、国际化。坚持健康中国、美丽中国和乡村振兴协同推进，抢占养生旅游战略制高点，加强科学规划、统筹布局和协调发展,注重生态文明两山转化与养生旅游发展的有机结合。促进优势中医药康养文化高度集聚,铸造养生文化总部。对接"一带一路"华人华侨市场、粤港澳、京津冀和长三角养生旅游需求,实施浙江省中医药优势文化集聚,培育以中高端康养产品为核心,多元康养产品融合发展的产业集群,打造世界一流的养生旅游服务业集聚区,推动养生旅游产业国际化发展,创建区域康养产业协同创新体系,为全国养生旅游提供示范样板。依托温州商人的经营资本优势和地区生态资源,"双招双引"打造以养生为核心的旅游产品体系。打造养生旅游目的地,树立养生旅游品牌。推出地方特色医养结合产品,使得医养产品在服务本地居民的同时积极向外推介,形成地方医养特色产品,促进医养产品市场化转型升级。

二是抢占战略制高点,打造养生旅游产业高质量发展"重要窗口",注重品质化、特色化、精细化,促进森林康养向田园康养融合发展转型。新形势下,康养是品质生活新方式。在乡村振兴、健康中国战略及共同富裕示范区建设大背景下,加快森林康养向田园康养融合发展转型势在必行。森林康养偏重森林生态环境,对资源等级要求较高。田园康养融合发展具有更广泛的组合多元性及产业融合特征,以产业融合为手段,以大康养概念整合区域内资源,以满足消费市场对产品多元性的需求。构建精细化与精准化高品质服务产品体系和完备的公共服务体系。立足农耕文明非遗库,创建养生旅游新高地;复兴传统村落中医药,打造原乡田园康养城。

三是为创新探索打造世界级养生旅游品牌提供针对性的政策扶持,积极鼓励组建"玄境集团"国际化高端运营平台,打造世界级中医药康养品牌和新高地。积极培育省级重大项目和国家级重大项目,打造玄境养生新模式,并谋求连锁经营。发挥浙江世界侨乡优势,打造中医药文化走出去新高地,依托雁荡山弘扬鸿雁文化,助推浙江"一带一路"枢纽建设。

第三节 借鉴国际先进经验,铸造中国养生茶馆品牌

借鉴"星巴克""麦当劳""肯德基"模式,打造中国养生茶馆,造福全人类。大力推进中国茶文化走出去,需要我国充分发挥好"世界茶都"优势

和养生文化的核心竞争力，积极探索创新养生茶馆模式，完善茶馆功能和提升国际竞争力。具体建议如下。

一是加强茶养生文化研究，推进养生茶馆模式创新。养生茶馆的设计要注重内核文化价值的国际认同、外在文化形式的国际认知以及质量文化标准的国际认可。要着力提高中国茶文化的国际共通性，增加灵活变通与适应性，注重休闲功能、餐饮功能、交际功能、文化功能、商务功能，特别是（天人合一、阴阳平衡、五行相生）养生功能的健全与完善，并通过国际茶文化养生产品的形式予以体现。要积极拓展新业态——养生茶园（庄）、茶村—茶庄园等；丰富新体验——茶养生—全方位体验（香味、诗词、音乐及氛围）；开发新产品——养生配方茶、药膳美食、针灸按摩以及艺术养生等相关配套；创建新模式——会员制、大数据平台的智能化个人定制以及产业融合联动的养生旅游融合体。

二是实施茶馆模式创新，丰富养生茶文化产品。注重示范引领，着力打造国家对外汉语办公室"茶文化国际传播示范基地"，研究创建"养生茶馆国际标准"，强化标准引导与实施变通发展，坚持原则性与灵活性的统一。强化养生茶馆的环艺设计与营造，要突出养生文化主题、茶楼建筑景观设计、茶具及茶服饰设计；积极开展养生茶茗的研发，要结合茶饮美食、药膳体验和养生配方茶协同整体推进。不断丰富茶馆养生体验，要聚合中医养生（针灸、推拿、按摩、拔火罐、养生太极）的相关内容，大力推进养生茶产业旅游融合发展，实现茶馆功能的全面优化与提升。要花大力气整合民俗文化，加强中国养生茶馆的形象设计与个性化定制，丰富中国茶文化标识符号和解说系统，借助互联网大数据平台实施养生茶产品的个性化定制服务。对于营销方式创新，要注重开发茶文化养生系列精致视频课程和精致服务体验产品，强化养生茶文化的国际传播效果。可创建"中华茶馆"和"中国养生茶庄园"等中国自主国际品牌的国际连锁集团公司。此外，还必须结合世界各地不同文化地理特征，积极主动谋求变通发展，要遵循因地制宜、入乡随俗的原则，积极融合当地文化，便于当地民众理解和接受，只有这样才能有效提升中国养生茶文化产业国际竞争力。

三是实施茶文化养生基地示范工程，推进茶文化产业转型升级。按照特色小镇的思路，强化茶文化产业旅游的融合创新。大力推进养生茶馆多元化与特色化发展，并依托现有村镇，通过集成系列化创建各具特色的茶文化养生庄园。深化国别营销研究,针对不同民族文化需求的特点,制定针对性的国别营销方案。

四是依托全球孔子学院,提升茶文化国际传播竞争力。应该借鉴星巴克、麦当劳和肯德基等国际餐饮连锁公司运营的成功经验,积极探索创建养生茶馆盈利模式和示范工程旗舰店,开展连锁经营和实施对外辐射。注重"借船出海",贯彻"一带一路"倡议,依托全球500多家孔子学院和中国茶文化国际传播示范基地,构建起一整套比较完备的中国茶文化对外辐射的渠道。

中国茶文化和养生文化国际化的核心内容是提升国际竞争力,并促进中国茶文化产业的繁荣与发展,实现富民惠民。拥抱新时代、履行新使命。在"一带一路"的时代背景下,我们必须务实创新,奋发有为,努力创建世界茶文化总部,提升国际竞争力。为此,我们需要集聚更广泛的优势资源,创新"国际茶博会"搭建国际化高端平台。大力发展全域旅游,整合浙江区域茶文化优势资源,形成茶文化体验旅游的国际精品旅游线路。制定国际标准,尽快打造中国"养生茶馆",积极推动中国文化走出去。我们坚信,只要我们高举习近平新时代中国特色社会主义思想伟大旗帜,继续发扬"勇立潮头,务实创新,干在实处,走在前列"的浙江精神,中国茶文化产业大繁荣大发展就指日可待。

第四节 创办杭州国际康养产业博览会

一、顺应健康新时代,构筑战略新高地

新冠肺炎疫情使康养产业备受人们关注,健康产业将进入大发展大提升的重要时期。而如今会展经济已成为国民经济新的增长点和新的经济形式。近年来,浙江省健康养生产业与会展业融合发展,浙江省作为国际著名养生胜地,扎实推进康养产业与"健康中国"政策的高度契合,加强康养产业与会展业的深度融合。"以展汇经典,以会论未来,以游助融通",在以往浙江省康养会展业发展的基础上增质提效,打破发展瓶颈,引领未来康养产业潮流,健康中国和健康浙江建设将迈入崭新阶段。

二、聚焦健康中国，注入创新动能

（一）创新展会内容，拓展展会时空

浙江省各类康养展会基本都集"展、会、赛、游"等元素于一体，给予参与者丰富的活动体验，适合各年龄层参与。展会举办的同时，产业高端学术盛宴，如康养金融投资、养老地产、康复医疗、医养结合等多场高峰会议同期举行，聚焦国内外康养业领域前沿议题，促进各界间康养产业交流。

（二）加强政策扶持，铸造知名品牌

《浙江省健康产业发展"十四五"规划》指出，2019年浙江省健康产业总产出达9315亿元，较2015年（5392亿元）增长72.76%，健康产业增加值达3719亿元，"十三五"期间年均增速为12.03%，高于同期全省GDP增长速度。杭州市政府鼓励历史康养企业参加展会交流，通过会展打造一批具有较高知名度的健康品牌，以此振兴康养文化工艺、保存历史康养文化，保护"老字号"品牌。

（三）优化展会布局，强化产品创新

浙江省康养会展展区设置多样，涵盖中药材展、中医药文化展、养老产业展、健康管理服务展、智慧医疗展等。浙江省武义中国国际康养产业博览会已成功举办9届，参展商来自40多个国家和地区，已成为国内养老产业重要展示、交流平台。[①] 浙江省康养会展业可以依托省内资源优势，面向高净值客户，提供创新产品及优质服务，不断推进产业发展，开拓展会时空。

三、坚持问题导向，寻求破解方案

（一）康养会展业缺乏顶层设计，重会轻展现象严重

浙江省康养会展业缺少高端特色项目引领。重会轻展，产业链尚未形成。

---

① 资料来源：武义县人民政府官网。

与国际康养会展业发达的国家相比,浙江省缺乏有规模、上档次的国际性康养展会,使得本土康养会展的国际品牌少之又少,导致浙江省康养会展业在国际康养会展业中的影响力不强。

(二)康养会展业缺乏龙头企业,展会层次较低

康养会展企业普遍弱、小、散,主体作用发挥不足,缺乏龙头企业支撑,未形成规模效益。在"康养展会+资源"方面,尚未将浙江省资源优势转化为产品优势;在"康养展会+旅游"方面,大多只以举办相关比赛、评选活动等服务为主,产业层次较低,服务内容单一;在"康养产业+产品"方面,开发不足,产业发展缺乏有效支撑,增长乏力。

(三)康养会展业缺乏创新,同质化现象泛滥成灾

由于浙江省各地区利益突出,重复办展现象严重。缺乏统一的规划与整合,使得浙江省康养展会只求数量不重质量。如2022年中国大健康产业博览会以"青山绿水、浙里康养"为主题,同期展会主要展示了浙江省国际养老服务业成果,围绕浙江养老服务业发展、健康养老及长期照护等进行研讨,而第七届浙江国际养老服务业博览会围绕"绿水青山,浙里康养"主题,对长三角养老服务一体化挑战与机遇进行热烈探讨。两者不论是在主题还是内容上都存在同质化现象,缺乏核心拳头产品,未具备不可替代性。

四、注重多元协同,深化融合创新

(一)构建"1+x"模式,推动多元融合

对于康养产业展会,运用文化总部理论,文化总部的创建,有利于推进生态文明、提升中华民族文化软实力、发展体验经济、建设文化强国。同时,融"奖""游""赛"为一体,通过举办开幕式暨主题峰会、高峰论坛、综合展览、竞技竞赛、现场体验、成果表彰、产业对接等系列活动,打造"展、会、奖、游、赛"五位一体的综合化、国际化平台(见图7-1)。

图7-1 "1+×"模式创新

1. 以展汇经典，演绎康养产业国际范。

（1）康养教育展区收获教育硕果，彰显教育风采。康养教育展厅通过展示国内知名康养示范学校，如上海中医药大学、北京中医药大学、南京中医药大学等，以及一系列康养示范教材，如《康养休闲旅游基础》《康养休闲旅游服务基础》《康养旅游行程服务》《康养旅游住宿服务》，着重展现国内康养教育硕果，旨在全面深化提高康养教育的专业水平，促进人才培养与国际接轨（见图7-2）。

图7-2 康养教育展区

（2）产业与产品展区体验康养场景，畅想未来品质生活。根据体验经济学理论，以康养产业服务为舞台，以产品作道具，从生活与情境出发，塑造参展者切身体验及思维认同，抓住参展者的注意力和兴趣点。在办展的过程中，将展商展品之间功能、价格的竞争转变为给予参展者优质服务和体验。因此，要将各种沉浸式康养互动体验作为展会亮点,设置如全能科技养生理疗体验馆、老年状态模拟体验、虚拟养老院、数字舞房、康复辅助用具应用场景展示馆等智能体验项目(见图 7-3)。

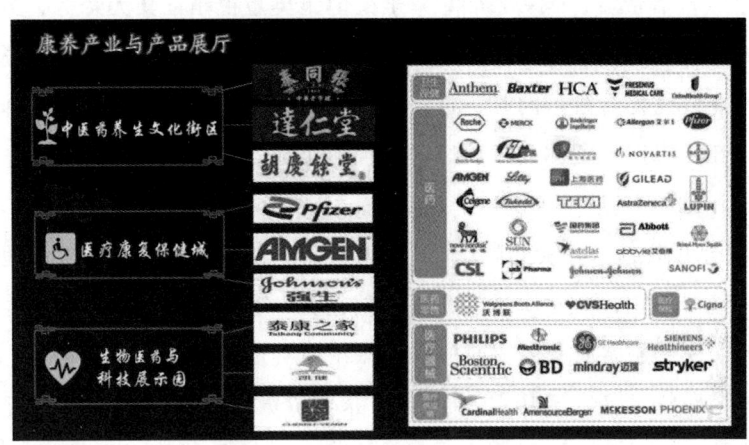

图 7-3 康养产业与产品展区

(3)康养小镇展区聚合当地特色,融汇多元功能。不同小镇的特色亮点见表 7-1。

表 7-1 不同类型康养小镇的特色亮点

类型	亮点
温泉康养小镇	• 典型案例:南陈温泉小镇、汤山温泉康养小镇 1. 模拟温泉康养小镇排布 2. 街区内设置免费的温泉足浴长廊和景观 3. 发挥产业联动作用,展示温泉康养小镇的宜游宜业宜居
森林康养小镇	• 典型案例:黄坛口乡森林养生小镇、七曲山森林康养基地 1. 保健康复森林养生园:在植物精气理论基础上,结合5G技术、全息投影技术,现场展现森林优美的景观 2. 森林养生艺术体验馆:通过文化体验,来修身养性 3. 森林养生食品一条街:根据食材高品质、高药用价值制定饮食,达到养生的效果
医养结合小镇	• 典型案例:大泗镇中药养生小镇、绿城乌镇雅园 1. 采用"传统养生疗法 + 西方健康科学技术"模式 2. 推出定制化的康养体验 3. 引进国际知名医养结合康养小镇先进技术

2. 以会论未来，探索国际康养新征程。大会将促进企业间信息技术交流，带动国内外项目，招商引资，推动参展企业跨区域合作，开启康养产业国际篇章。通过系列赛事，如双十佳评选活动、康养·文旅特色小镇评选会、"康养产品优选"直播带货、"探秘养生"全民健康类短视频征集大赛等，鼓励康养企业与其他企业跨产业合作，拓宽康养产业范围，提高康养产业经济增长，助推康养产业链优化升级。同时，进一步调动康养服务资源的跨区域合作，发挥各区域间互相协作、资源共享、经验互换的优势，打破区域养老服务壁垒，实现康养国际化。

3. 以游助融通，引领文旅康养新时尚。浙江省处于中国长三角地区，风景优美，气候适宜，交通便捷，产业基础扎实，有利于康养文化和康养旅游的完美融合。康养旅游具有停留时间长、旅游节奏慢、重游率高等特点。开设多条康养旅游路线，可实现从单一的健康养生游览观光到满足游客体验地方文化、融入地方生活等多样需求的升级，并以更丰富的内涵和更多元的形式为浙江旅游增添活力（见表7-2）。

表7-2　　　　　　　　主题特色旅游线路一览

名称	线路	特色
医养保健游	杭州"中医街—八百里养生园—桐君山"	● 途径长寿始祖彭祖居住地、中药鼻祖"桐君老人"所在地 ● "以医融养""以养融医""医养一体"
康养研学游	金华"磐安县陈界村—高佬山—婺城区琅琊镇"	● 体验"药园"农家乐 ● 参观儒家文化古村落
山水逍遥游	宁波"四明山—滨海旅游休闲区—宁海"	● 温暖的水浴，充分放松身心 ● 寻一处幽林密谷纵情，寄情山水
森林康养游	丽水"缙云县括苍山—庆元巾子峰—龙泉市凤羽休闲山庄"	● 畅享天然大氧吧 ● 净化疲惫身心

康养旅游线的开设，旨在拓展游客康养视野，丰富康养知识，加深与自然和文化的亲近感，增加对健康生活方式和社会公共养生的体验。此外，康养旅游线也为康养产业与旅游产业协同发展提供了新思路，为浙江省打响康养文旅品牌提供了新助力。

（二）强化数字赋能，铸造展会双线模式

运用大数据、VR 等技术，结合线下多展联袂举办，打造虚拟线上展会，绘制在线电子展位图，实现展商信息可视化。展商布置基于图文视频、3D 建模在线虚拟展台，为观展用户带来更丰富的观展体验。

1. 数字化加速国际会展业转型升级。通过新兴科技，助力展会双线发展。线上线下双轮驱动，实现彼此优劣互补。康养展会期间采用云娱乐、云直播、云展览、智能匹配、供采对接、云洽谈等线上核心场景技术，紧密结合线下展会场景，提供复杂日程、线下展中会、主分论坛、智慧现场等数字化支持。提升康养展会的服务能力和运营效率，加速康养展会数字化转型。

2. 创新虚拟康养新业态，开创沉浸式互动体验。运用物联网、互联网、移动互联网技术、智能呼叫、云技术、GPS 定位技术等信息技术，创建"系统+服务+老人+终端"的智慧养老服务模式。通过 App，让手机、智能设备、大健康数据平台相连，对智能设备穿戴者进行健康检测，智能监护。主打沉浸式互动体验，参观者可以与周边的装置和环境互动，实现人机交互体验，享受到前所未有的体感互动新体验。全方面展示了康养事业产业化、康养模式多元化、康养服务智慧化。

（三）强化国际交流合作，助推康养共享发展

国内外知名企业、G20 国家重点企业、康养产业经济独角兽企业以及国内外科研院所、知名高校、产业联盟等汇聚一堂，共同打造杭州"东方智慧名城，世界康养胜地"品牌，强化杭州"国际康养之都"城市地位，推进国际康养产业创新与发展。

1. 优势互补，实现资源共享互通。打造具备地域特色和产业特色的康养会展品牌。康养会展品牌差异化创意，要根植于本身的属地化特色元素。以区域特色康养会展项目为支撑点，积极拓展康养会展新市场。创新"康养+会展"产品业态，融合当地资源，促使范围内所有产业获益。康养会展是投资环境的"放大器"和优质资源的"强磁场"。要高度重视康养会展在新发展形势下，集聚优质要素、发展高端产业、打造对接交流环境的重要意义。

2. 协同合作，促进康养企业交流合作。以企业培育促融合，着力培育一

批具有先进办展理念、运营规范的龙头康养会展企业，打造一批专注于细分市场、主营业务突出、技术和服务出色、市场占有率高、竞争力强的"专精特新"中小微企业。同时，促进各类企业交流合作，培养设计多层面、多业态的综合管理能力。加强与行业领军企业和院校的沟通交流，用好多方资源，共同发力推动康养会展产业蓬勃发展。全面支持企业打造市场竞争力强、带动作用大的康养会展品牌，有效发挥示范、带动和辐射作用。

结语

大健康时代背景下，本章针对浙江省康养产业会展发展存在的问题，提出在杭州打造一个康养会展产业创新发展的平台。"1＋x"模式将展、会、游融为一体，提升浙江省康养会展产业综合化、国际化水平；双线展会为观展者带来更丰富的观展体验；康养企业合作交流实现资源共享互通，推动康养产业国际会展蓬勃发展。直面未来，浙江省正在以昂扬的生机、蓬勃的活力，引领国际康养会展产业不断转型升级，推动浙江高质量发展，为建设健康中国、打造人类命运共同体提供可资借鉴的"浙江样本"。

第八章　地名文化"重要窗口"

第一节　地名文化保护建设与创新发展

贯彻国务院新修订的《地名管理条例》(以下简称《条例》),强化省域地名文化保护建设与创新发展,意义重大。浙江省地名文化保护建设与创新发展成效显著,但对照《条例》和文化走出去等战略目标,仍然存在几个突出问题:一是缺乏权威的协同管理机构和多部门协作机制。二是缺乏科学的地名文化创新理论指导。三是缺乏国际化地名文化传播机制和规范。四是缺乏高层次地名文化学术交流平台等。为有效破解这些难题,本章提出建议如下:健全完善县级及以上政府"地名文化领导小组办公室",强化统一监管职能。组建由相关学科专家组成的省部级地名智库强化治理能力提升,着力打造"中国地名文化创新高峰论坛"和地名文化创意产业博览会。规范新地名生成机制,率先出台《地名文化创新发展技术指导意见》,率先出台"地名非遗"保护的相关政策和经费保障。率先出台《地名文化国际传播指导意见》,大力推进优秀地名文化走出去。进一步加强传承弘扬优秀地名文化,大力推进地名文化进校园。

国务院新修订的《地名管理条例》贯彻落实习近平总书记关于地名工作的重要批示精神,保持地名工作正确发展方向,推动地名工作服务党和国家事业大局,健全地名管理机制,进一步明确地名管理职责,提升地名管理能力和地名文化公共服务水平的需要,对传承发展中华优秀文化等方面都有着重要意义。《条例》提升了对地名管理的定位。地名是领土主权的象征,地名管理工作具有很强的政治性、政策性。《条例》第四条明确规定"地名管理应当坚持和加强党的领导""地名管理应当有利于维护国家主权和民族团结,有利于弘扬社会主义核心价值观,有利于推进国家治理体系和治理能力现代化,有利于传承发展中华优秀文化",充分体现了加强地名管理的重要意义。

近年来,浙江省在地名文化保护建设与创新发展方面已经取得丰硕成果。先后创建"浙江外国语学院地名文化国际传播所""浙江省之江区划地名研究院",积极探索地名文化国际传播机制创新,在高校开设"地名文化国际传播"课程。积极探索文化总部理论和地名文化模型等理论创新,不断深化海洋海岛地名文化研究,积极开辟省际边界地名文化建设协同机制创新。大力清理整治不规范地名成效显著。承担并完成民政部招标项目《地名文化遗产保护规划编制研究》,形成《地名文化遗产保护规划编制导则》,率先完成嘉兴、杭州等《地名文化遗产保护规划》。贯彻实施数字化战略,创建杭州市地名信息管理系统,大力推进地名信息库建设、地名地址信息共建共享。举办《走遍世界,家在青田》地名诗歌大赛,拍摄《潇潇湘湖》等系列地名短视频,隆重举办"迎亚运、品地名——2022年杭州地名大会",创作《世界放眼看杭州》地名话剧,曾连年得到民政部的表彰和奖励。

对照国务院新版《地名管理条例》的要求,浙江省地名文化管理工作还存在几个亟待突破的问题:

一是缺乏统一的协同管理机构和多部门协作机制。民政部门对规划、交通、文旅等相关部门的地名工作缺乏刚性约束,致使民政部门难以履行《条例》规定的统一监管职责。国务院第二次地名普查工作领导小组机构和协同机制,值得重视与借鉴。

二是缺乏科学的地名文化创新理论指导,致使一些地名文化建设"很任性"——这在一定程度上是导致不规范地名"层出不穷"的根本原因。新地名的取名工作必须遵循文化地理学等相关规律和地名生成机理,要有效地反映区域特色和时代特征,留下历史印记。

三是缺乏国际化地名文化传播机制和规范,致使我国国家和区域形象受损的事情有所发生。中国龙被翻译成"吃人的怪兽——dragon",类似的例子并不鲜见。在"单一罗马化"地名译写方式基础上,必须进一步创新更加有效的中国优秀地名文化的传播方式,必须让国际受众者"喜闻乐见"深刻理解。

四是缺乏高层次地名文化学术交流平台,致使地名文化传承弘扬受到很大局限。中国地名大会取得了良好的社会效果,还需要这种高层次的地名文化学术平台,推动地名文化创意产业和地名研学创新发展。如何尽快破解这些问题，值得深入探讨。

地名文化保护建设与创新发展，要肩负起弘扬传统文化、红色文化和社会主义先进文化使命担当。为此，本章提出如下建议。

一是健全县级及以上政府"地名文化领导小组办公室"强化统一监管职能，着力提升地名管理能力。《条例》规定国务院民政部门负责全国地名工作的统一监督管理，明确国务院其他有关部门、县级以上地方人民政府地名行政主管部门和其他有关部门的地名管理职责，规定县级以上人民政府应当建立健全地名管理工作协调机制，并对外交、公安、自然资源、新闻出版等相关部门在地名管理工作中如何协调配合进行明确安排。为此，必须尽快建立健全相关权威机构和多部门协同管理机制，强化统一监督管理。

二是组建由相关学科专家组成的省部级地名智库强化治理能力提升，着力打造"中国地名文化创新高峰论坛"和地名文化创意产业博览会。《条例》规定："行政区划的命名、更名，应当按照《行政区划管理条例》的规定，提交风险评估报告、专家论证报告、征求社会公众等意见报告。其他地名的命名、更名，应当综合考虑社会影响、专业性、技术性以及与群众生活的密切程度等因素，组织开展综合评估、专家论证、征求意见并提交相关报告。"这些规定确保能广泛听取社会各界的意见，也使地名命名、更名过程成为汇聚智慧和凝聚共识的过程。

三是率先出台《地名文化创新发展技术指导意见》，规范新地名生成机制，率先出台"地名非遗"保护的相关政策和经费保障。随着我国城镇化进程加快和部分行政区划调整，必然会面临越来越多的新地名命名问题。民政部门特别需要出台《地名文化创新发展技术指导意见》，依据文化地理学和文化生态学等基本原理，明确新地名生成需要遵循的原则方法和规范路径，才能实施统筹监督管理的职责。《条例》要求"县级以上人民政府应当加强地名文化遗产保护，并将符合条件的地名文化遗产依法列入非物质文化遗产保护范围"，因此，贯彻《非物质文化遗产保护法》，必须尽快建立健全完善与落实地名非遗保护和利用的相关内容和保障。

四是率先出台《地名文化国际传播指导意见》，大力推进优秀地名文化走出去。《条例》第十五条规定，"地名的使用应当标准、规范。地名的罗马字母拼写以《汉语拼音方案》作为统一规范，按照国务院地名行政主管部门会同国务院有关部门制定的规则拼写""标准地名应当符合地名的用字读音审定规范和少数民族语地名、外国语地名汉字译写等规范"。我们必须加强地名文化传播规范化制度建设。按照地名文化国际传播的客观规律和中国文化走出去的实际需要,从弘扬社会主义核心价值观和"以我为主"文化自信维护尊严的角度出发,注重地名文化保护建设与国际传播的政治性、科学性、适用性和有效性。深化地名学术研究,深刻理解文化差异。要加强地名文化生态系统研究,既要正本溯源尊重历史事实,也要激浊扬清、有所扬弃,更要坚持"古为今用、洋为中用"的原则。加强地名文化传播研究,丰富和发展地名翻译理论。就中国地名文化国际传播的内容和形式而言,在深刻理解受众文化差异的基础上,利用音译、意译与创译等多种翻译方法,研究并提出更多的精品力作和传世经典。把握文化政治自信,促进多元文化融通。坚决维护民族自尊,坚持道路自信、理论自信、文化自信和政治自信,从根本上解决现有地名文化国际传播过程中比较普遍存在的歧义、歧视、变异及误解等问题。坚持社会主义核心价值观引领,扬弃传统,推进优秀传统文化、红色文化和先进文化发扬光大。

五是进一步加强弘扬优秀地名文化,大力推进地名文化进校园。一些地方地名管理不规范、不标准、不适宜、不精准,出现地名混乱、混淆、重复、怪异、崇洋等不良现象,对社会危害极大,给现代社会商务往来、人际往来带来麻烦和困难,还对信息化、数字化时代的现代社会治理和公共服务造成严重影响,必须进一步采取源头治理的有效措施强化清理整治,久久为功。同时要进一步加强传承弘扬优秀地名文化,大力推进地名文化进校园、进课堂、进课程。在浙江外国语学院"地名文化国际传播"课程基础上,积极推进课程开发与教材建设,大力推进地名文化进校园,创新多种形式弘扬全国特别是当地的优秀地名文化,强化全社会地名文化保护建设与创新发展意识,这对于厚植家国情怀至关重要。

第二节　地名文化国际传播机制创新及规范化

地名是文化传播的重要载体和内容。地名是重要的文化遗产。地名能够承载与传播历史文化和产业信息,能够地理指位与导航。地名用字的"音"与"形"承担着交往与交流功能,体现地名的应用价值;"义"则蕴藏着地名所禀赋和承载的自然属性或人文特征,体现其包括历史、文化、经济等方面的重要内涵,这是地名文化的灵魂。因此,要突出地名"义"的传承和发扬,是地名文化国际传播规范化的根本要义所在。地名文化作为社会基础地理信息,其所带来的经济效益、社会效益与管理效益日益凸显,在国际人文交流与文化传播中举足轻重。党的十九大报告明确要求"加强中外人文交流,以我为主、兼收并蓄。推进国际传播能力建设,讲好中国故事,展现真实、立体、全面的中国,提高国家文化软实力"。完善中国地名文化国际传播,提升中国文化国际竞争能力,势在必行。

一、地名文化国际传播要融合国家战略需要

地名文化国际传播是文化走出去及竞争能力提升的重要基础。"一带一路"是成功实施中国文化国际传播的经典历史路径,是中国文化对世界文化发展格局作出的独特贡献,是中国文化与外国文化互融互通的重要桥梁。

地名文化保护建设与国际传播,要主动服务和融入国家战略。一方面,要注重第二次全国地名普查(以下简称"二普")、地名文化和地名管理的基础理论研究及成果转化研究,以"二普"成果转化为指向,面向世界努力打造一批地名文化研究与创意的经典作品;另一方面,突出地名文化研究与国家战略的深度融合,积极推进与"一带一路"、智慧城市、城镇化以及国家重大纪念活动相关的地名研究和应用。

地名文化国际传播工作,要以"一带一路"倡议为牵引,把地名文化研究与考证向纵深推进,助推中国文化走出去。"一带一路"倡议要打造一个政治互信、经济融合、文化包容的利益共同体、命运共同体和责任共同体,努力实现道路联通、贸易畅通、货币流通、政策沟通、人心相通"五通"格局,必须优先铺设一条坚实而顺畅的地名文化有效沟通之路。为此,我们积极实践、深入探索,将"一带一路"与"地名文化"两个关键词融汇交织,为宣传普及和弘扬"一带一路"地名文化打开一扇崭新的窗口。

二、我国地名文化国际传播中存在的突出问题

地名具有重要的国际政治意义。外国地名"中译"极尽溢美之词。例如美国、英国、德国及旧金山等翻译方案,确实非常经典;就连进口汽车的品牌也存在"崇洋"的倾向,例如"奔驰、宝马、路虎"等好名词,用来翻译外国汽车品牌,全部是顶级的溢美之词。而中国的汽车品牌,用的则是"比亚迪"等,显然欠缺高雅文化韵味。

中国地名"外译",突出地存在四个重要问题(歧义、歧视、变异、误解)。紫禁城,被翻译成为"禁止进入的城市"(Forbidden City)。龙,不是翻译成 Loong,被翻译成"吃人怪兽"(Dragon)。北京,被翻译成 Peking。令人费解的是,上述这些问题一直未能得到及时和有效的纠正。我们是否应该认真思考,中国优秀文化如何面向世界、面向未来、面向现代化,如何让世界各国人民喜闻乐见?换句话说,如何更好地从国际视野看中国地名文化,这是我们必须关注和研究的重要课题。

当下在全域旅游营销中,一些地方领导听信所谓大师的策划,乱改地名或随意解说地名,例如合肥"两个胖子欢迎你"。我们认为,这不仅俗不可耐,更是对地名文化的一种亵渎和对一座城市的侮辱。上述这些地名文化国际传播的严重问题,由来已久。值得高度警觉的是,这些问题已经让人们见怪不怪、习以为常。在建设健康中国和美丽中国、推进生态文明实现中国梦及构建人类命运共同体的新时代,我们必须高度重视这类问题,必须采取切实有效措施,坚决纠正与杜绝。

中国地名跨文化误读是有多方面原因的,但更多的原因还是我们对文化国际传播的内容和方式缺乏深入的研究。有效提升中国文化核心竞争力,必须立足于本土文化的优良传统及其对国际的影响,中国文化才能有效地走出去。同时,还必须要把对方的文化研究清楚,才能采用受众国最能够接受和最适合的语言来表达和传播中国文化和中国故事。针对国际交流中语言互译还不够顺畅的重要问题,迫切需要组织力量把有歧义、不规范的表述统一整合出来认真研究并有效解决。针对中国文化国际形象的国别认知,我国研究工作还非常薄弱,更谈不上对外传播战略层面的顶层设计。中国文化国际竞争能力提升,任重而道远。

三、中国地名"单一罗马化"译写和国际传播的辨析

地名文化是语词文化(语音、语义)与实体文化相统一。在中国地名国际传播中,坚持"名从主人"维护自尊,根本宗旨是要让受众正确理解,不是要"自说自话"不让别人理解。地名的汉语拼音方案的"拼写"与"译写"有重大误区,不可不察。按照跨文化传播的要求,谋求"受众理解"与"主人满意"相统一,是我们需要努力的方向。

我们认为,中国地名译写采用"单一罗马化"标准地名,与地名文化的语音和语义相背离,其局限性不容忽视。所谓"单一罗马化"标准地名,采用的是没有音调的汉语拼音,根本不是真正意义上的汉语拼音。这不仅外国人不理解,就连中国人自己也不能理解,简直莫名其妙。地名文化是语词、语音、语义和指位功能的高度统一。采用"单一罗马化"标准地名,具体存在以下几个方面的问题。

一是"单一罗马化"标准地名产生的背景,值得深思。汉语拼音与单一罗马化,怎么能"划等号"呢?单一罗马化标准地名,怎么能与国家主权"划等号"呢?

二是"单一罗马化"标准地名实质性地取消了汉语四声且不分前后鼻音,使得汉语"韵味"荡然无存,更何况中文同音不同义的文字很多,这种多样性难以得到体现。这不是真正意义的"汉语拼音",只是一种"单一罗马化"洋务运动,难以全面反映中国地名文化的系统特征。

三是"单一罗马化"标准地名,在国际上并不通行,只能局限于英语、西语、法语和意大利语等罗马化语言的国家。世界上很多国家并非使用罗马化语言,如阿拉伯语、俄语、德语和日语等,这些国家的"单一罗马化"书写和读音都有困难,有很多"罗马化"发音难以实现,会陷入难以表达的尴尬境地。对阿拉伯语来说,中国地名以 zh -,ch -开头的两个城市,常州,漳州,就存在不能区分的问题。还有 p -和 b -也是不分的,v -和 f -也是不分的。因为德语跟汉语拼音的排列方式差别大,德国人看中国地名的拼音,不仅不会理解,还不会发音(因为发音规则差别也很大)。

四是"单一罗马化"标准地名,即使在英语及罗马化语言国家,也存在

难以"精准表达"的问题。如丽水和溧水等,"单一罗马化"标准地名所引发的歧义和混淆大量存在。值得注意的是,有些地名"单一罗马化"发音在西方国家相对应的词汇(类似发音)是具有很恶劣或歧视性的意思,那就凸显"屈辱"。这样的案例并不鲜见,这种情况显然会直接影响到地名文化的国际传播和跨文化交流。

四、借鉴国际经验,推进地名文化国际传播机制创新

韩国文化国际传播是有一整套战略的。他们以《大长今》起步,到《来自星星的你》,竭尽全力介绍韩国"优秀文化",掀起一波又一波难以抵挡的"韩潮",已成功让中国人对韩国的文化产品(包括跆拳道、料理和服装)充满好感与好奇心,并在国际文化市场和文化贸易竞争中占据绝对的优势地位。地名文化建设方面,韩国也令人刮目相看。韩国的首都"汉城",因为这个词汇意味着是中国附属国,韩国就将"汉城"改为"首尔"。"首尔"意思是"天下第一",这也是中文翻译的效果。如果音译"索尔"就没有这个意思了。"首尔"这个翻译方案,并没有遵循所谓"单一罗马化"标准,并已经被全世界所接受。地名文化国际传播创新的韩国"首尔经验",值得我们重视、研究和学习。

纵观世界各国的地名文化国际传播经验,不难发现有这么几条经验值得我们学习和借鉴。

一是维护民族尊严,坚持文化自信,以我为主有效输出核心文化。地名是具有重要政治意义的。中国于近代饱受外国列强的屈辱与压迫,外国列强在给中国很多地方命名时,充满轻视与贬义。如旅顺港口被命名为"Port Arthur",是以中世纪传奇故事的不列颠圆桌骑团的首领命名,因此,这个名称带有浓厚的殖民色彩。这一翻译在外国出版的很多地图册中至今仍在沿用。香港特别行政区已回归20多年,但是由于历史原因的一些地名(如用历任香港总督名字命名的地名)不能再继续使用,应该尽快更名。坚持与弘扬社会主义核心价值观,这是提升文化核心竞争力的根本出发点和关键所在。不少地方,"大洋怪重"地名屡禁不止,个别地方甚至越演越烈,很令人忧心。例如,上海的"泰晤士小镇"、云南丽江的"地中海小镇"、贵州黔西南州晴隆县的"史迪威

小镇"与现行的地名法规严重相违背。我们认为，继续使用洋地名甚至新命名洋地名，那就是明目张胆地伤害中国文化，必须坚决纠正。

二是以受众为本、采取"他人语境"的叙述模式。运用他人语境表达，切实讲好中国故事。要让受众充满好感、喜闻乐见。这是地名文化国际传播的重要途径和方式。针对不同地区不同文化背景的受众的多样需求，我们必须因地制宜，优选国际传播内容。音译无法让国际友人充分领略中国地名文化的内涵，应当结合其他语种文化，采用归化的方法重新命名。

三是创新文化产业链运作模式，大力开拓文化国际市场。我们不能"就地名谈地名，就文化谈文化"。地名文化国际传播要融入国家战略，积极开展顶层设计。要注重"好地名，好故事，好体验"的有效开发与文化产业链的系统化建设和运营模式创新。按照地名文化生态系统的要求，把特色文化、特色产业和风俗民情紧密结合起来，追求"无可挑剔、至善至美"整体营销开拓国际市场。

四是创新文化高端平台，提升国际传播实效。地名文化国际传播也不仅只是翻译那么简单，而是一个系统工程。实际上，地名是一个地方（地域）文化的重要载体。地名文化集中地体现在地图上，也体现在文学著作、旅游和影视作品中，也与一个地区的主导产业和品牌产品紧密关联在一起。想要有效提升地名文化国际传播能力，就必须创新文化高端平台。例如，将"一带一路·地名文化国际传播大赛"列为常态化项目。还可以策划并举办"一带一路"地名诗歌大赛和国际微电影大赛等。我们还要积极创建"中国地名博物馆"，向全世界系统展示中国好地名、好故事和好体验，并力争成为文化走出去的示范工程。

五、加强地名文化国际传播规范化管理的几点建议

综上所述，我们认为加强地名文化国际传播规范化管理，刻不容缓。当前及今后一个时期，必须重点抓好以下几个方面的工作。

一是加强地名文化传播规范化制度建设。高举习近平新时代中国特色社会主义思想伟大旗帜，贯彻"一带一路"倡议和全球治理的新理念，按照地名文化国际传播的客观规律和中国文化走出去的实际需要，要从弘扬社会主义核

心价值观和"以我为主"文化自信维护尊严的角度出发，注重地名文化保护建设与国际传播的政治性、科学性、适用性和有效性，尽快完善我国地名法规，积极创造条件推动出台《中华人民共和国地名法》。

二是深化地名学术研究，深刻理解文化差异。要加强地名文化生态系统研究，既要正本溯源尊重历史事实，也要激浊扬清、有所扬弃，更要坚持"古为今用、洋为中用"的原则。加强地名文化传播研究，丰富和发展地名翻译理论。就中国地名文化国际传播的内容和形式，在深刻理解受众文化差异的基础上，利用音译、意译与创译等多种翻译方法，研究并提出更多的精品力作和传世经典。

三是把握文化政治自信，促进多元文化融通。坚决维护民族自尊，坚持道路自信、理论自信、文化自信和政治自信，理直气壮地反对"崇洋地名"和"殖民化地名"。要彻底消灭崇洋媚外的思想意识。从根本上改变现有地名文化国际传播过程中比较普遍存在的歧义、歧视、变异及误解等问题。坚持社会主义核心价值观引领，扬弃传统，复兴优秀传统文化。值得注意的是，要在"以我为主、维护自尊"的前提下，兼收并蓄，洋为中用，创造辉煌未来。

附件：传播地名文化，展现杭州风采 *

世界名城"独具韵味、别样精彩"，成为亚运杭州主题。杭州是一座国际化城市，拥有29个国际友好城市、41个国际友好交流城市。2016年，杭州已经成功举办G20；2022年，杭州迎接亚运盛会。澎湃潮涌，世界名城；敢为人先，独特韵味；日月同辉，别样精彩；生态文明，引领示范。

一、澎湃潮涌，世界名城

杭州地名源于"大禹治水"。顺应天道，改造自然，造福人类。大禹治

---

* 传播地名文化，展现精彩杭州［OL］．中国报道，http：//jjcsj.chinareports.org.cn/shms/2022/0703/13493.html，2022-7-6．

水，得名"禹航"，后改为余杭。隋朝开皇九年（公元589年）废郡为州，"杭州"地名首次出现。公元610年，隋炀帝开凿江南运河，自此拱宸桥成为大运河的起讫点，促进了杭州社会经济文化迅速发展。

世界潮城。杭州拥有世界第一大潮——钱江潮，孕育浙江人勇立潮头、勇于担当的精神品德。拥有世界遗产三处，包括见证五千年文明和稻作文化的良渚、体现人文情怀和人水和谐的西湖以及正在建设的大运河国家公园。杭州被誉为"东方养生胜地、世界创业天堂"。

二、敢为人先，独特韵味

孙权故里，龙门古镇。三国东吴孙权派遣卫韫率领军队首航台湾并行使主权。台湾是中国不可分割的一部分，中国"必须统一，也必然统一"。

受降地名，铭记历史。抗日战争胜利后，中国军队接受日军投降仪式的地方，得名"受降"。

《宪法》诞生地。杭州西湖北山街84号院，是中华人民共和国"五四宪法"起草地。

"千鹤妇女精神"。建德梅城镇千鹤村是毛泽东妇女解放思想发源地。

未来科技城。杭州引领数字化改革、数字经济和跨境电商，异军突起。

三、日月同辉，别样精彩

南宋都城。繁华都市，杭州被欧洲意大利马可波罗誉为"富贵天城"。穆罕默德的《古兰经》中有句名言"为了追求真理，哪怕远在中国"。

康养之都，中华中医药发源地。杭州拥有中医药鼻祖桐庐"桐君山"的精美传说，今有世界著名的杭州"胡庆余堂"，与衢州"针（灸）圣故里"相得益彰。

世界丝都。杭州拥有国际丝绸联盟总部、中国丝绸城、中国丝绸博物馆、中国国际丝绸博览会以及人类非遗"丝绸织造技艺"等丝绸文化顶级资源。

世界茶都。陆羽《茶经》原创地。杭州拥有中国茶叶博物馆、龙坞茶镇、西湖龙井茶等众多资源集聚。中国茶艺催生日本茶道。径山寺与禅茶之名在国际传播，声名远扬。

休闲之都、动漫之都、爱情之都。杭州拥有国际休闲博览会和中国国际动漫节。雷峰塔下，梁祝情深，爱情传说，脍炙人口。

四、生态文明，示范引领

西湖的苏堤、白堤、小瀛洲就是运用溇港生态工程治理大型湖泊污水的典范。创建了杭州低碳科技博物馆。生态循环经济繁荣发展。碧波荡漾的千岛湖—新安江水库既是体现自力更生、艰苦创业的杰作，又是率先实施新安江跨省生态补偿制度创新的典范。

综上所述，浙江杭州拥有世界十大都城的美誉，内容包括南宋都城、康养之都、世界茶都、世界丝都、休闲之都，世界潮城、宪法圣城、智慧之城、爱情之城、动漫之城。

第九章　创新教育"重要窗口"

第一节　小语种复合人才培养与国际贸易

在全球疫情和中美贸易摩擦的国际背景下，诸多与美国合作的企业不得不作出改变，另寻其他国家进行友好贸易往来，其中包括大量非英语母语国。同时，我国于2020年制定了"十四五"规划，对于第二产业需要大量西方先进技术实现产业转型进步，使得许多小语种专业人才可以获得诸多就业岗位。国务院学位委员会于2019年7月下发了最新的《学士学位授权与授予管理办法》，自2022年起将辅修双学位证书并入主修学位证书之中，辅修专业学习成果经历终于有章可循，获得了国家层面的保证，大大提升了辅修专业及双学位学习的社会认可度。目前，在国内跨校联合实施双学位、辅修第二专业教育的组织中，武汉大学、华中科技大学、华中师范大学等七所高校联合办学，简称七校联合办学，为七所高校内学生提供跨校辅修专业的机会。国家教育部响应国际化战略要求，启动了一系列小语种人才培养的重要行动计划，例如在北京、上海、广州等城市设立了"小语种人才重点培养基地"，为高校小语种专业建设提供了方向指引以及教学资源支持。复合应用型人才定位也是新文科建设的内在要求。"双循环"和"双碳"目标对小语种复合型人才培养提出更新更高要求。中研研究院《2020—2025年中国小语种培训行业市场前瞻与未来投资战略分析报告》显示，小语种国家留学人数的剧增与其就业前景良好密切相关。

一、小语种人才培养模式创新与探索

以浙江为例，浙江大学、浙江工业大学、浙江工商大学、浙江理工大学以及杭州师范大学都先后制定了专业辅修制度。大多数本科高校都制定了第二外

语辅修制度。总体上来看，高校都在严格按照国家相关辅修管理政策修订完善现有辅修专业学习规章与教学管理规定，确保内容的规范性、严谨性与政策灵活性，保证在尊重学生意愿的前提下，规范准入准出机制，细化考核评定标准，严控学业审查，加大奖励力度。在全校范围推行辅修专业完全学分制培养，施行辅修专业学习导师制，依生制定个性化辅修专业培养方案，保证专业覆盖的全面性和专业学习的可选择性。因地制宜结合弹性学制，设置主辅修专业过渡学期，延长放宽辅修学习年限；打通主修与辅修专业培养路径，将主辅修专业的毕业审核相关联，辅修专业课程与专业选修课之间相互转化认定已经取得一定效果。

目前，浙江省内高校中小语种专业集中在浙江外国语学院，已有12个小语种专业。根据陈相伟在《科教导刊》2021年第12期4月（下）发布的调查数据，可以看出：浙江外国语学院西方语言文化学院2020届毕业生共219人，其中法语52人，西班牙语52人，意大利语25人，葡萄牙语24人，俄语42人，德语24人，性别比例不平衡，呈现女多男稀的分布，男生共38人占比17.4%，女生共181人占比82.6%。俄语专业男生比重最高，占28.6%，其余专业男生比重均低于20%，男女比低于1∶5。生源地分布上看来自全国12个省份，以浙江省生源为主，所占比重为52.96%。

按照《国民经济行业分类》国家标准，2020届毕业生重点流向四个行业：批发和零售业、教育、制造业以及信息传输、软件和信息技术服务业。当前毕业生主要从事行业依然是批发和零售业（26%）中的外贸和跨境电商，因外贸和跨境电商行业招聘第一标准是外语能力，招聘需求量大，工作上手快，始终是毕业生最主要、最稳定的就业去向。教育（12.3%）是毕业生第二大毕业去向，集中于外语培训机构和国际学校，个别学生转向去地方中小学担任英语教师。制造业（9.6%）与信息传输、软件和信息技术服务业（9.1%）相关企业的国际业务部是毕业生的主要去向，细分行业为机械、化工、专用设备、软件外服等。这两类行业因产品的海外业务需求少量招聘小语种学生负责海外联络和文书翻译等工作，部分外派到国外办事处。毕业生在制造业的就业单位基本为中大型企业以及优质上市公司，收入水平较高，工作稳定性强，学生愿意在岗位深耕。

2020届毕业生浙江省内就业地域呈现出明显的杭州大都市圈内就业的分

布规律，形成"一中心+一港一站"的局面，即杭州中心+宁波港和义乌中欧班列站。从各专业的地域分布来看，除了意大利语专业外，就业人数都以杭州为中心向外递减。葡萄牙语专业在省内除了杭州，其他地区就业人数不多，在江苏、上海等省外城市就业比重最高为20%。

二、小语种人才培养面临的几个突出问题

教育部官网报道，目前我国有超过200个院校拥有授予翻译硕士的资质，但其培养的小语种人才大多不能满足我国城市对外合作交流的需要，城市对外经济合作以及文化交流所需的是复合型、实用性强的尖端小语种人才。一些小语种的发音和书写也具有极高的难度，要熟练掌握面临着很大的困难。"小语种"人才需求与高校外语专业开设不匹配，造成了小语种人才十分稀缺，影响我国对外经济与产业转型升级和健康发展，主要表现在：一是小语种专业，各自为政办学成本高难度大。二是单纯小语种人才面临就业难，特别是人工智能"翻译机器人"技术发展迅猛，翻译人才需求量将大幅度减少，随着众多小语种专业学生毕业，面临就业问题依然严峻。三是小语种专业走复合型人才培养是必由之路。高校尚未高度重视第二产业小语种复合人才培养。根据调研发现，小语种就业于第二产业的比重相较于往年提升了许多，在温州第二产业小语种人才分布情况如下：原材料及化工占12%；汽车零部件占24%；机械、重工占35%；建材占29%。在小语种人才的需求中主要是以掌握德语和日语等一系列西方制造业强国的母语人才为主，以帮助企业快速地完成产业转型以及技术进步。一方面，"一带一路"需要大量的小语种复合型人才；另一方面，小语种人才培养的速度慢、数量少及质量不够高。亟待强化政策保障与多元协同机制。

三、有关建议

一是敢为人先优化政策供给和制度创新，全面实施"双学位制度"和辅修专业制度，强化小语种与专业复合与融合。大力倡导"新T字型人才"培养模式，使核心专业与复合内容有机结合，力求造就T字型人才，即横向上

涉猎较广，纵向上在某一领域具有较深造诣的人才。贯彻新文科、新工科的理念，突出动态转型，一方面继承了传统 T 字型人才宽而深、广且精的培养模式，注重对实体层面知识和技能的扎实掌握；另一方面则更加关注对其内在素质以及创新、突破、变革等意识和能力的养成与提高。大力推行"小语种专业+应用型专业"融合复合。

二是发挥新时代统一战线、世界侨联和"留学生联谊会"等重要纽带作用，实施"订单培养"和国际化政校企协同育人机制创新。在明确小语种人才市场需求的质与量基础上，高校应采取多样化、全方位的融合复合型培养模式。按照国家战略需要和行业实际从培养目标、课程设置、教学制度、教学方法、实习分配等方面进行改革和完善，培养小语种复合型人才，使专业知识与高端职业技能有机结合，将新型制造、新材料、艺术设计、工业设计、会展旅游商务、跨文化交际和计算机等专业与小语种专业进行系统化与对应化的设置。例如，工业设计+德语，服装+法语，艺术+意大利语，制药工程+日语等。特别要加大新工科与高端制造专业小语种复合型人才培养机制创新。

三是拓展小语种与应用型专业复合的多元化通道，强化"一带一路"桥头堡建设，着力提升杭州城市国际化水平和世界华商的国际竞争力。贯彻长三角一体化战略，尽快联动联合出台政策，实施跨校跨区域整合小语种专业、应用型专业和国际化高端产业优势资源，加快拓展"小语种+专业"复合模式创新，将外语语言、专业理论应用与国际社会生产实践经验有机结合。制订校企教学联动培养计划与就业合作计划，邀请华侨企业家和世界华商企业专家担任客座教师参与实践教学。优化资源配置，依托华侨华商及跨国企业，拓展国外实习实践和就业基地。

第二节　国际研学为世界华人华侨"培根铸魂"*

海外华侨华人与祖国心心相印，必然成为推进"一带一路"倡议不可

---

* 让国际研学为世界华人华侨"培根铸魂"［OL］.中国报道，http：//jjcsj.chinareports.org.cn/shms/2022/0512/13105.html，2022-5-13.

估量的重要力量。充分运用跨山统筹、创新发展、问海借力"三把金钥匙",发挥浙江"一带一路"枢纽和青田世界侨乡的战略优势,积极拓展国际研学,大力实施创新教育,开启新征程、开拓新通道、实现新突破、开创新格局。

作为全国著名的侨乡,青田全县共有 33 万名华侨,遍及五大洲 120 多个国家和地区,其中 80% 以上是新侨,5 万名青田籍台胞当中也有不少人侨居在世界各地。他们在推进与实施"一带一路"倡议中具有重要的不可替代的功能作用。青田县拥有华侨博物馆、中国石都博物馆、地名文化展示馆、稻渔共生系统博物馆、浙江(青田)华侨经济文化试验区、华侨总部大楼及进口商品城等高端优势研学资源。研学旅行是 2016 年由教育部牵头 11 个部委联合推动的一项旨在强化创新能力培养和教育教学质量提升的重大行动。青田县研学资源底蕴深厚,别具特色。据不完全统计,青田县现有省中小学劳动实践基地暨职业体验基地 1 家,省中小学劳动实践基地(第三批)暨学农基地 2 家,市中小学生研学实践教育营地 1 家、研学教育实践基地 3 家,市中小学生社会实践基地 33 家,市中小学红色研学精品线路 2 条。研学内容涉及红色文化、华侨文化、刘基文化、农遗文化和冰雪文化等方面。

青田在拓展世界侨乡研学旅行与创新教育方面要发挥示范引领作用,从抢占战略制高点的高度认识和把握世界侨乡优势以及拓展国际研学实施创新教育,推进世界侨乡高质量发展"重要窗口"。贯彻"双循环"和"双碳"要求,研究部署有关研学营地建设、产品体系与服务体系的总体布局方案。创建多元协同体制机制创新和系统化的课程开发与教材建设方案。坚持让华人华侨"把根留住",提升到战略高度来重视和发展实施"领航归雁"工程。大力倡导"走遍世界,家在青田",针对侨胞三、四代子女都是出生和成长于海外的新生代,普遍缺乏祖籍国和家乡的意识,日常用语也是居住国的语言,对于中华文化的了解甚少,面临"乡音渐改、乡情渐淡、维系渐弱"的情况,唤醒他们的"中国心",留住海外华侨新生代的"根",开展华侨新生代"培根铸魂"教育是传承中华传统文化、厚植海外华侨家国情怀的前提和基础工作,必须引起高度重视。

本节认为,研学旅行的本质要求是践行创新教育,要努力让学生在研学旅行过程中有所发现、有所发明、有所创造。因而提出"五创一体"发明研学机制创新的整体思路，即弘扬创新精神、承担创新项目、训练创新思维、培养创新能力及获得创新成果。为此，需要有效整合大专院校、科研院所和行业企业等具有文化和技术优势的智力资源，与青田世界侨乡、中国石都、稻渔共生系统、民俗非遗等诸多高品质研学资源进行有效对接融合，实施"多元协同"体制机制，切实推进青田发明研学营地、产品体系与服务体系建设，特别是有效畅通发明研学创新成果的价值实现路径，促进乡村振兴和共同富裕。举办"青田·首届全球重要农业文化遗产大会"，为青田方山谷稻渔共生系统文旅综合体国际研学营地的创建与高质量发展提供了绝佳的重大机遇。加快推进世界侨乡加快打造绿水青山与共同富裕相得益彰的高质量发展"重要窗口"，大有可为。

一、世界华侨鸿雁精神，培根铸魂赓续基因

弘扬雁文化精神，打造雁文化总部。大雁，飞得又高又远，志存高远；飞行中坚持团结奋进的"雁阵"，还有勇于担当的"领头雁"；大雁是候鸟，要坚持回归故乡，因而具有深厚的家国情怀；大雁坚守"一夫一妻制"，对爱情十分忠贞。我们认为，鸿雁具有坚定志存高远的理想信念，遵循宇宙规律的世界格局，保持团结奋进的集体意志，崇尚与人为善的仁义博爱，厚植家国情怀的忠勇道德，拥有坚贞不渝的高尚品质。因此，雁文化更能够从全球化、国际化层面，诠释与体现"干在实处永无止境，走在前列要谋新篇，勇立潮头方显担当"的浙江精神，充分彰显了遍布全球的世界华人华侨的精神写照。"一带一路"背景下，雁文化更具有时代价值。弘扬雁文化打造"世界侨乡精神家园"具有特别重大的现实意义。浙江要成为全面展示新时代中国特色社会主义制度优越性的"重要窗口"新典范，弘扬雁文化铸造"世界华侨精神家园"。乡村春晚作为文化振兴乡村的重要内容已经写入2022年中央一号文件。要依托世界华侨年文化的优势，积极举办有世界华侨参与的国际乡村春晚。"走遍世界，家在青田"，讲好新时代抗疫彰显华侨爱国和祖国护侨撤侨的故事，让世界各地的华侨参与乡村村晚"大舞台"，充分展示才艺和深度交流文化，厚植家国情怀，强化培根铸魂，意义特别重大。

二、走遍世界家在青田，国际研学求是挺进

发挥"走遍世界，家在青田"的独特优势，切实推进思想铸魂、文化先行、制度创新、示范引领。弘扬浙西南革命精神，传承红色基因，争做新时代勇于创新、敢为人先的"挺进师"。积极创建世界华侨学院，充分激活"世界侨乡，中国石都，稻渔共生"战略优势资源，进一步明确实施发明研学创新教育打造高质量发展"重要窗口"的战略目标、空间布局、重大项目与品牌建设。创新"五创一体"机制，多元协同强化发明研学导师团队建设、课程开发与教材建设。深化"五创一体"机制体制创新，注重创新成果导向，打造方山谷全球农业非遗旅游综合体、华侨总部等系列化的国际研学示范基地、发明研学示范基地和创新教育示范县。实现科研院所、高等院校和中小学"多元协同"多层面优势整合的创新机制，在全国率先推动高标准国际研学营地建设，加快开发系列化研学课程和营地建设。青田华侨中学对为世界华侨"培根铸魂"进行了有益探索。根据青田县教育局数据显示，自2006年11月被授予"浙江省首批华文教育基地"以来，已成功举办了15期华文教育夏令营活动，服务海外华侨新生代近1400人次，参加活动的青少年来自西班牙、意大利、奥地利、比利时、德国、法国、葡萄牙、捷克、斯洛伐克等国家，青田华侨中学成为了青田乃至全省有名的华文教育品牌。华侨中学联合县委统战部、丽水学院共同编制全国首套县级出版的华文教育乡土教材《家乡青田》《我们一起来说青田话》《最青田》《醉美青田》，免费发放给参加夏令营的华侨新生代学习使用。并将本土教材制作成音视频材料，发挥线上华文教育基地——哈兔中文网络学院的优势，实现青田县内华文教育基地和海外中文学校结对联动。并积极发挥华侨中学海外校友会的作用，搭建海外校友之间、校友和母校之间的合作与交流平台，进一步推进本土文化在海外的传播，根据青田县教育局官网报道目前华侨中学共印刷教材5000册，已经发往60多个国家和地区。华侨中学因此相继获得了市基层侨联组织先进集体、丽水市关心下一代教育基地、青田县侨胞之家等荣誉。

三、全球农遗稻渔共生,青田石雕自尊自信

以进一步夯实山口镇小学、方山乡学校、伯温中学、华侨中学及青田中职学校等的研学课程为基础,创建国际研学示范课程体系。依托青田中国石都,进一步深化山口镇小学篆刻特色课程和青田职校石雕专业建设,强化非遗民俗传承与利用。依托稻鱼共生系统,打造山口乡生态文明特色学校。依托伯温书院整合丽水市刘基研究会,进一步强化伯温中学"刘伯温"系列课程开发,拓展"鱼灯共舞",强化国家非遗文化传承与保护。发挥"步入青田,走遍世界"的独特优势,依托稻渔共生系统博物馆和举办首届全球重要农业遗产大会的契机,激活周边闲置资源,打造方山农遗旅游综合体。强化稻渔共生系统博物馆、世界华侨博物馆及中国石都博物馆的优势整合,打造世界侨乡全球农业遗产旅游综合体和国际发明研学营地。与浙江外国语学院等高等院校开展"校县战略合作",整合专家智库资源,创建"重要窗口"研究基地,把青田华侨博物馆、方山龙现村、稻渔共生博物馆、地名文化展示馆及国际乡村春晚等打造成标志性国际研学产品。努力把世界侨乡青田打造成为开放强省的重要实践基地、国际文化教育交流的重要阵地。

四、领航归雁创造卓越,"一带一路"枢纽笃定

让有影响力的华侨造福世界侨乡,实施"领航归雁"工程,做足"走遍世界,家在青田"大文章,全面推进"筑梦共富"。打造世界侨乡国际研学示范基地品牌,推进华侨(青田)经济文化试验区高质量发展。大力推进东堡山华侨生态文博城、石雕文旅综合体、欧陆风情酒店和"侨乡之窗"文创展示中心等重大项目加快建设。强化聚侨兴业的世界侨乡重要基地建设,精心打造华侨经济总部大楼、青商回归创业园、伟天总部产业园等总部平台。发挥世界华侨分布广泛融入当地的辐射功能,积极创建"一带一路"世界华侨驿站体系。参照浙江海外系列站"捷克站"模式,在西班牙、意大利等华侨集聚地区,引导华侨参与构建具有招商联络、涉侨服务、文化展示等多种功能的系列海外华侨站。充分利用侨商海外创新资源,合作建立一批浙江(青田)海

外创新中心、海外"人才飞地"和华侨驿站，打造由政府和海外侨团共建共享的人才引育平台和科技成果转移转化平台。与海外知名侨团签署战略合作协议，为海外侨商、涉侨高层次人才回归创业发展提供高效率高质量服务。

第三节 让智慧的火花在思政课堂上绽放 *

习近平总书记明确要求，教师要按照"四有标准"，坚持"四个相统一"，当好学生"锤炼品格、学习知识、创新思维和奉献祖国"的引路人。贯彻课程思政，打造"智慧课堂"，坚持"能力本位"，注重培养创新精神和创新思维能力，当好学生成长的引路人，让受教育者聪慧起来，这是学校教育教学的根本任务。

一、能力本位、任务驱动，用先进理念激发学生创新创业激情

贯彻课程思政，打造智慧课堂，就是要厚植家国情怀和培养跨文化能力，需要贯彻"一带一路"倡议和文化"走出去"战略，智慧选取与优化课程教学内容。要用新时代中国特色社会主义思想和改革与发展的最新成果，不失时机地教育学生，厚植家国情怀。注重让学生了解中华民族对世界的贡献，远不仅仅是古代的四大发明，还有今天在世界称雄的高铁技术、量子卫星、互联网电商和人工智能等众多不胜枚举、引以自豪的中华智慧，足以让我们拥有文化自信、道路自信和理论自信。校园的主题文化建设很值得认真研究。

针对培养具有家国情怀、跨文化能力的国际化复合应用型人才的目标，要切实提升课堂教学质量，还得靠大智慧优化教学内容，推进由"主干学科支撑"的知识体系向"核心能力支撑"的教学体系转变。以浙江外国语学院为例，针对国际贸易专业，应该大力宣传张骞和郑和、任正非和曹德旺；针对意大利语专业，需要适时展示马可波罗赞美杭州是"美丽富贵的天城"；针对日

---

* 让智慧的火花在思政课堂上绽放［OL］. 人民论坛网，http://www.rmlt.com.cn/2021/1229/636185.shtml，2021-12-29.

语专业，需要有效展示鉴真和尚、茶圣陆羽和心学王阳明对日本的重要影响。借此思路，还可以考虑将校园打造成国际化的"主题文化博览园"。

创新是教育的灵魂。"能力本位、任务驱动"，以教师为主导、以学生为主体，以核心能力为主线、以课程为阵地，将第一课堂和第二、第三、第四课堂有效衔接，实施分组分工自主研究型模块项目化教学方法，强化创新思维训练以及创新成果交流与提升，让智慧的火花在课堂上精彩绽放，实现教育教学目标。

二、活学活用、真题实做，用系统平台推进提升教育教学质量

教学是一门艺术。人的差异，说到底就是思维方式的不同。本书认为，"知识是传授的、能力是训练的"。要用智慧的方式，倡导"自由之思想、创新之精神""大胆假设、小心求证"，彻底改变以"传授知识"为特征的"沉闷课堂"教学状态。要想培育学生的创新精神和创新思维能力，就要让教师播撒智慧的种子因材施教，引导学生"一人一题"真题实做。引导学生积极参与"真题实做"，是教师引导与训练学生创新思维的重要路径。

教师必须把培养学生创新思维能力和创新精神作为教学的核心任务，按照"教最新的、学有用的；活学活用、学以致用"原则，坚持"问题导向、目标导向、产出导向"相结合，践行真题实做，寻求破解方案，切实在教学过程中培养学生发现问题、分析问题和解决问题的能力，这是当前学校教育教学迫切需要破解的难题。

可以依托专业课程，组建发明研学协会、会展策划协会等专业性质的学生社团。注重充分利用好浙江省大学生新苗计划项目、学校"暑期社会实践"项目和学院"应用能力"项目等各级各类平台，指导学生组建项目团队开展课题研究。还可以依托教师承担的课题，让学生参与创新项目研究。让学生用最新创造性成果，实现对国家建设和民族发展的贡献，那就是引导学生"奉献祖国"最实际的教学方式。

只要用心谋划，就一定能够依托课程，找到对接"一带一路"、杭州亚运会、北京冬奥会、杭州中国国际茶叶博览会等重要会展的切入点，引导和组织学生找准相关课题，实施"真题实做"。这些课题作为教师的我们也没有现成

的"标准答案"。正因为如此,才需要教师和学生共同研究与探讨。针对真实而有价值的问题,引导学生组建研究团队,采用分组分工自主研究型分段式模块项目化教学方法,利用网络等一切可以利用的教学与研究资源,分工合作协同创新,争取创造性和建设性的成果。这种教学成果实实在在地融合了人才培养、科技创新和社会服务,意义特别重大,因而值得花大力气去做。

三、产出导向、成果展示,在教学过程中激励师生教学相长

产出导向、成果展示,让智慧的火花在课堂上绽放。教学的创新成果,就是实实在在的教学效果,它能够有效地鼓励学生,激发学生的自尊心和自豪感。

有道是"闻道有先后,术业有专攻"。从创新思维的角度来看,"弟子不必不如师"。在创新教育的征程上,教师未必"先知先觉"能够预先提供"标准答案"。创新是一个民族的灵魂。引导和激发学生取得创新成果,且能够"青出于蓝而胜于蓝",正是教师教学能力和不辱使命的最好明证,也是对教师当好"引路人"工作的最有效的奖励。

更重要的是,"自古英雄出少年",学生的创新思维成果还可以启发教师和激励教师,实现教学相长,使教师也因此而有所心得,进而孵化出更多的成果,成就感和自豪感油然而生。这样,创新思维的智慧火花,就可以循环发展、薪火相传、发扬光大。

第四节 创新弘扬篆刻艺术、铸造课程思政新格局 *

青田山口镇小学坐落于"青田石雕"发源地山口镇。学校植根本土石雕文化特色,提出了"以德为先,多元发展"的办学理念和"诚信、善良、乐观、坚韧"的育人目标。本着"思想铸魂、文化先行、活动育人"的育人思

---

* 创新弘扬篆刻艺术,铸造思政课程新格局 [OL]. 人民论坛网,http://www.rmlt.com.cn/2022/0304/641345.shtml,2022 – 3 – 14。

路,以"篆刻"促德育建设思政课程,强化篆刻艺术与学校德育工作创新融合,开创思政课程新格局。

学校注重培养学生具有"滴水石穿"的坚韧精神、"点石成金"的工匠精神和"金石之交"的契约精神。把篆刻课程教学与思政德育教育有机融合,依托青田中国石雕城,方寸天地,雕琢人生,既传承了中华优秀传统文化和民间工艺,又巧妙地扣好学生人生第一粒纽扣。为此,学校出台了一整套规章和举措,强化规范管理。学校出台与思政课程相关的德育品牌创新管理制度与举措:一是课程活动创新与服务举措,提出衔接第一、第二、第三课堂有机融合方案。除了每周特排的校本特色课程(一二年级学生"篆书书法"课,三至六年级"篆刻"课)外,学校还推出快乐星期五课程活动创新服务举措,将原有周五拓展课与晚托时间有机结合,推出系列化艺术拓展课或特长课,因材施教强化体艺兴趣特长教学,有效帮助学生树立正确的人生观、价值观和世界观。二是完善评价机制。创造性地推出《山口镇小学石蛙闯天下护照式评价体系》,科学评价学生学习和创新拓展的学业,依托中国石雕城和丰富的石原材料,"滴水石穿""点石成金"以石促德,促进学生全面发展。

紧扣时代主题,丰富思政课程内容。2017年4月26日,学校开展"弘扬社会主义核心价值观"篆刻比赛活动,进行社会主义核心价值观教育。2019年5月29日,举行以"弘扬浙西南革命精神、助力健康美丽大花园建设"为主题的篆刻比赛活动,进行红色精神教育。2019年10月,开展百名师生现场共同篆刻"百廉"章100方,现被山口镇清石馆永久收藏。2020年9月底,举办"庆国庆"书法篆刻作品展,进行爱国教育。2020年2月,全国共努力同抗疫,学校积极参加"红领巾助力抗击疫情"活动,用一枚枚篆刻着"平安武汉、白衣天使、天佑中华"表达一个中国人该有责任与担当。2021年,学校开展"方寸天地篆党史,百名师生心向党"活动,更好地激发了师生的爱党爱国热情。

纸上得来终觉浅,绝知此事要躬行。学校从三年级开始全面开设"篆刻"课,每周一节。还专门开设了"篆刻"特长班,每周进行强化训练。以主题教育和节假日为契机开展各种创新实践活动。如篆刻比赛、作品展等。通过篆刻知识学习,技法操作,艺术鉴赏等,进一步让学生明白"锲而不舍,金石可镂"的篆刻精神,通过各类比赛和活动,培养了学生坚韧与坚持,事事精益求精。"点石成金"的工匠精神内化于心，践行于行。

问渠那得清如许，为有源头活水来。《篆刻》思政课程的源头活水，助推学生"知行合一"全面发展。在篆刻这方寸天地中，唯有踏踏实实，一笔一划，方能刻出满意的作品。做人亦如此，只有踏踏实实，诚实守信，才能领悟到"金石之交"的契约精神。大国崛起，匠心筑梦，新时代更需要工匠精神的引领。我们依托青田中国石雕城把篆刻与德育教育教学有机融合，让学生在方寸天地，雕琢人生创造辉煌，传承中华优秀传统文化，弘扬社会主义核心价值观，谱写新时代的劳动者之歌。

第五节 发明研学及其多元协同机制

2016年12月，教育部等11个部委出台《关于推进中小学研学旅行的意见》，旨在落实立德树人的根本任务，帮助中小学生了解国情、热爱祖国、开阔眼界、增长知识，着力提高其社会责任感、创新精神和实践能力。创新教育与研学旅行成为新时代的热点话题。当前盛行的科普研学没有充分体现创新精神的本质要求。创新活动内容中最有代表性的就是发明创造。基于创新教育是研学旅行的本质特征和核心诉求这一认识，笔者提出要坚持创新成果导向，拓展发明研学，强化创新教育。为此，笔者依托浙江省发明协会和民进浙江省委会省直工委，积极创建了浙江省发明协会发明研学专业委员会，并联合浙江外国语学院重要窗口研究所，携手推进发明研学课题研究和发明研学示范基地建设，促进发明研学持续发展和高质量发展。

一、"发明研学"的概念与"五创一体"目标导向

针对研学旅行中存在的"重游轻学、重旅轻研、注重科普、轻视研究"的普遍问题，为了更加突出研学旅行的创新教育理念，提出"发明研学"概念。发明研学，是切实贯彻建设创新型国家、实施创新教育的战略要求，落实研学旅行文件精神，实施"五创一体"的具体行动，即强调在研学过程中要弘扬创新精神，制定创新方案，训练创新思维，培养创新能力，获得创新成果

的有机统一，必须让参与研学的学生有所发现、有所发明、有所创造。本书倡导的发明研学的远景和理念如下。

一个重要赛事平台：校级，省级，国家级。

两个目标：服务"创新教育+振兴乡村"的课程开发中心和研学导师培养中心。

三个层次：大学、中学、小学课程开发。

四方合作：专家，基地，导师，运营方。

五创一体：创新精神，创新项目，创新思维，创新能力，创新成果。

为此，我们需要通力合作，着力构筑发明研学旅行产学研有机结合的高端平台，切实推进发明研学成果的产生、认定、展示与转化，切实推动创新实践、合作与交流；积极行动，采取措施推进发明研学高质量发展；切实践行"敢为人先、勇于担当"的精神，贯彻建设重要窗口的战略要求，依托浙江外国语学院重要窗口研究所和浙江省发明协会发明研学专委会研究编制《发明研学示范基地标准》及《管理办法》，并实行"专委推荐、自愿申报、联合评审"机制，经公示后正式发布发明研学示范基地。发明研学示范基地须符合以下条件：一是必须是具有法人资质的实体单位，拥有满足开展研学活动的场所和提供研学服务的基本条件；二是必须具有创新成果（包括技术创新或机制创新）及其应用，并取得一定成效；三是实施创新导向，注重创新精神、创新教育、创新思维、创新能力和创新成果"五创一体"的有机统一，必须让参与研学的学生有所发现、有所发明、有所创造。我们旨在深化产学研一体化，强化示范基地创新教育平台功能，创建技术推荐、咨询服务和人员培训工作机制，努力开创创新教育新局面。

二、发明研学多层次多元化联动协同创新机制创建

依托浙江外国语学院重要窗口研究所、全省高校的民进组织以及浙江省发明协会发明研学专业委员会等机构，积极推动发明研学大学生社团建设，进而推动大中小学社会实践与发明研学的协同创新，着力构建一支高水平高质量的发明研学导师队伍，加速推进发明研学课程开发与教材建设，大力培育发明研学示范基地建设，在中小学全面有序推进探究式教学，系统推进创新教育持续

健康高质量发展。中小学研学是一个系统工程,其在正确处理好五大关系的基础上,需要进一步整合校外资源,特别是高等院校和科研院所的教学研究资源,以协同推进研学旅行高质量发展。为此,本节构建了一套多层次多元化联动协同创新机制(见图9-1)。

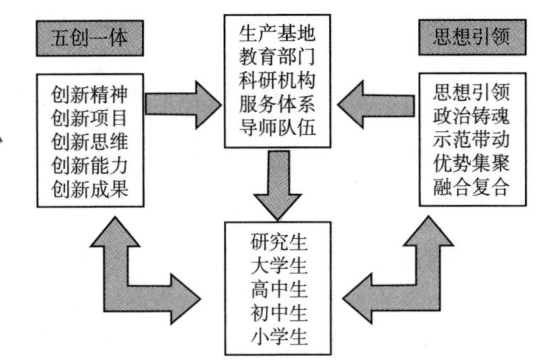

图9-1 发明研学多层次多元化联动协同创新机制

(一)高校引领与多元协同驱动,大中小学多层融合,成果导向务实创新

大学生结合暑期社会实践、浙江省科技厅大学生新苗计划项目以及毕业实习和毕业论文,按照针对乡村振兴的问题导向和创新成果导向开展研学活动,取得成果后,将成果提交大学生乡村振兴创意设计、国际会展创意设计以及创新创业大赛等省级和国家级学科竞赛进行全方位展示,并结合学位论文研究形成具有实际可操作性的研学成果,提交给地方政府和乡村企事业单位,以在实践中应用。在大学生的研学成果基础上,中小学教师进一步深化和利用这些成果,形成针对不同年龄段学生的中小学研学项目、研学课程和研学教材。可以利用大学生志愿者活动,聘请兼职研学导师,将大学生研学与中小学研学紧密结合起来,形成学以致用、教学相长、助推产业发展的良性循环。如浙江外国语学院会展经济与管理专业、艺术科技专业的大学生,在导师带领下利用2019年暑期社会实践深入浦江县仙华街道登高村等地进行调研,对中国书画之乡的神笔马良传说进行了文化基因解码,并进行了主题剪纸创作,还举办了"生态文明两山理论"精品剪纸主题展。在此基础上,学生撰写了文化振兴乡

村创意设计方案,参加第二届浙江省大学生乡村振兴创意设计大赛获得二等奖,并形成四篇学士学位论文。这些成果为浦江县开展中小学生发明研学项目,特别是基地建设、导师队伍建设、课程开发与教材建设等起到了重要支撑作用。

(二)研学课程开发要坚持正确的价值取向和路径选择

依托区域特色产业和文化优势,紧扣新时代要求,精选研学项目和强化师资支持。台州大陈岛注重弘扬垦荒精神,研学旅行可结合垦荒精神和大陈岛特有的两岸乡情文化开展"两岸一家亲"发明研学项目活动。世界矾都温州苍南矾山镇举办了"重要窗口"发明研学论坛,成立发明研学研究院,并通过加快建立健全专家智库,将发明研学与产业技术创新、交流合作以及集聚和转化等紧密结合起来。让大中小学生根据不同层次的需求,分门别类开展发明研学项目活动,可以催生一批又一批创新成果,并通过及时展示认定和价值转化以实现"五创一体"综合效益最大化。让大中小学生根据不同兴趣自主选择、自主组建研学团队,开展创新创造活动,可以丰富研学创新体验,强化创新教育效果。如丽水鱼跃1919文化产业园,在现有鱼跃文化展示和酱油研学项目基础上,提出实施"六大创新"项目,即:构建新平台,强化新功能;创造新体验,丰富新业态;创建新模式,构建新机制。这是通过强化文化产业园的核心带动作用,激活古堰画乡、九龙国家湿地公园和南明湖国家水利风景区等周边研学优势资源,形成整体实力以打造区域发明研学品牌。又如建德市葛塘村,整合浙江省委宣传部和省社科院等专家团队资源,开展社会治理现代化和葛塘乡村治理模式创新研究,并在此基础上拓展发明研学,着力构建针对大中小学生研学旅行的系统服务体系。再如磐安舞龙故乡景区,其舞龙文化基因解码及其文化创意体验,极具中华民族特色且充满娱乐体验和创意创新的挑战性,其发明研学有效带动了磐安及其周边的乡村旅游和文化体验项目。还有金华婺城诗画岩头非遗产业园,依托金华婺城区安地镇优越的发展环境和岩头古村落的闲置资源、配套设施及研学服务体系,线上线下相结合,注重发挥优势集聚功能,打造了浙西南多元化非遗文化产业集聚区。注重提高发明研学业态的丰富度,会极大地提升研学旅行的产业竞争力和影响力。

（三）融合发明创造知识产权，创新创业团队协同推进，合力助推乡村振兴

在疫情常态化背景下，康养文化产业备受关注。武义寿仙谷有机国药基地属于国家级高新技术农业龙头企业，拥有有机国药生态循环系统、有机国药育种系列化重要成果，曾获得国家科技进步二等奖，获有机国药"国际标准"两项。杭州余杭爱比利有机葡萄产业园，注重科技创新，培育了很多优质葡萄新品种，拓展了葡萄产业链壮大体验经济，获得了国家农业农村部表彰。这一类企业拥有发明专利和众多知识产权，是得天独厚的重要资源。衢州荷鹭牧场的循环牧业、高质量乳品及农文旅发展模式，极具领先示范价值。衢江康美河湖公园为推进水利风景区高质量发展，积极探索打造"康美河湖、幸福流域"的样板工程。大中小学生在这里可以感受发明家和发明人的精彩人生故事，学习创新精神，接受创新教育，训练创新思维，培养创新能力，参与创新实践并取得创新成果。在学习和创新的过程中，学生完全有可能获得新的创造性成果并得到认可，进而获得新的发明专利等。这种创新教育训练过程极富挑战性和趣味性，能够激发各级各类学生的创新创造激情，值得大力提倡。笔者以为，想要彻底解决我国大量发明专利产品闲置与转化严重滞后的突出问题，就应结合拓展发明研学强化创新教育，尽快搭建产业技术服务综合体，将区域产业技术发明专利按照产业链的需要进行系统化集成与集聚，并组建专家团队和导师团队切实推动产业技术成果转化。而这样的做法一定能对助推乡村振兴发挥积极而重要的作用。

三、拓展国际研学旅行与推进生态文明国际化

新形势下，研学旅行的课程开发与建设要坚持国际视野。就浙江而言，研学旅行要结合实施"八八战略"、建设"重要窗口"及高质量发展建设共同富裕示范区协同推进，要将浙江全面展示社会主义制度优越性"重要窗口"和共同富裕的最新成果纳入发明研学系统课程开发和师资队伍建设的重要内容。依托浙江省国际化优势资源，可打造世界丝绸文化之都、世界雁文化总部（世界华侨华商精神家园）、杭州世界茶都公园、温州世界矾都公园以及松阳

国际田园康养博览园等重大项目,积极组织学生拓展"研学体验馆创意设计"创业项目和杭州国际研学产品线路。拓展国际研学旅行,创建基地,积极吸引外国学生来中国开展发明研学活动,对推进生态文明国际化和中国文化走出去具有重大意义。创新是一个民族的灵魂。研学旅行的本质特征是创新教育。开展发明研学活动,强化创新教育,是提高青少年创造力的有效途径。应以"发明研学"为抓手和载体,为铸造具有制度优越、国际领先及具有示范引领功能的创新教育"重要窗口"而努力奋斗。

第六节 全面实施中小学基础教育的改革

针对当前我国基础教育改革需要按照全国教育大会精神,尽快破解基础教育功能单一化,家庭负担过重"不敢生、不想生"日益严重导致人口增长持续放缓以及不利于孩子健康成长等十分突出的问题,本节在客观分析问题原因的基础上提出建议:一是建立健全中小学全天候教育制度,着力强化基础教育的多元化功能,落实"双减"推动教育和社会协同转型;二是采取切实有效措施保障教育经费,将中小学全天候制教育工程纳入国家"十四五""新基建"。

2018年9月10日,习近平总书记在全国教育大会上明确指出"我们要抓住机遇、超前布局,以更高远的历史站位、更宽广的国际视野、更深邃的战略眼光,对加快推进教育现代化、建设教育强国作出总体部署和战略设计,坚持把优先发展教育事业作为推动党和国家各项事业发展的重要先手棋,不断使教育同党和国家事业发展要求相适应,同人民群众期待相契合,同我国综合国力和国际地位相匹配"。《中华人民共和国义务教育法》(以下简称《义务教育法》)(2018年12月29日第十三届全国人民代表大会常务委员会第七次会议修改)明确规定,国家实行九年义务教育制度。"第二十二条 县级以上人民政府及其教育行政部门应当促进学校均衡发展,缩小学校之间办学条件的差距,不得将学校分为重点学校和非重点学校。学校不得分设重点班和非重点班。""中国式现代化"需要教育现代化先行。贯彻教育先行,增加基础教育投入,是十四五"新基建"重要内容。务实创新基础教育制度是提升深化改革社会效能的重要任务。

必须注意的是，我国基础教育问题仍然十分突出，已经严重危及民族伟大复兴，主要表现在以下几个方面。

一是基础教育均衡发展任重道远，重点中小学仍然竞争十分激烈。孩子和家长普遍浮躁与焦虑，出国留学成为时尚。教育与房地产业捆绑的学区房问题一直备受社会各界诟病。课外学科辅导问题，因为实施"双减"政策而有所缓解，但因高考制度和社会竞争机制基本导向的教育整体格局尚未根本转变，致使"地下培训辅导"一定程度上仍然屡禁不止。

二是现行的全日制基础教育功能单一化，家庭不堪重负，"不敢生、不想生"日益严重。中小学生每天放学回家，在职父母无法每天按时接送；辅导家庭作业成为孩子家长最头疼的事情，严重影响社会生产力的有效释放。中西部不少省份学校，不为学生提供午餐，家长"陪读成风"。家庭教育成本居高不下，孩子上学读书成为家庭的重大负担，适合生育的青年人"不敢生、不想生"越来越严重，致使新生人口断崖式下跌，加快了我国老龄化进程。据央广网报道，2022 年全年出生人口 956 万人，人口出生率为 6.77‰；死亡人口 1041 万人，人口死亡率为 7.37‰；人口自然增长率为 -0.60‰。2022 年末，全国人口（包括 31 个省、自治区、直辖市和现役军人的人口，不包括居住在 31 个省、自治区、直辖市的港澳台居民和外籍人员）141175 万人，比上年末减少 85 万人。

三是现行基础教育的强化习题训练，容易造成"脑损伤"问题。6~12 岁，是人脑缘系统发育额的关键时期，如果这个期间孩子承受的压力太大，脑缘系统发育不充分，就会导致一个人成年后情绪不稳定、敏感自卑、运动能力差、血压血糖高等问题。我国中小学阶段普遍存在的过量作业、低分淘汰、差生等侮辱性词汇，对脑缘系统的发育生长造成了严重干扰。

四是教育经费投入不足问题与综合国力不相适应。相对于美丽乡村和交通设施等项目的硬件投入，基础教育经费增长亟待加强。义务教育免费政策虽已经实施多年，但我国家庭基础教育实际支出"不减反增"。本节认为，要破解上述问题，迫切需要将目前中小学全日制教育转变为"全天候制教育"（周一至周五住校，周末回家）。免费教育、统一食宿、统一服装、文体活动及研学旅行等应该成为义务教育的"标配"。在这方面，德、日、韩等国家以及我国台湾、香港地区基础教育经验很值得借鉴。事实上，全国已经有很多高中和部分初中实现了（寄宿）住校制度。浙江中小学普遍实施学校午餐制度。可见实施全天候制教育是有基础和符合国情的。学校要切实担负起教育全方位培养人才的责任。教书育人是教师的职责，要做党和人民满意的（有理想信念、有道德情操、有扎实学识、有仁爱之心）"四有"好老师，要当好学生成长的"引路人"。辅导作业是教师的天职，不应该成为孩子父母的负担。

贯彻《中华人民共和国家庭教育促进法》（以下简称《家庭教育法》），父母或者其他监护人为促进未成年人全面健康成长，对其实施道德品质、身体素质、生活技能、文化修养、行为习惯等方面的培育、引导和影响。家庭教育以立德树人为根本任务，培育和践行社会主义核心价值观，弘扬中华民族优秀传统文化、红色文化、社会主义先进文化，促进未成年人健康成长。周末父母带孩子亲情生活、家务劳动、休闲旅游、走进自然和了解社会。父母必须肩负起教育的责任，"父爱如山、母爱似海"，这是不可替代的；祖父母带孙子，问题多多。退休老人因为照看孙辈不堪重负和不敢消费，直接影响晚年幸福生活质量。"隔代溺爱"不仅影响家庭和谐，更危害了孩子的未来。

贯彻《义务教育法》和全国教育大会精神，加快推进教育强国战略，在全面小康社会和民族伟大复兴的大背景下，家庭教育负担沉重等重大问题亟待从根本上取得突破。实施中小学全天候制教育刻不容缓，具体建议如下：

一是建立健全中小学全天候教育制度，着力强化基础教育的多元化功能，落实"双减"推动教育和社会协同转型。全方位强化学生生活自理能力、体育健康能力、团结协作和谐相处能力，积极拓展研学旅行，促进德智体美劳全面发展。周一至周五全天候制教育，周末家庭亲情团聚，由父母带孩子，提升家庭凝聚力。由学校全面负责学生道德修养、课程教学、衣食住行、知行合一和团队活动等。这样，可以全面释放家长工作日的创新能量，也让祖父母从繁重带孩子的任务中彻底解放出来。能够迅速有效破解人口快速衰减问题及由此所引发的中小学教师过剩问题。提升退休老人幸福指数和年轻父母工作效率，让孩子充分成长，让教师充分就业，让祖父母自在消费，让适龄生育夫妇敢生想生，社会生产力得到充分释放。这对于加快推进中国式现代化，具有重大战略意义。

二是采取切实有效措施保障教育经费,将中小学全天候制教育工程纳入国家"十四五""新基建"。《义务教育法》第三十四条明确要求"教育教学工作应当符合教育规律和学生身心发展特点,面向全体学生,教书育人,将德育、智育、体育、美育等有机统一在教育教学活动中,注重培养学生独立思考能力、创新能力和实践能力,促进学生全面发展"。学校要按照上述法规要求强化多元化功能建设。教育是民族复兴的根本大计,教育经费保障至关重要。一方面,要确保落实政府财政的教育经费投入;另一方面,要积极拓宽教育经费筹措渠道,主要内容包括:优化三次分配方案,积极倡导新型慈善,建立健全基础教育经费捐赠制度,以及借鉴发达国家先进经验,积极拓展移民税、遗产税和资产税等新税种。

第七节 拓展发明研学,强化创新教育

2016年12月,教育部等11个部委出台《关于推进中小学研学旅行的意见》,旨在落实立德树人的根本任务,帮助中小学生了解国情、热爱祖国、开阔眼界、增长知识,着力提高其社会责任感、创新精神和实践能力。创新教育与研学旅行,成为新时期的热点话题。创新教育是研学旅行的本质特色和核心诉求。然而,目前总体来看,在研学旅行的基地建设和推进过程中,更多地关注了科学知识的普及,而对于创新创造教育内容则体现得不够充分,一些地方甚至将瑜伽、禅修、辟谷等作为研学示范项目,造成严重误导或"误人子弟",实际上已严重背离了研学旅行的初衷。这些问题值得高度重视并尽快破解。

本书认为,目前实施的研学旅行更多地关注了科学知识普及,对创新创造教育内容体现得不够充分,发明研学资源优势,特别是特色产业技术优势尚未得到有效利用。结合创新教育"重要窗口"建设,迫切需要通过"敢为人先勇于担当"抢占战略制高点,在原创概念"发明研学"上下功夫。"创新是一个民族的灵魂"。拓展发明研学,强化创新教育,刻不容缓。为此,本节提出对策建议如下。

一是注重"五创一体",实施多元化、多层次联动协同创新机制。注重创

新精神、创新教育、创新思维、创新能力和创新成果"五创一体"。要特别强调"创新教育的成果导向",将创新成果作为衡量研学旅行教育教学质量的关键指标,并尽快构建研学创新成果的认定展示、转化利用与激励机制。要深化产学研合作、多党派合作、多智库合作,将大学与中小学多层次研学衔接起来,构建联动协同创新机制。将大学生毕业论文、社会实践和志愿者工作与研学基地创建、课程开发和教材建设以及研学导师培训紧密结合起来,加快推进发明研学系统建设。以2020年9月评选公布的15家发明研学示范基地为基础,两年内培育认定示范基地至100家,并深化产学研一体化,强化示范基地创新教育平台功能,加快建立健全专家智库,创建技术推荐、咨询服务和人员培训工作机制。

二是尽快建立"发明研学示范工程"强化示范引领作用,尽快健全完善第三方评价机制,并形成《发明研学示范基地管理办法》和《示范基地评价标准》。在浙江外国语学院重要窗口研究所和浙江省发明协会发明研学专业委员会的15家"第一批发明研学示范基地"基础上,依托全省高校民进组织和浙江省发明协会发明研学专业委员会,推动发明研学大学生社团建设,进而推动大中小学社会实践与发明研学的协同创新,着力构建一支高水平与高质量的发明研学导师队伍,加速推进发明研学课程开发与示范基地可持续发展。切实推进创新教育"重要窗口"建设。

三是切实推进"重要窗口"发明研学论坛常态化。由浙江外国语学院、民进浙江省委会和浙江省发明协会等单位指导,浙江外国语学院重要窗口研究所和浙江省发明协会发明研学专业委员会主办、苍南县矾山镇承办的首届"重要窗口"发明研学论坛于2020年9月11日在温州苍南"世界矾都"举行。会议举行了以"拓展发明研学、强化创新教育"为主旨的专家报告会,笔者作题为《发明研学及其协同创新机制》的主旨报告。本次会议为浙江省15家发明研学示范基地授牌,并发布《世界矾都发明研学宣言》。受到光明网、小康网等媒体的高度关注,并产生了积极反响。因此,积极推进"重要窗口"发明研学论坛常态化,使之成为发明研学理论创新、成果展示及交流合作与经验推广的重要功能平台,意义重大。

附件:"重要窗口"发明研学论坛

2020年9月11日,首届"重要窗口"发明研学论坛在"世界矾都"苍南县矾山镇举行,来自省内外的50多名专家学者济济一堂,共商"拓展发明研学、强化创新教育"大计,深入开展"研学旅行"和加快推进浙江创新教育"重要窗口"建设学术研讨。浙江省政协副秘书长、民进浙江省委会专职副主委刘毅,温州市政协副主席、民进温州市委会主委王丽峰,苍南县委常委、县纪委书记、县监委主任李青出席论坛并致辞。刘毅表示,举办首届"重要窗口"发明研学论坛,深度推进创新教育意义重大,是建设"重要窗口"的具体实践,希望"重要窗口"发明研学论坛组委会积极践行科学首创精神和真诚奉献精神,努力把"重要窗口"发明研学论坛打造成常态化的品牌论坛。王丽峰指出,本次论坛将世界矾都打造成"发明研学圣地",关乎一个废弃矿区转型发展与高质量发展的路径创新和模式创新,充分展现了"研学旅行"的核心内涵和本质特征,也是温州人梦寐以求的目标。李青说,首届"重要窗口"发明研学论坛放在苍南世界矾都举行,是对苍南的信任和支持。感谢各位专家领导和示范基地负责人前来传经送宝,指导帮助世界矾都转型发展与高质量发展,建设创新教育的"重要窗口"。

由浙江外国语学院"重要窗口"研究所和浙江省发明协会发明研学专业委员会联合举办的首届"重要窗口"发明研学论坛,2020年9月11日在温州市苍南县世界矾都举行。基于"创新教育是研学旅行的本质特征"这一共识,来自省内外的专家学者50余人和第一批发明研学示范基地负责人济济一堂,共商"拓展发明研学、强化创新教育"大计。经认真研讨,与会代表一致同意发布《世界矾都发明研学宣言》,主要内容如下:

1. 2016年12月,教育部等11个部委出台《关于推进中小学研学旅行的意见》,旨在落实立德树人的根本任务,帮助中小学生了解国情、热爱祖国、开阔眼界、增长知识,着力提高其社会责任感、创新精神和实践能力。创新教育与研学旅行,成为新时代的热点话题。拓展发明研学,强化创新教育,刻不容缓。

2. 我们率先提出发明研学概念，倡导创新成果导向。研学过程中要注重创新精神、创新教育、创新思维、创新能力和创新成果"五创一体"，着力构筑发明研学旅行产学研有机结合的高端平台；研学基地要切实推进发明研学成果的产生、认定、展示与转化，切实推动创新实践、合作与交流。

3. 我们积极行动，采取措施推进发明研学高质量发展：

（1）依托世界矽都，成立发明研学研究院，举办"重要窗口"发明研学论坛，并努力实现常态化。

（2）切实践行"敢为人先、勇于担当"精神，贯彻建设"重要窗口"的战略要求，依托浙江外国语学院"重要窗口"研究所和浙江省发明协会发明研学专委会研究编制《发明研学示范基地标准》及《管理办法》，并实行"专委推荐、自愿申报、联合评审"机制，经公示后正式发布。

（3）以这次评选公布的15家发明研学示范基地为基础，两年内培育认定示范基地至100家，并深化产学研一体化，强化示范基地创新教育平台功能，加快建立健全专家智库，创建技术推荐、咨询服务和人员培训工作机制。

（4）依托全省高校民进组织和浙江省发明协会发明研学专业委员会，推动发明研学大学生社团建设，进而推动大中小学社会实践与发明研学的协同创新，着力构建一支高水平与高质量的发明研学导师队伍，加速推进发明研学课程开发与示范基地可持续发展。

4. 创新是一个民族的灵魂。研学旅行的本质特征是创新教育。让我们携起手来，以"发明研学"为抓手和载体，为铸造具有原始创新、国际领先及示范引领功能的创新教育"重要窗口"而努力奋斗！

第十章 推进"一带一路"枢纽建设

第一节 联合申报世界战争遗产,撬动国际合作促进世界和平

党的十九大报告明确提出"两个一百年目标",向全世界宣告中国要和平崛起,要成为世界强国,要维护中国利益。对此,美国必然会不断地制造冲突"找麻烦",2023年公然入侵我国南海黄岩岛领海就是一个重要信号。中美战略冲突与博弈已经在所难免,我们如何积极应对,已经成为当务之急。因而,我们必须有充分的"预案"准备。

加强中日韩的战略合作与谋求共赢发展,是历史发展的必然选择。为此,必须团结一切可以团结的力量,有效应对来自美国的战略威胁。积极谋求中日韩命运共同体战略合作的最大公约数,运用"世界战争遗产"撬动中日韩国际战略合作,值得高度关注和深入研究。

根据财经网报道,2022年大东海地区GDP合计24.28万亿美元(中国16.86万亿美元,日本5.1万亿美元,韩国1.82万亿美元,中国台湾地区0.5万亿美元),已超过美国当年GDP,凸显大东海区域的经济地位和影响力。大东海周边三个国家的实力在全球举足轻重。我们有理由认为,大东海已经成为新时代的世界中心,是亚洲乃至世界和平发展的动力源泉和发动机。大东海的发展实力和潜力,是世界上任何其他地区难以比拟的。什么时候大东海人民团结了,什么时候就能够创造辉煌。

历史上,大东海地区的人民饱受世界各种战争之苦。这里遗留下众多的世界级战争遗产,例如绝无仅有的原子战争遗产(日本长崎广岛),细菌战争遗产(中国宁波金华衢州),宁波招宝山抗法威远炮台遗产和郑成功收复台湾战争遗产等。世界战争遗产是值得珍视的"世界遗产"。世界战争遗产不仅警示

和教育大东海人民"落后就要挨打",还成为一个永恒的存在,永远昭示着"外来威胁是大东海人民灾难深重的根源"。

为了共同有效应对美国的战略威胁,当务之急是谋求中日韩加强国际战略合作,运用东方智慧,争取大东海命运共同体建设及与美帝国主义战略博弈的决定性胜利。具体建议如下:

一是积极搭建新型平台。推动相关国家联合申报联合国"世界战争遗产",加快"世界战争遗产"文化旅游开发,充分发挥世界战争遗产的文化价值、经济价值和地缘政治价值。

二是构建大东海命运共同体。中国应主动积极发挥领导作用,立即行动起来,组织大东海人民打造"命运共同体"。新时代背景下,中国要尽快破解中日韩"史结",落实"一带一路"实现互利共赢,加快推进"东亚自由贸易区"。深化大东海战略合作,深入贯彻"十三五"国家城市群战略,加快推进中国(甬台温)"大东海城市群",积极打造中国先进制造产业集群和亚洲智能制造中心。

第二节 实施大东海战略推进东亚共享发展

一、东海,应该是合作共赢的幸福之海

东海是中国大陆的边缘海,北以长江口至韩国济州岛一线和黄海相通,东北以朝鲜海峡和日本海相通,东以琉球群岛和太平洋相通,南以台湾海峡和南海相通。东海东北—西南最长处约1300千米,东西平均宽约740千米,总面积约77万平方千米。东海平均水深370米,最深处冲绳海沟深2700多米。东海岛屿众多、资源丰富。[①] 大东海地理位置日益重要。大东海,涉及中国(浙沪闽台四省)、日本、韩国三个国家,是当今世界最具活力、最具潜力的重要地区。该区域命运共同体建设及和平发展,直接关系到中华民族伟大复兴和中国梦的实现,更关系到世界和平与发展。这里是海上丝绸之路的发源地,也是

---

① 资料来源:河北省自然资源厅官网。

"一带一路"的重要大通道。大东海沿岸是目前世界上最具活力的区域，经济地位与日俱增，这里也是政治军事最敏感的地方。值得特别关注的是，大东海区域的政治影响也在日益提升，地缘政治地位显著。东海风云变幻"曾经沧海难为水"，但是大东海人民一衣带水，"远亲不如近邻"。东海拥有吉祥文化蕴涵——"福如东海"。增进东海沿岸人民福祉，当代人义不容辞、责无旁贷。

二、实施大东海战略的意义与作用

（一）大东海战略内涵

构建大东海共同体，有利于增强影响力，提高对外合作与交流的成效。大东海共同体（中日韩）的经济实力远超美国，对世界经济具有举足轻重的影响力。构建命运共同体（"一带一路"，互联互通，合作共赢；东亚一衣带水，大东海合作发展圈）推进互联互通、互惠共享，大东海国际旅游合作大有作为，整体形象共树、旅游资源共享、产品体系共建、产业技术合作。大东海战略作用。构建国际战略新平台，深化区域交流与合作，增强区域发展动力；开启共同抵御外来干涉和侮辱的新时期（国际政治、经济、外交、军事），办好自己的事情避免域外干扰，增加管控分歧新途径，促进区域和平发展。系列化世界战争文化遗产警示世人祈求和平。这里是亚洲旅游乃至世界旅游创新发展的重要引擎。大东海国际旅游地位与日俱增。中日韩及中国四省之间已经互为重要的旅游客源市场和目的地市场，旅游发展潜力世界瞩目。大东海旅游是世界旅游的重要热点。

（二）实施大东海战略、创建大东海命运共同体具有重大意义

大东海战略理应成为亚太自贸区重要组成部分。贯彻党的十八届五中全会精神创新、协调、绿色、开放、共享五大理念。优化世界治理，把亚洲自己的事情办好。推进区域旅游合作、共同开发、互利共赢，保障世界和平发展，增进人民福祉。

三、中国实施大东海战略的主要对策

(一) 主导大东海战略合作

新时期,中国作为联合国常任理事国及区域最大的经济体,理应主导大东海三国四省(中日韩、浙沪闽台)的大合作平台——大东海共同体的构建。成立区域协调机构,推动国际及国内区域协同创新。践行"一带一路"共赢发展倡议,深化"中日韩自由贸易区",实施旅游先行,充分发挥旅游带路的功能。围绕大东海区域协作、陆海协作和协同创新的战略目标,科学配套设置组织机构,再创体制与制度新优势,有效推动区域协同创新,加快区域转型升级,实现跨越发展。按照新型城镇化要求,进一步强化大东海区域的甬台温绍舟等中心城市,积极配套完善城镇体系,加快浙江城镇化科学发展步伐。实施主体功能区规划,积极探索国家公园体制创新,妥善处理好行政区与功能区关系。要大力实施大东海旅游战略,打造深化国际旅游合作示范区。

(二) 构建大东海城市群

结合"十三五"规划,科学编制《大东海区域发展战略规划》,完善城乡战略、功能定位和空间布局,科学规划与不断完善区域产业体系,加快大东海区域中心城市建设及海洋海岛整体开发的步伐,提升大东海区域省际与国际的综合竞争能力。努力壮大自己,抢抓"十三五"重大机遇,铸造"宁台温大东海城市群"及系列港口和铁路的整合协同。优化海岛开发政策。我国要在出让无人小海岛试点政策的基础上,及时出台大海岛开发政策与规划。抢占先机,有效激活民间资本,科学开发旅游海岛、工业海岛和生态海岛等。拓展海洋养生产业。区域"十三五"规划要积极拓展循环经济,全面推进智造新城、幸福港城和港湾美城。延伸智慧海洋产业。积极开发蓝色海洋,深化创新发展,全面推进海岛利用、海洋开发和海洋产业。

(三) 完善港路网络体系

及时深化"习马会"成果,发挥亚投行作用,积极推进台海隧道工程,推进台海经济合作与文化交流。大东海港口潜力发挥必须依靠内陆腹地的链接。东海现有港口存在港路链接畅通度和均衡度严重不足的问题。针对大东海港口与铁路公路的匹配失衡问题，迫切需要加强东海重要港口与铁路公路交通的链接贯通，尽早实施"港路通工程"，尽快实现大东海"四通八达"。"十三五"期间，亟须立项与实施大东海"港路通工程"，要着力构建"钉耙型"海港铁路公路网系统，注重纵向发展发挥腹地联动作用，助推全面小康工程，主要内容包括三条铁路（宁波—义乌，台州—永康丽水—抚州—吉安—衡阳，温州—赣州—柳州—郴州—贺州—贵港）以及大东海高速大通道。实现大东海"四通八达"才能对我国华中、华南和西南内陆地区发挥辐射带动作用，也才能最大限度地推进大东海城市群和海洋蓝色产业的大发展。举办国际海岛旅游博览会，推进东海岛屿养生旅游模式创新。积极构建"甬台温大东海城市群"，争取纳入国家战略。积极推进东海港路网优化，发挥东海系列港口—腹地的辐射功能，全面推进跨区域旅游富民。

（四）打造蓝色旅游系统

"一带一路"，旅游带路。旅游合作是推进区域战略合作的重要切入点。东海沿海主要城市和港口有中国的上海、杭州、宁波、台州、温州、福州、厦门、台北，日本列岛的长崎、鹿儿岛和琉球群岛的那霸等，主要旅游城市和景区有上海、朱家尖、东钱湖、杭州、大陈岛、大鹿岛、洞头岛、南麂岛、厦门岛、金门岛、台北、冲绳岛、长崎以及济州岛等。入海河流主要有长江、钱塘江、瓯江、闽江等。对于人类战争文化系列遗址的保护与旅游开发，有长崎原子弹、宁波金华细菌战、沪松保卫战、台州古长城、一江三岛—金门岛、（和平）大陈岛以及钓鱼岛等。创造机遇联合相关城市，整体申报世界战争文化遗产，丰富蓝色旅游文化特色，努力增进世界和平，有效推进蓝色文明。以浙江台州海门卫城为核心，构建东海文化总部。构筑新丝路，有效发挥国际旅游民间交流、互惠发展和增进和平功能，拓展新型海洋产业，造福东亚人民。

（五）优化海岛旅游开发政策供给

为适应东海旅游国际合作和铸造新业态、新产品、新体验、新模式的需要，大力推进新常态下海岛旅游科学发展、持续发展和共享发展。在无人岛开发政策基础上,积极紧密结合新形势和新趋势,深入探索与研究出台新政策,推进东海大岛屿的生态保护与产业发展的协调。创建中国东海旅游大学,创新旅游国际化应用型人才培养模式,围绕大东海区域战略发展需要积极争取创建东海大学及相关的民间科研机构和社会组织。全面提升大东海战略的科技、文化及管理人才支撑体系,健全完善海洋海岛产业文化与体验经济人才支撑体系。

第三节 实施"大东海战略",再创浙江战略新优势

浙江民营经济制度优势的率先创建与市场作用的有效发挥。浙江坚持"八八战略"一张蓝图绘到底。弘扬"红船精神""浙江精神",实施海洋经济战略、浙江省海洋经济实验区及城市大脑数字经济战略,不断深化"最多跑一趟"改革,浙江经济社会"两个高质量发展"正走在全国前列。

必须注意到,"长三角一体化"战略和"海西区"战略给浙江带来了严峻的挑战。"长三角"范围辐射涵盖浙江全境。海峡西岸经济区,简称"海西经济区",是指台湾海峡西岸,以福建为主体包括周边地区,南北与珠三角、长三角两个经济区衔接。"海西经济区"范围辐射至浙江。"杭州大湾区战略"因为与粤港澳、渤海湾相比,其份量尤显不足。这致使浙江的区域国家战略严重缺失。就连内陆省份湖南都拥有"长株潭城市群"国家战略,这是浙江杭州都市圈所无法比拟的。从全国来看,东海发展至关重要。浙江是海洋大省,拥有的岛屿最多、海岸线最长,浙江又直接面向东海。东海是浙江的潜力所在和优势所在,不能不引起高度重视。

从实施国家海洋战略的高度来看,仅仅设置"舟山海洋经济实验区"显然是不够的,这不足以带动整个大东海区域实现跨越发展。为此,浙江迫切需要抓住"十四五"国家战略机遇,积极响应海洋强国战略,再创浙江战略新优势。因此,必须争取"大东海国家战略",使"东海区"与"长三角"和"海西区"相互支持、协同推进。只有这样,才更有利于国家海洋战略的顺利实施,也更有利于再创浙江战略新优势,谋求浙江实现新跨越。要积极借鉴湖南"长株潭城市群"国家战略的成功经验,按照新型城镇化战略,构建大东

海城市群（杭甬台温），着力完善中心城市功能，提升服务辐射能力和核心城市首位度。

深入贯彻习近平新时代中国特色社会主义思想，强化陆海协同，有效拓展海洋海岛产业和高新制造业。构建大东海区域协作体系，实现综合效益最大化，助推中华民族伟大复兴，意义特别重大。为此，本节提出实施大东海战略的对策建议如下。

一是抢抓战略机遇，尽快实施大东海战略，科学编制区域规划。深入贯彻习近平"经略海洋思想"，紧紧围绕提升大东海区域国际综合竞争能力，结合国家和浙江省"十四五"规划的研究，加快深化大东海战略课题研究，力争将大东海战略尽快提升为国家战略。科学编制《大东海区域发展战略规划》，积极探索东海海洋国家公园体制创新，深入实施主体功能区规划，妥善处理好行政区与功能区关系。

二是强化顶层设计，加快将"杭甬台温城市群"上升为国家战略。按照新型城镇化要求，进一步强化大东海区域的杭甬台温等城市群，积极配套完善城镇体系，强化海洋生物制药产业和机器人高端制造业，完善城乡战略、功能定位和空间布局，科学规划与不断完善区域产业体系，加快大东海区域中心城市建设步伐。

三是强化组织保障，成立大东海战略协调机构，推动浙江战略协同创新。组建大东海战略领导小组，促进省会杭州和单列市宁波协同发展，围绕大东海区域协作、陆海协作和协同创新的战略目标，科学配套设置相应的组织机构，强化"创新服务综合体"建设，有效推动区域协同创新，加快区域转型升级，实现跨越发展。

第四节 加快宁波"一带一路"综合试验区建设

近年来，通过民进组织活动、浙江省"千年古镇（古村落）"评审现场考察及承担相关课题等多种渠道，笔者多次深入宁波基层进行调研。在市委市政府的坚强领导下，宁波各项事业发展势头迅猛且成绩卓著。经党中央、国务院批准，同意中国国际日用消费品博览会从2019年起更名为中国—中东欧国家博览会暨国际消费品博览会,并明确首届博览会于2019年6月8日至12日在宁波市举办,为一年一届,主办单位浙江省人民政府、商务部。至此,中东欧博览会正式升格为国家级展会。宁波作为"东亚文化之都"和宁波"一带一路"建设综合试验区的战略地位更加凸显,特别值得关注。但对照党的十九大、浙江省委和宁波市委有关会议精神,可以发现宁波在文化旅游融合发展方面尚存在若干突出问题,主要体现在:一是宁波的文化优势资源闲置问题突出,如海上丝路启碇港文化、王阳明国际文化以及宁波帮文化资源等。二是宁波东钱湖、老外滩、招宝山和南塘老街等关键景区文旅融合的战略规划和运营机制等方面都存在一定的缺陷。东钱湖"财富湖泊"主题定位缺乏体验经济产业支撑;老外滩"十里洋场"和"欧陆风情"洋味有余,但民族文化自信不足,缺乏民族跨国公司总部的入驻;南塘老街缺乏宁波特有的民俗文化展示和体验产品表达;招宝山没能突出特色主题"妈祖天后封神地"。千百年来,妈祖的影响力由福建莆田湄洲传播开来,对东亚和东南亚海洋文化产生了重大的影响。2009年10月,妈祖信仰还被入选联合国教科文组织人类非物质文化遗产代表作名录。值得关注的是,据史料记载,妈祖第一次受到朝廷的册封是与宁波有关的,且封神地就是宁波招宝山。三是促进宁波文旅优势和潜力有效发挥的国际化高端战略平台特别紧缺。上述问题严重制约了宁波创意平台共享体验新经济的跨越发展及"一带一路"枢纽城市目标的实现,需要抓紧研究并尽快破解。

根据上级要求,宁波要打造"一带一路"港航物流中心、投资贸易便利化先行区、产业科技合作引领区、金融保险服务示范区、人文交流门户区,勇当"一带一路"建设排头兵,努力建成"一带一路"枢纽城市。在针对宁波海上丝路启碇港文化、妈祖天后封神地文化、王阳明国际文化以及宁波帮文化资源调查分析研究的基础上,本节基于"国际化就是提升国际竞争力"的认识,提出以下对策建议。

一是尽快研究编制《宁波高端会展业发展战略规划》。"义博会"对于义乌发展的重大促进作用举世公认,很值得宁波借鉴。重点策划并运营"宁波海丝文化产业博览会""妈祖朝圣文化旅游节""王阳明国际文化旅游节暨国际教育产业技术博览会"等国际化高端战略平台,为宁波"东亚文化之都"注入源头活水,提供强大战略支撑。

二是尽快研究并实施东钱湖、老外滩、招宝山和南塘老街等重点景区的"国际竞争力提升"改造工程。坚持文化自信、厚植家国情怀，充分展示和体现宁波帮文化和宁波民俗文化，大力发展文化创意产业和旅游体验经济。

三是成立宁波"一带一路"研究院，构建"一带一路专家智库"，为宁波深化国际合作、提升国际竞争力与实现高质量发展提供智力支撑。

第五节 打造海神妈祖圣山，创建海丝文化总部

招宝山的优势显著，拥有海神圣山妈祖文化、海防胜地威远文化、丝路起碇港和宁波帮，文化旅游发展前景十分广阔。深入贯彻落实十九大精神，加快建设社会主义先进文化，大力推进中国文化走出去，提升旅游国际竞争力，推进产业转型升级，镇海招宝山大有可为。

形势喜人、形势逼人。当前的主要矛盾是人们对美好生活向往的需要与不平衡不充分发展之间的矛盾。在推进国家"一带一路综合实验区"和"海陆统筹示范区"的伟大工程中，作为海丝之路起碇港的招宝山责无旁贷。浙江省级风情小镇的创建是招宝山重要发展机遇，不容错失。招宝山实施战略引领，加快科学发展，刻不容缓。

一、现状与问题分析

招宝山街道曾经是镇海县城，这里历史文化底蕴深厚。近年来旅游发展取得显著成绩，目前招宝山景区已经是4A级旅游景区。对照十九大报告的要求和当地干部群众的期盼，还存在以下几个方面的突出问题：一是当地政府积极有为，但缺失发展战略引领。二是文化底蕴非常丰厚，但缺乏特色体验产品。三是景城管理体制壁垒，古城与景区协同不够。四是旅游项目设施不少，但布局配套不尽合理。五是古城结构功能完整，但周边环境亟待改善。六是古代建筑资源丰富，但遗址保护力度不够。其中最关键的问题就是缺乏旅游文化主题特色以及与之对应的体验产品与服务体系。

二、明确战略定位，抢占战略制高点

经过深入调研，并多次与镇海旅游局、招宝山街道主要领导座谈研讨，笔者提出招宝山的旅游发展战略目标是"全国海上丝路文化总部"，花三年时间创建景城一体化的5A级景区、国家级特色小镇和国家级文化创新示范区。

支撑战略目标的核心文化内容有四项：海神妈祖封神地、海丝之路起碇港、海防文化威远城以及重教兴学的世界宁波帮文化。

三、构筑高端平台，创新体验产业链

真抓实干积极响应"加强陆海统筹，加快建设海洋强国"战略新思维，充分依托招宝山"丝路起碇港"的战略优势，充分利用宁波帮独特文化，有效整合妈祖文化、威远文化以及宁波帮文化等优秀文化优势资源，明确特色文化主题和发展战略，精准定位，强化招宝山风情旅游区旅游服务功能。

运用文化总部理论和文化旅游产业融合发展新理念，高度积聚优势资源强化整合复合融合，结合运用现代旅游科技推陈出新，充分激活"千年古镇、古码头、古炮台、古寺庙、古学堂"历史文化，突出招宝山（海神—妈祖圣地、海防—威远雄风）和海丝启碇港的特色文化主题，着力构建"国际海神妈祖文化节""国际妈祖巡游""威远雄风海防教育""重教兴学高端平台"四大功能模块，丰富文化体验新业态与新产品。运用海神妈祖天后文化、海防威远文化、海丝启碇港以及宁波帮文化为招宝山古城铸魂，举办"国际妈祖文化节"，积极打造招宝山"妈祖封神地圣山"。建设"海上丝路博物馆"，举办"中国国际海丝之路文化节"，全力铸造"丝路体验旅游"和"丝路起碇港"第一品牌。依托江南古学堂、镇海中学和宁波大学，提升"全国校长论坛"，积极拓展"全国教育教学创新大赛"和国际海员培训等系列项目。

优化提升招宝山景区及完善威远城展陈与体验产品，创作电影《威远雄风》。运用现代影视与信息技术有效展示海防文化和英豪丰功伟绩，强化海防教育的趣味性、观赏性和体验性。丰富古城街道主题文化，突出世界宁波人的重教兴学与民俗文化主题特色,积极拓展古城旅游商业新业态。依托镇海中学和江南学堂大力拓展国际研学旅游,积极弘扬宁波帮的家国情怀和奉献精神,有效集中展示甬剧等非物质文化遗产,努力打造体验经济新模式。发掘利用顺济号子和镇海渔歌等,全面展示宁波优秀文化,大力推进宁波帮文化国际传播和宁波国际旅游竞争力提升。

健全完善旅游系统功能服务体系,做亮沿江国际康养景观带(海鲜美食城、影视娱乐城和康养体验城)。全面而有效地整合宁波文化产业旅游优势资源,系列化展示与体验宁波帮优秀文化。重点突出以甬江口招宝山—老外滩历史文化轴线为主体,以东钱湖和梅山湖为两翼,着力构建"一体两翼"旅游空间大格局,为宁波创建"国家一带一路实验区"和"国家陆海统筹实验区"提供强有力的系统支撑。

四、加快系统推进,增强核心竞争力

(一)依托神圣招宝山,举办国际海神妈祖文化节

打造妈祖天后神山。天后宫——祭封神地,拜妈祖。举办"国际妈祖文化节",举办"国际丝路·海神妈祖巡游"活动。

(二)展示世界宁波人,实现街区主题特色化

实施街区主题化文化工程,分主题片区,分别与海丝博物馆、海丝文化片区、威远文化片区相配套。重点突出沿海大道,丰富墙绘与景观小品,有效展示重教兴学的世界宁波帮文化。

(三)创建海丝博物馆,举办国际丝路文化节

依托航济亭,创建"中国海丝之路博物馆",丰富文化体验产品。依托丝路起碇港,创建中国海丝风情旅游节,打造国际文化交流的重要平台。利涉道头,要着重创意设计仪式感,发掘利用顺济号子、渔家民俗艺术节、镇海渔民歌谣。拥有35米高旗杆,做好旗帜大文章。

（四）提升擎天威远城，打造海防研学体验基地

依托威远城，做足"擎天鳌柱，威远雄风"文化展示。设立胜利日，隆重纪念中法战争，开展实景演艺或全息电影丰富旅游体验。依托雄伟的古炮台，举办 30 分钟灯光秀，实现别样体验。

（五）提升全国校长论坛，大力拓展教育新会展

突出重教兴学主题：提升全国校长论坛平台，拓展全国教学创新大赛与教学成果奖颁奖大会、全国中小学生创新大赛。不断丰富"国际船员"等国际化培训项目。

（六）优化景区旅游线路，积极创造古城新业态

招宝山提升思路：优化游线，贯通游步道。敞开大门做广场，全面开放免门票。丰富体验新产品，创新盈利新模式。

（七）提升海鲜美食城，拓展滨海民宿业

打造招宝海鲜美食城，引进同仁堂药膳馆，注重开发海鲜特色养生美食，举办系列海鲜美食节。利用古城区现有资源，规划发展多层次民宿，满足不同层次的游客需求。

（八）实现景城一体化，打造国际旅游目的地

按照国际旅游目的地要求，高标准建设旅游集散中心。强化战略引领融合发展，建立健全旅游产业服务体系与产品体系。提升旅游核心竞争力，打造世界体验旅游高端品牌。

第六节　创建宁波"国家陆海统筹示范区"

以习近平同志为核心的党中央，高度重视海洋强国建设，重组国家海洋局，设立高层次议事协调机构国家海洋委员会，把海洋强国战略提到前所未有

的高度。党的十八大报告、中央政治局集体学习、中央经济工作会议、深入沿海省市和海岛地区调研，以及领导编制"十三五规划"、倡导和推进"一带一路"建设等顶层设计和战略谋划中，一再强调建设海洋强国的新理念、新思想、新战略、新举措。近年来，我国国家海洋经济示范区建设取得举世瞩目的成就。党的十九大报告中，又明确提出了加强陆海统筹，建设海洋强国，形成完整科学系统的经略海洋思想。

对照十九大报告的战略要求，我国在陆海统筹方面的"不平衡不充分"问题十分突出，主要表现在以下几个方面：一是虽然已构建了海陆交通网络体系，但陆海统筹体制机制创新亟待加强。受到"渔民意识"制约，且在一定程度上"计划单列市"制度也加剧"陆海割裂"，致使陆海统筹的潜能远未得到有效发挥。二是国家海洋经济示范区建设全力推进，但海洋产业与内陆产业融合的陆海联动、港口—腹地联动协同发展模式创新及不同都市圈城际之间的协作机制创新问题亟待有效破解。三是在"两山理论""美丽中国"建设已经取得显著成效时，如何突破"陆海割裂式"自我封闭循环模式，尽快向全方位协同创新机制的陆海统筹模式转变，乃是当前和今后一个时期面临的重大难题。只有从根本上破解这些难题，我国陆海统筹的创新能力建设、创新平台打造和国际竞争力提升才能再创辉煌。

要紧紧围绕党的十九大提出的"加强陆海统筹，建设海洋强国"战略要求，总结与提炼浙江"念好山海经"的实践经验，研究探索创建宁波"国家陆海统筹示范区"，争取为全国"加强陆海统筹，建设海洋强国"，提供"浙江样本"。

宁波陆海统筹具有典型性、代表性和示范性，创建"陆海统筹示范区"也是宁波自身发展的迫切需要。

浙江是两山理论发源地，又是海洋经济示范区，制度优势显著。宁波是海丝之路起碇港、陆丝之路和海丝之路的重要交汇点、长江经济带和大东海的重要交汇点；也是京杭大运河的出海口，地理位置非常重要。宁波帮文化、"世界宁波人"是陆海统筹发展的重要人文资源和人才保障。强化"陆海统筹"是浙江宁波自身发展的需要，是宁波创造战略新优势的重大机遇。

从宁波发展需要来看。大力推进陆海关联产业平台建设，获批建设全国首个"中国制造2025"试点示范城市，智能制造加快部署推进。获批建设全国首个国家保险创新综合试验区，宁波保险创新产业园启动建设。获批建设国家跨境电子商务综合试验区，5个省级跨境电商产业集聚区发展迅速。宁波杭州湾滨海新城、航天智慧科技城、临空经济示范区开发创建加快，入选国家通用航空产业综合示范区，宁波南部滨海新区、宁南贸易物流园等开发进展顺利。宁波要摒弃"渔民意识"，积极统筹海陆资源，努力拓展海陆关联产业，创建"国家陆海统筹示范区"，促进宁波有效破解发展中的重大战略问题。

从党的十九大精神和国家战略需要来看。"国家陆海统筹示范区"是顺应国际发展趋势、贯彻十九大精神的需要。加强陆海统筹，是实现海洋强国建设目标的重要支撑和根本路径。从国际发展趋势来看。依托大陆经略海洋，实施陆海统筹，是实现陆海国土整体开发的必然选择。

因此，探索"陆海统筹"经验，创建"国家陆海统筹示范区"更要为全国坚持与完善陆海统筹、加快建设海洋强国提供"浙江样本"。意义重大，势在必行。

宁波"国家陆海统筹示范区"重要任务有以下几项。

一是积极推进甬舟一体化，大力推进"自由贸易港"制度试点。立足区位战略优势，加强陆海统筹，整合甬台温舟"东海城市群"和长江经济带的优势资源，突破"割裂"局面。全面促进陆海统筹，促进海港、海湾、海岛与长江经济带的融合联动发展。争建中东欧国家投资贸易综合试验区，建设中东欧国家贸易便利化国检试验区，提升国家进口贸易促进创新示范区建设水平提升，推进汽车平行进口试点。建设国家跨境电子商务综合试验区，谋划布局公共海外仓、服务平台，规划建设国际邮件互换局二期，争创全国网络市场监管与服务示范区，跨境电商交易额力争突破80亿美元。

积极探索机制体制创新。一方面，发挥宁波"海丝之路"的龙头作用，积极统筹对接长江经济带，整合浙江沿海城市，打造浙江东海城市群；加快完善港路交通网，发挥全国沿海城市功能群的协同创新示范引领作用。另一方面，整合海丝之路沿线的资源与市场"为我所用"，花大力气构筑"海丝之路"国际化战略大平台，抢占战略制高点，提高国际辐射能力，实现共同发展和共享发展。

二是创新海陆统筹机制，构建国际大平台推进产业文化旅游大融合、大发展。依托"东亚文化之都"，积极主动构建和缔造新型国际组织。建立完善双边联合工作机制，研究推进"一带一路"建设的实施方案、行动路线图。充分发挥现有联委会、混委会、协委会、指导委员会、管理委员会等双边机制作用，协调推动合作项目实施。强化多边合作机制作用，发挥上海合作组织（SCO）、中国–东盟"10+1"、亚太经济合作组织（APEC）、亚欧会议（ASEM）、亚洲合作对话（ACD）、亚信会议（CICA）、中阿合作论坛、中国—海合会战略对话、大湄公河次区域（GMS）经济合作、中亚区域经济合作（CAREC）等现有多边合作机制作用，相关国家加强沟通，让更多国家和地区参与"一带一路"建设。

积极建设浙东南国家自主创新示范区。大力推进创新平台建设，筹建新材料联合研究院，启动建设浙江大学宁波"五位一体"校区，推进建设宁波海洋研究院，引进共建麻省理工宁波（中国）供应链创新学院，中官路创业创新大街等"双创"平台加速打造，建成投用吉利研究院。推进重大开放平台建设，研究制定梅山新区总体方案，积极构筑义甬舟开放大通道。推进特色平台建设，一大批特色小镇入选国家、省市创建和培育名单，宁海智能汽车小镇异军突起。建设国家保险创新综合试验区，支持保险产品创新，推进保险创新产业园、中国保险博物馆建设，举办中国保险创新发展论坛。

创建国家级梅山新区，做强对外合作平台。整合提升开放平台，推动海关特殊监管区域向"自由贸易港"转型，不断巩固宁波在浙江对外开放的龙头地位。推进义甬舟开放大通道建设，构建甬台温舟协同发展机制。加快宁波都市圈和上海、杭州都市圈城际协同发展，进一步融入长三角城市群。实施参建"一带一路"经贸合作行动计划，办好海内外"宁波周"活动和浙洽会、消博会、中东欧博览会、中国航海日论坛、中国智博会、中国机器人峰会等重大展会。建设海上丝路航运大数据中心，加快海铁联运、江海联运发展，集装箱海铁联运量增长20%以上。

三是优化产业"一体两翼"空间格局和强化对外开放陆港网络及创新平台的保障。狠抓创新驱动，在加快陆海统筹与动能转换上奋力突破。打造"一带两湾"创新空间，推进新材料科技城、国际海洋生态科技城和航天智慧科技城、中官路创业创新大街等建设，争创以宁波国家高新区为核心的浙东南国家自主创新示范区。

推进多种形式高等教育和科研院所发展。建设中国科学院大学材料学院、浙江大学宁波"五位一体"校区、宁波大学梅山校区等。推进企业创新能力建设,支持宁波新材料联合研究院、宁波智能制造产业研究院、万华新材料研究院、智能制造(气动)产业园等发展。启动宁波"创新2025"重大专项,完善科技大市场运行机制,建设国家科技成果转移转化示范区,深化国家职业教育与产业协同创新试验区发展,实施产学研协同创新。

狠抓开放合作,在提升国际化水平上奋力突破。做大做强重点开放平台,加强"甬舟"一体化,全力建设梅山新区,促进舟山自贸园区、宁波保税区、梅山保税港区等创新发展,加快中意(宁波)生态园、中捷产业园、象保合作区、大榭穿鼻岛低碳能源国际贸易中心等建设。

构筑国际合作大平台,通过旅游文化交流大舞台,全面推进经贸投资合作。进一步发挥北京举办"一带一路"国际高峰论坛的带动效应。支持沿线国家地方和民间挖掘"海丝之路"文化遗产,举办"世界宁波帮文化博览会",联合举办国际旅游、专项投资、经济贸易、文化交流活动,办好海上丝绸之路国际文化博览会、国际电影节和图书展等。

第七节 依托"孙中山祖居地"纪念"首航台湾"助推祖国统一

《告台湾同胞书》发表40周年之际,习近平总书记发表重要讲话,明确指出"祖国必须统一,也必然统一"。祖国统一大业,再次成为人们关注的热点。

近年来,台湾问题因为民进党强势推进"台独",绝不承认"九二共识",修改教科书,"文化台独"已然成形,加上美、日等外部势力的参与蓄意制造紧张,造成台湾问题十分复杂,也到了不得不尽快加以解决的时候了。

"台湾自古以来是中国的一部分"。事实上,孙权在公元230年2月24日,派遣卫温、诸葛直率领一支由30余艘战船1万余名军士组成的船队,从章安(今台州椒江)出发到台湾,这是世界上最早的宣誓主权的航行,也是历史上三国时期以中国为核心的"大航海时代"的重要标志。这一历史事实,非常有必要通过重大庆典事件予以宣传,让全世界人民知晓。

根据《富阳孙氏家谱》记载,《孙子兵法》作者孙武的第二个儿子孙明在王洲"构室居之",是富阳孙氏发族之祖。富阳孙氏源远流长。根据《富阳孙氏家谱》记载，中华民国国父孙中山是孙权第 45 代嫡系子孙。因此，富阳大龙门区域是孙中山祖居地，毋庸置疑。孙思邈和孙中山，都是孙权的嫡系子孙。打造世界孙氏文化总部，意义重大。应尽快将打造"孙中山祖居地"提上议事日程。

2019 年是《告台湾同胞书》40 周年，为更好地学习贯彻习近平总书记"祖国必须统一，必然统一"的讲话精神，有效发挥浙江富阳东吴孙权"首航台湾"的历史文化优势和孙中山祖居地的地缘优势，尽快举办"首航台湾重大庆典活动"，助推祖国统一大业，意义特别重大。

为此，本节提出以下对策建议：

一是"首航台湾"对台湾行使主权值得隆重纪念。建议由浙江省委统战部、省台办联合主办，由杭州市富阳区委区人民政府承办，由民革浙江省委员会、浙江省东吴文化研究院协办。尽快开启纪念"首航台湾"大型纪念活动，必将引起社会的广泛关注和积极反响。

二是铸造富阳龙门"世界孙氏祖居之地"品牌。富阳龙门是"孙氏祖居地"。孙权的爷爷和父亲确实是在富阳王洲出生并长大的。可积极借鉴其他成功经验。浙江富阳要千方百计让"孙中山祖居地"在"反独促统"和"和平统一祖国"伟大事业中，发挥积极作用。

三是"首航台湾庆典活动"，协同推进"世界孙氏祭祖"活动品牌化。特别值得关注的是，龙门"孙氏祭祖"习俗由来已久。从北宋开始就有此活动，每年两次，分春秋两祭，春祭为农历的二月初二。秋祭为农历十月十九。祭祖之日，全族停工、穿戴整齐，以族中辈分最大者和年岁最高的族长担任主祭者，祭品菜肴用多张八仙桌连在一起，种类上百。供品用全猪，全羊放上供架。其过程有：鸣声、击鼓、放礼炮、读祭文、拜祖宗等，为国内最古老祭祖之一。有诗为证《富阳王洲·张跃西》：

王洲风水定乾坤，环山常绿润富春。上官小球誉世界，壶源药王济苍生。孙祖智慧跃龙门，千金要方成医神。首航台湾功盖世，缔造共和数孙文。

本节认为，要强化"首航台湾"纪念大典与"世界孙氏祭祖"民间习俗活动的协同运作与融合配套，这样更有群众基础和世界感召力。

第八节　贯彻"开放强省"加快推进浙江文旅融合与国际合作研究

一、浙江旅游城市国际合作发展现状及存在的主要问题

在人类命运共同体思想指导下"旅游外交"战略深入实施的大背景下，世界旅游联盟总部落户杭州。这为推进浙江旅游国际化和旅游城市国际合作提供了千载难逢的重大历史机遇。在旅游城市国际合作方面，浙江已经取得很大成绩，其中不少方面还走在全国前列。如商务旅游（义乌国际商贸城）、智云旅游（乌镇互联网大会，杭州云栖大会）和养生旅游（杭州世界养生大会，武义国际养生博览会）等，对外交往交流日益频繁。G20之后，杭州国际会议目的地城市及旅游国际化已经成为舆情热词和社会各界关注的热点。

近年来，大湄公河流域国际合作、中国东盟旅游国际合作、安徽九华山与韩国佛教文化旅游国际合作等为我们提供了可资借鉴的成功经验。日前，中日韩政府首脑会议大力推进自由贸易以及于上海合作组织旅游部长武汉会议达成七项共识等成果，正呈现出中国"文化走出去"的勃勃生机。

但是，也必须注意到，旅游城市国际合作还存在不少突出问题，具体表现在"三多三少"，即：一是造势机构多，合作内容与渠道少；二是政治干扰多（如日本购岛闹剧、韩国的萨德基地、美国发起的贸易战等），开拓创新谋发展少；三是跨国促销多，旅游国际合作理论少。这些问题严重阻碍了旅游国际合作的深入发展。我国入境旅游已经面临10年停滞的窘境，这不能不令人揪心。上述问题必须尽快谋求有效破解。提升我国在国际旅游市场核心竞争力，提升国际合作效率和效益已经刻不容缓。

二、抢抓机遇强化有效宣传与弘扬优秀文化优化中国国际形象，推进"开放强省"再创浙江战略新优势

要及时总结与提炼国内外旅游城市国际合作的好项目、好机制和好经验，

加以宣传推广。在国际旅游合作中，必须加强全球战略引领，发挥中国关键作用。要善于利用一切人类文明的优秀成果，加强科学研究并创建国际标准引领世界潮流，提升战略引领力；要强化全球优势资源整合，不断增强文化自信创建世界层面的系列"文化总部"，提升中国文化软实力。因而，国际合作要坚持战略目标导向，理论理念引领。需要坚持问题导向和目标导向并重，突出坚持"以我为主、为我所用；务实创新、持续发展；系统推进、注重效益"原则。主题项目支撑，机制体制保障，是卓有成效地推进旅游城市国际合作的重要途径。国际合作的重大项目是推进旅游城市国际合作的根本载体。

拥抱新时代，履行新使命。努力谱写人类命运共同体的旅游崭新篇章。坚持四个自信，推进国际互利共赢。要围绕打造人类命运共同体的战略目标，运用中华智慧，不断升华"浙江经验"创造世界经典，提升品牌影响力。要努力推进中国文化走出去，努力提升参与国际竞争的能力。抢抓一切大好的机遇，讲好中国故事，传播中国声音，提升中国形象，大力推进中国文化走出去。这不仅是贯彻十九大精神的需要，也是提升我国国际核心竞争力的需要。因此对于人类社会创造的一切文明成果，要注意"吸取精华、剔除糟粕"。要把中国最优秀的文化品质充分展示和弘扬出来，宣传教育人民群众，提升群众自身的素质，提升旅游国际竞争能力。

旅游城市国际合作具有重大战略意义，浙江要立标杆、争示范。日前，浙江已经开启"开放强省"新征程，还设立了"杭州国际日"。加强国际合作和推进城市国际化必将成为今后一个时期的重要任务。在国际旅游营销和国际旅游产品开发过程中，不能局限于介绍风景名胜，而要不失时机地输出"中国模式"和"浙江经验"。浙江要在全国率先研究与编制实施《旅游城市国际合作战略规划》。

三、充分发挥杭州"世界旅游联盟总部"重要国际平台，找准重大战略支点撬动旅游城市国际合作

坚持四个自信，推进国际互利共赢。要围绕打造人类命运共同体的战略目标，运用中华智慧，不断升华"浙江经验"创造世界经典，提升品牌影响力。要努力推进中国文化走出去，努力提升参与国际竞争的能力。

要积极创建国际战略平台,强化国际协同支撑。在"世界旅游联盟总部"基础上,政府组织与民间组织协同互动,不断衍生出新的分支机构,推出新的国际标准,努力输出中国特色模式。要创建一系列国际合作战略平台,如国际养生旅游联盟、国际养生茶馆产业联盟等。

高举习近平新时代中国特色社会主义思想伟大旗帜,贯彻"一带一路"倡议,共同打造人类命运共同体,努力"画出最大同心圆",积极深化国际合作,是造福全人类的明智之举。目前,一带一路联盟总部和世界旅游联盟总部相继落户杭州,为浙江率先深入贯彻"旅游外交"战略提供了难得的战略机遇。为加快推进城市国际化和国际合作,浙江敢为人先,抢先开启"开放强省"新征程。杭州还专门设立"杭州国际日",一系列重大国际化项目相继启动。注重不断寻求和营造新的重大战略支点,撬动区域国际战略合作。中日韩都十分清楚"和则两利,斗则两伤",一直致力于政府首脑会谈及旅游部长级会议机制,大力推动经贸合作和旅游合作,但屡屡因为域外势力的干扰和破坏,中日韩国际合作的进展一直以来不尽如人意。我们认为,国际合作需要旗帜文化引领,深化国际合作需要战略平台支撑,需要构建与完善合作共赢互利互惠长效机制。而这些问题,迫切需要加强研究和着力破解。

"开放"是手段,"强省"才是目的,合作才能共赢。"找到一个战略支点,就可以撬动地球"。当务之急,就是要千方百计尽快找到这样一个"战略支点"。本书认为,这个战略支点就是中日韩远东区域的"世界战争遗产"。

中日韩这片土地上的人民,在近现代史上饱受所有的战争苦难,超过世界上任何一个国家和地区。无论是战争的密度和种类,还是战争惨烈程度,这里都堪称绝无仅有。例如,美国原子弹轰炸长崎和广岛两个城市;16国联军侵犯朝鲜战争;还有抗日战争(宁波金华细菌战)、抗法战争和鸦片战争等。这里的相关国家需要联合起来共同申报"世界战争遗产",它时刻警示着人们:战争所带给人类的深重灾难。

为利用好"世界战争遗产"这个独一无二的战略支点,推进中日韩国际合作,本书经过认真细致的研究,提出如下建议:一是(由中国浙江牵头)中日韩联合起来积极申报"世界战争遗产"。这个项目的申报过程,就是"画最大同心圆"的过程。这不仅是世界和平文化建设系统工程,更是宣传弘扬"人类命运共同体"思想的有效载体和方式,因而值得从国家战略高度予以充分重视。二是构建国际合作战略平台，创建国际合作互利共赢新机制。充分发挥一带一路联盟总部和世界旅游联盟总部在杭州的战略优势，不断完善战略平台，实施"旅游外交"优先，深入研究与联合开发世界战争遗产旅游资源。争取"资源共享、优势共创、品牌共树"，在国际竞争格局中，实现中日韩整体效益最大化。

四、充分利用好浙江所拥有的国际合作重要优势资源，激活机制并抢抓机遇启动一批重大国际合作项目

发挥好宁波"宁波帮"、东亚文化之都、丝绸之路试验区及妈祖"封神圣地"的文化优势，利用最早"海丝之路启碇港"的绝佳资源，努力打造"海丝文化总部"，积极创建"海丝文化博物馆"，举办"国际海丝文化博览会"，创造条件举办"妈祖巡游朝圣节"。全面激活宁波国际旅游业。

杭州要积极举办杭州国际音乐节、杭州国际茶博会、杭州国际运河博览会、杭州国际生态文明博览会等，努力创设杭州自己的"主题博览会"，培育杭州会展业的国际核心竞争力。借助杭州云栖大会、云栖小镇和铜鉴湖的优势资源，积极谋划举办机器人嘉年华、全息技术展演和人工智能国家大奖赛。要积极利用浙江侨乡优势和中国年文化的优势，借助丽水"乡村春节联欢晚会"的民俗文化基础，积极创办"国际村晚大赛"，铸造"村晚丽水秀"国际化大平台，使之成为吸引全世界眼球的一个重大国际合作项目。

五、创新人才培养目标模式与强化国际人才队伍建设，切实加强国际合作监管制度建设，强化风险管控与危机管理

强化国际人才培养，聚焦国际合作研究。发挥浙江外国语学院等高校的国际化优势，积极打造国际旅游研究基地和国际旅游人才培养基地。要高度关注国际合作战略目标与途径问题的重大项目，如中日韩自贸区、中国东盟自贸区等。契合"开放强省"时机，打造国际合作"浙江经验"。坚定四个自信，强化阵地意识、政治意识和真理意识。深入推进跨文化交流与旅游国际合作。不局限于客流护送，而要努力培育能够适应中资跨国企业域外发展需要的大

批各级各类国际化应用型人才。要用中华优秀文化和重大成果教育广大师生，用习近平新时代中国特色社会主义思想武装各级各类校园。不断加强新型国际旅游高端智库建设，加快打造国际旅游人才培养基地。

努力深化旅游国际合作专题研究。发挥我国多边化、多层次与多元化国际合作机制优势，确保针对性地开展国际合作工作更富有成效。要深入开展国别研究，针对不同国家和地区实施国别营销。因地制宜，积极开展浙江—德国养生旅游国际合作研究、浙江—俄罗斯产业旅游国际合作研究、浙江—亚太研学旅游国际合作研究、浙江—日韩文化旅游国际合作研究以及浙江—阿拉伯商务旅游国际合作研究等。

特别值得强调的是，在旅游城市国际合作过程中，必须要千方百计地保护我国核心利益和国家安全。牢固树立守住底线、强化防范风险与危机的忧患意识。高度警惕外国机构借"规划"威胁国家安全。深刻吸取健力宝和美白小护士等中国民族品牌被外国资本收割的惨痛教训，要坚决维护民族品牌和国家利益，要牢牢把握"饭碗要端在自己手里"，注重抢占国际旅游全产业链的致胜高端。要注意吸取在食用油、猪肉、粮食等方面涉及国家安全战略的深刻教训，要牢牢守住防范系统性风险的底线，确保国家系统安全。

附件：加强浙江旅游城市国际合作《杭州宣言》

在人类命运共同体思想指导下"旅游外交"战略深入实施的大背景下，世界旅游联盟总部落户杭州。这为推进浙江旅游国际化和旅游城市国际合作提供了千载难逢的重大机遇。近年来，大湄公河流域国际合作、中国东盟旅游国际合作、安徽九华山与韩国佛教文化旅游国际合作等为我们提供了可资借鉴的成功经验。日前，中日韩政府首脑会议大力推进自由贸易以及于上海合作组织旅游部长武汉会议达成七项共识等成果，正呈现出中国"文化走出去"的勃勃生机。

在旅游城市国际合作方面，浙江已经取得很大成绩，其中不少方面还走在全国前列。例如，商务旅游（义乌国际商贸城）、智云旅游（乌镇互联网大会，杭州云栖大会）和养生旅游（杭州世界养生节，武义国际养生博览会）

等。目前浙江缔结国际友好城市已经达近 400 对，对外交往交流日益频繁。G20 之后，杭州国际会议目的地城市及旅游国际化已经成为舆情热词和社会各界关注的热点。但是，我们也必须注意到，旅游城市国际合作还存在不少突出问题，具体表现在"三多三少"，即：一是造势机构多，合作内容与渠道少；二是政治干扰多（如日本购岛闹剧、韩国的萨德基地、美国发起的贸易战等），开拓创新谋发展少；三是跨国促销多，旅游国际合作理论少。这些问题严重阻碍了旅游国际合作的深入拓展。我国入境旅游已经面临 10 年停滞的窘境，实在令人揪心。上述问题必须尽快谋求有效破解。提升我国在国际旅游市场核心竞争力，提升国际合作效率和效益刻不容缓。

旅游城市国际合作具有重大战略意义，浙江要立标杆、争示范。目前浙江已经开启"开放强省"新征程。杭州还设立了"杭州国际日"。加强国际合作和推进城市国际化必将成为今后一个时期的重要任务。拥抱新时代，履行新使命。为此，2019 年 4 月在浙江省社科联指导下，浙江省区划地名学会和浙江省地理学会联合主办、浙江外国语学院科研处承办"第二届旅游城市国际合作学术研讨会"，努力谱写人类命运共同体的旅游崭新篇章。来自北京、上海、天津、浙江和西班牙的专家学者济济一堂，分别对寻求国际合作战略支点、搭建重大国际化战略平台、开发一带一路智慧旅游产品以及重要旅游城市国际合作等重大问题进行了研讨和交流，与会专家们提出了很多真知灼见和建议。会议一致认为：旅游城市国际合作要坚持战略目标导向，理论理念引领；主题项目支撑，机制体制保障；画出最大同心圆，谋求利益共享，这些才是卓有成效地推进旅游城市国际合作的重要途径。互利互惠的重大项目是推进旅游城市国际合作的根本载体。为加快推进浙江旅游城市国际合作，加快打造新时代国际化"浙江样本"，我们提出五点倡议。

一是加强全球战略引领，发挥中国关键作用。要善于利用一切人类文明的优秀成果，加强科学研究并创建国际标准引领世界潮流，提升战略引领力；要强化全球优势资源整合，不断增强文化自信，创建世界层面的系列"文化总部"，提升中国文化软实力。因而，我们需要坚持问题导向和目标导向并重，突出坚持"互联互通、合作共赢；务实创新、持续发展；系统推进、注重效益"原则，积极面向未来，在全国率先研究编制实施《旅游城市国际合作战略规划》。

二是强化国际人才培养，聚焦国际合作研究。发挥浙江外国语学院等高校的国际化优势，积极打造国际旅游研究基地和国际旅游人才培养基地。要高度关注国际合作战略目标与途径问题的重大项目，如浙江—日韩旅游战略合作、浙江—东盟旅游战略合作、浙江—中东欧旅游战略合作以及浙江—阿拉伯旅游战略合作等。契合"开放强省"时机，打造旅游城市国际合作"浙江经验"。

三是创建国际战略平台，强化国际协同支撑。在"世界旅游联盟总部"基础上，要创建一系列国际合作战略平台，如国际养生旅游联盟及国际养生茶馆产业联盟等。要创造机会并设法让更多的国际总部落户杭州。

四是激活国际合作机制，推进国际重大项目。需要努力找准战略支点，撬动国际合作。合作开发文化旅游资源，推进优势共创、品牌共树、利益共赢。

五是坚定四个自信，推进国际互利共赢。要围绕打造人类命运共同体的战略目标，要努力推进中国文化走出去，努力提升参与国际竞争的能力。运用中华智慧不断升华"浙江经验"，创造世界经典提升品牌影响力。

参 考 文 献

[1] 白谨豪, 刘儒, 刘启农. 基于空间均衡视角的区域高质量发展内涵界定与状态评价——以陕西省为例 [J]. 人文地理, 2020 (03): 945-959.

[2] 陈辰立. 明清大东海渔业社会与海洋权力的博弈 [D]. 厦门大学, 2019.

[3] 陈相伟. 小语种专业就业形势调查及服务策略研究——以浙江外国语学院西方语言文化学院为例 [J]. 科教导刊, 2021, (12): 187-189.

[4] 丁雪莹, 臧小佳. 从世界文学视角探索"唐诗之路" [N]. 中国社会报, 2022-07-25 (007).

[5] 董青. 中国水利风景区发展报告 [M]. 社会科学文献出版社, 2019.

[6] 刘恒. 发挥华侨华人在推进"一带一路"建设中的作用研究 [J]. 中国经贸导刊 (中), 2021, (03): 23-26.

[7] 龙力见, 闫国庆, 殷军杰, 田硕, 杨硕. 宁波以一带一路综试区为基础争创自贸港对策研究 [J]. 浙江万里学院学报, 2019, 32 (04): 7-11.

[8] 童定干. 传承创新千鹤妇女精神 展现基层治理"半边天"力量 [N]. 中国妇女报, 2020-05-19 (006).

[9] 王文杰. 安全·健康——新世纪中国茶业发展的主题 [J]. 中国茶叶, 2002, (04): 34-35.

[10] 吴兴区水利局. 吴兴溇港文化史 [M]. 同济大学出版社, 2013.

[11] 习近平. 高举中国特色社会主义伟大旗帜 为全面建设社会主义现代化国家而团结奋斗——在中国共产党第二十次全国代表大会上的报告 (2022年10月16日) [N]. 人民日报, 2022-10-26 (001).

[12] 习近平. 在深入推动长江经济带发展座谈会上的讲话 [J]. 奋斗, 2019 (17): 4-14.

[13] 姚立江. 中国古代鸿雁文化的道德色彩 [J]. 宁夏大学学报 (人文

社会科学版），2003，(03)：22-24.

[14] 于永成. 从国际法上认识台湾属于中国 [J]. 辽宁师范大学学报，2001，(01)：20-21.

[15] 袁家军. 践行"八八战略"打造"重要窗口" [N]. 人民日报，2021-05-16 (005).

[16] 张新宇. 坚持和发展"后陈经验"打造新时代乡村治理的武义样本 [J]. 政策瞭望，2017，(11)：22-24.

[17] 张跃西，于小迪，胡晓聪，杨林. 康美河湖公园的概念与实践探索 [J]. 中国水利，2020，(20)：64-65.

[18] 张跃西. 擦亮建德"合作化模范邓家乡"金字招牌 [OL]. 中国报道. 2022-05-16. http：//jjcsj.chinareports.org.cn/shms/2022/0512/13104.html.

[19] 张跃西. 传播地名文化展现杭州风采 [OL]. 中国报道，2022-07-06. http：//jjcsj.chinareports.org.cn/shms/2022/0703/13493.html.

[20] 张跃西. 创新弘扬篆刻艺术，铸造思政课程新格局 [OL]. 人民论坛网，2022-03-14. http：//www.rmlt.com.cn/2022/0304/641345.shtml.

[21] 张跃西. 打造松阳"国家传统村落公园"构筑世界生态文明对话新高地 [OL]. 中国报道，2022-05-23. http：//jjcsj.chinareports.org.cn/lshb/2022/0522/13199.html.

[22] 张跃西. 打造展现中国特色社会主义制度优越性的重要窗口——读懂高水平推进现代化的浙江探索与实践 [OL]. 中国报道网. http：//jjcsj.chinareports.org.cn/zt/20220927/14066.html.

[23] 张跃西. 地名文化遗产的保护与开发：浙江为例 [J]. 浙江树人大学学报（人文社会科学），2017，17 (02)：37-40.

[24] 张跃西. 发挥雁荡山优势，打造雁文化总部 [OL]. 中国报道，2022-03-07. http：//jjcsj.chinareports.org.cn/shms/2022/0306/12650.html.

[25] 张跃西. 发明研学及其协同创新机制构建 [J]. 教学月刊·中学版（教学管理），2021，(11)：52-55.

[26] 张跃西. 弘扬"千鹤妇女精神"打造世界巾帼文化新高地 [OL]. 中国报道，2022-04-28. http：//jjcsj.chinareports.org.cn/shms/2022/0428/13015.html.

[27] 张跃西.建议打造金华琐园"国际儿童文学研学基地"[OL].中国报道,2022-09-20. http://jjcsj.chinareports.org.cn/shms/2022/0920/14025.html.

[28] 张跃西."六新并举"打造"重要窗口"加快推进新时代红色旅游发展[OL].人民论坛网,2021-03-09. http://www.rmlt.com.cn/2021/0309/609342.shtml.

[29] 张跃西.让国际研学为世界华人华侨"培根铸魂"[OL].中国报道,2022-05-13. http://jjcsj.chinareports.org.cn/shms/2022/0512/13105.html.

[30] 张跃西.让智慧的火花在思政课堂上绽放[OL].人民论坛网,2021-12-29. http://www.rmlt.com.cn/2021/1229/636185.shtml.

[31] 张跃西.运用太湖溇港生态工程,创建乡村生态治理新格局[OL].中国报道,2022-06-10. http://jjcsj.chinareports.org.cn/lshb/2022/0609/13329.html.

[32] 张跃西.中国式现代化照耀世界未来[OL]. http://jjcsj.chinareports.org.cn/zt/20221212/14540.html.

[33] 张跃西.着力构建"空间均衡"治理体系[J].浙江经济,2021(04):58-59.

[34] 张跃西.着力构建"造福流域"生态经济系统治理体系[J].浙江经济,2022,(03):62-63.

[35] 赵丰.全链条保护:中国丝绸博物馆应对全球挑战的工作模式[J].中国博物馆,2021,(S2):19-28.

[36] 浙江外国语学院举办"重要窗口"杭州论坛[OL].光明网,2020-07-16. http://www.northnews.cn/p/1878848.html.

[37] 中共浙江省委关于忠实践行"八八战略"奋力打造"重要窗口"扎实推动高质量发展建设共同富裕示范区的决议[N].浙江日报,2021-07-23.